本书的出版得到厦门大学哲学社会科学繁荣计划的资助，特此鸣谢。

全国各省市的媒体镜像
—— 基于网络新闻大数据

QUANGUO GESHENGSHI DE MEITI JINGXIANG

黄合水　彭丽霞　著

图书在版编目(CIP)数据

全国各省市的媒体镜像:基于网络新闻大数据/黄合水,彭丽霞著. —厦门:厦门大学出版社,2018.4
ISBN 978-7-5615-6821-7

Ⅰ.①全… Ⅱ.①黄…②彭… Ⅲ.①互联网络-新闻报道-研究 Ⅳ.①G210.7

中国版本图书馆 CIP 数据核字(2017)第 322853 号

出 版 人	郑文礼
责任编辑	刘 璐
封面设计	李嘉彬
技术编辑	朱 楷

出版发行 *厦门大学出版社*

社　　址 厦门市软件园二期望海路 39 号
邮政编码 361008
总 编 办 0592-2182177　0592-2181406(传真)
营销中心 0592-2184458　0592-2181365
网　　址 http://www.xmupress.com
邮　　箱 xmupress@126.com
印　　刷 虎彩印艺股份有限公司

开本　787 mm×1 092 mm　1/16
印张　10.75
插页　2
字数　249 千字
版次　2018 年 4 月第 1 版
印次　2018 年 4 月第 1 次印刷
定价　69.00 元

本书如有印装质量问题请直接寄承印厂调换

厦门大学出版社
微信二维码

厦门大学出版社
微博二维码

前　言

　　近些年，大数据研究在学术界变成显学，人们争相涉足。虽然我们不敢宣称自己是做大数据研究的，但反思一下过去二十多年的教学科研工作，却发现自己也慢慢地、不知不觉地从"小数据"走进了"大数据"。

　　从研究方法上讲，采用调查法、实验法进行的研究通常是小数据研究；采用内容分析法进行的研究更像是大数据研究。当然，当对固定样本持续不断地进行调查，积累了大量数据时，其研究未必不是大数据研究，反之，当分析的内容有限时，其研究也未必就是大数据研究。

　　在过去二十多年的教学科研中，我们先是采用调查法、实验法进行研究，这样的研究要找人接受调查、参与实验，需要付出大量的人力、财力，而且常常被诟病为样本太少或实验对象都是大学生，研究结果不具备普遍意义。后来，我们发现媒体（特别是平面媒体）中已经采集了大量的资料，分析起来比较容易，结果也很有意义，于是开始进行大量的内容分析研究。特别是当互联网媒体逐渐超越传统媒体成为人们获取信息的主要渠道之后，我们也慢慢地领悟到，其实我们的研究已经进入了大数据领域。

　　可归属于大数据研究范畴的比较直接的研究是2010年进行的"基于网络的明星代言价值测量"，该研究的出发点是评估明星代言价值，但在方法上具有大数据特点，直接从网络世界中采集明星的信息加以分析处理。2014年，我们开始了对品牌健康的连续监测研究，及对如何处理网络文本资料的方法研究。就这样，我们不知不觉地进入大数据领域。

　　网络世界里留存着大量痕迹，这些就是所谓的大数据。透过这些大数据不仅可以分析留下痕迹的人（主体）的特点，而且可以分析被描述对象（客体）在他人心目中的形象，还可以分析主体、客体及不同主体、不同客体之间的相互关系。

　　2015年，因部校共建，总觉得作为学者也应该为此做点什么，于是进行了自己认为有意义、有价值的关于"福建省在网络中的形象"的研究。以该项研究为基础，进一步拓展到全国，于是就有了本书。

从形态上看，本书有点像连环画。这是作者有意而为之，目的是满足大数据可视化要求，让读者能够比较轻松地阅读，同时留下较深的印象。

本研究数据采集客观，数据处理客观，但结果不一定符合读者已有的印象。因大数据动态变化快，课题完成时间又不长，所以难免存在谬误之处，欢迎批评指正。

本书的全国镜像地图系由本院实验室实验员张雨歌和硕士生金毓慧协助制作，特此致谢！

黄合水

2016 年 7 月 30 日

于厦门大学新闻传播学院

目 录

导 读 ·· 1

一、研究目的 ·· 2

二、研究方法 ·· 4
  1.操作定义 ·· 4
  2.数据采集 ·· 6
  3.数据编码 ·· 6
  4.数据处理 ·· 10
  5.数据表达 ·· 11

三、研究结果——单维镜像 ·· 12
  1.全国月份 ·· 12
  2.各省(直辖市、自治区) ·· 17
  3.各省辖行政区 ··· 40

四、研究结果——多维镜像 ·· 68
  1.全国月份 ·· 68
  2.各省(直辖市、自治区) ·· 72
  3.省城和单列市 ··· 80
  4.其他地级行政区 ·· 89

五、研究总结 ·· 165

导　读

作为一个普通读者,你想知道以下问题的答案吗?

1.我国天灾哪个月份最严重呢?风调雨顺的省(直辖市、自治区)或城市有哪些?风灾、震灾等自然灾害最严重的又是哪些省(直辖市、自治区)或城市?

2.哪些省(直辖市、自治区)或城市堪称平安?

3.交通事故问题最严重的省(直辖市、自治区)或城市是哪些?

4.哪些省(直辖市、自治区)或城市的生产最安全、事故最少?

5.食品安全问题最多和最少的省(直辖市、自治区)或城市分别是哪些?

6.环境污染最严重、最轻的分别是哪些省(直辖市、自治区)或城市?

7.疫病多发的省(直辖市、自治区)或城市有哪些?

8.欺骗、违规、不诚信问题比较严重的省(直辖市、自治区)或城市有哪些?

9.腐败问题较重的省(直辖市、自治区)或城市是哪些?

10.社会治安问题比较严重的省(直辖市、自治区)或城市是哪些?暴力问题最少的省(直辖市、自治区)或城市又是哪些?黄、赌、毒在哪些省(直辖市、自治区)或城市严重一些?偷盗问题最严重的城市是哪个?

11.在各种天灾人祸中,你所在的城市或你的家乡什么问题最突出?什么问题最少?

12.你对各个省(直辖市、自治区)或城市的刻板印象和媒体镜像相吻合吗?

如果你是一个媒体工作人员,你还想了解以下问题吗?

1.媒体形成的关于某个省(直辖市、自治区)或城市的镜像,跟你的主观判断一样吗?

2.你或你所在的媒体想塑造的关于某个省(直辖市、自治区)或城市的形象,结果实现了吗?

如果你是政府官员,你还想了解以下问题吗?

1.各省(直辖市、自治区)或城市最突出的问题是什么?

2.媒体对你所在省(直辖市、自治区)或城市的报道符合实际情况吗?

3.你认为该省(直辖市、自治区)或城市的主要问题得到了恰当的媒体监督吗?

4.媒体对不同省(直辖市、自治区)或同一省辖的不同城市的报道真实、可靠吗?

下面我们将就如何透过对网络新闻大数据的分析研究来回答上述问题做详细介绍,希望各类读者能够从中读出自己的问题的答案。

一、研究目的

镜像,就是客体在镜子中的形象。平面的镜子,能够真实地反映客体的原貌;凸面镜、凹面镜以及其他形状镜面的镜子,所反映的是扭曲程度不同的客体。

人们对客体的认识、了解和印象,在许多情况下就是通过镜像实现的。照片实际上就是人的镜像,是一个人了解另一个人的载体。

媒体,在某种程度上也是社会的一面镜子,它不仅会形成关于特定客体的镜像[1],而且能将客体的镜像记录并保存下来,以便人们过后去看、去了解。

媒体中的客体镜像,是由零碎的信息构成的,十分庞杂,不经过一定的分析处理,人们很难认识客体的特征。有幸的是,现代网络大数据包括新闻大数据为人们分析描绘有关客体的媒体镜像提供了方便。

中国的新闻媒体,其主要功能一方面是宣传党的路线方针政策,起到党的喉舌的作用;另一方面是揭示社会问题,起到社会监督的作用[2]。后一类新闻,通常也是人们比较关心、关注的,对人们了解社会、形成对社会的印象有重要的作用。

网络新闻中关于一个省(直辖市、自治区)的新闻信息浩如烟海,要利用所有信息全面地描绘省(直辖市、自治区)的镜像,十分困难。即使描绘出来了,其重要特征也不够突出。因此本研究从社会关心的热点以及研究的可行性角度出发,着重从以下几个方面对各省(直辖市、自治区)的镜像加以分析比较:(1)天灾(包括水灾、寒灾、热灾、震灾、风灾和其他自然灾害);(2)疫病;(3)食品安全;(4)交通事故;(5)治安(包括涉黄、赌彩、涉毒、偷盗和暴力);(6)生产事故;(7)环境污染;(8)违约(包括涉骗和违规);(9)涉腐;(10)伤亡。前9个方面是相对独立的,而最后一个方面是相对综合性的,与天灾、疫病、食品安全、交通事故、治安、生产事故都有交叉,甚至连"涉腐"也常常因自杀、谋杀等出现伤亡。这些方面都是人们日常比较关注的,所以我们对它们一一加以分析研究。

上述10个方面的新闻报道通常都包括如下三种类型:第一种是对事件进行披露,如揭示腐败事件;第二种是报道对问题的处治,如发现环境污染,采取了哪些措施等;第三种是关于现象的防范措施,如制定了哪些措施以避免色情传播等。第一种新闻是负面的,第二种和第三种新闻往往被认为是正面的,但是从一个省(直辖市、自治区)的角度来看,不管是正面还是负面的报道,只要有关于这些方面的报道,就说明该省(直辖市、自治区)存在相关问题或存在出现该类问题的风险。尽管没有报道并不等于没有问题,但不会形成

---

[1] 刘建明.当代新闻学原理[M].北京:清华大学出版社,2003:131.
[2] 李良荣.新闻学概论[M].上海:复旦大学出版社,2014:169-170.

镜像；报道了则证明问题存在，而且会形成媒体镜像，进而影响人们对该省（直辖市、自治区）的印象。

从以上10个方面来描绘各省（直辖市、自治区）的镜像，肯定是不全面、不完整的，但却是十分有意义的，也是十分必要的。研究结果不仅可为省（直辖市、自治区）政府的政策制定、决策管理提供依据，为省（直辖市、自治区）政府的效益考评、绩效管理提供参考，为媒体关于省（直辖市、自治区）新闻报道的评价和管理提供借鉴，而且有助于普通百姓了解各省（直辖市、自治区）之间的差别。

因此，本研究的目的不在于完整、严密的理论表达，而在于探索一套利用新闻大数据描述省（直辖市、自治区）镜像的方法，同时试图将各省（直辖市、自治区）上述10个方面的新闻镜像科学地展示出来。

二、研究方法

1.操作定义

本研究涉及的概念及操作定义如下：

(1)"省"：指中央政府直接管辖的行政区，包括省、直辖市和自治区。具体地说，本研究中的"省"只包括大陆的22个省、4个直辖市和5个自治区，即安徽、北京、重庆、福建、甘肃、广东、广西、贵州、海南、河北、河南、黑龙江、湖北、湖南、吉林、江苏、江西、辽宁、内蒙古、宁夏、青海、山东、山西、陕西、上海、四川、天津、西藏、新疆、云南、浙江。香港、澳门和台湾暂未列入本研究范畴，特此说明。

(2)"市"：指"省"直接管辖的行政区，包括自治州、地区、盟和地级市等，全国共有334个地级行政区[①]，此外，对于海南的5个县级市、4个省辖县和6个自治县，河南的1个副地级市，湖北的3个副地级市和1个林区，也进行了分析。

(3)某省(市)新闻量：指特定时间里含有某省(市)名称的新闻标题数，用NN_k表示，单位是"条"。

(4)特征：指新闻标题中所含有的某特定信息，本研究中特指表2-1中的22个维度。

表2-1 特征及其操作定义

序号	特征	操作定义
①	天灾	标题涉及非人为的包括水灾、寒灾、热灾、震灾、风灾和其他灾害，以及旨在控制这些灾害的行为或举措
	水灾	标题涉及由水直接造成或引发的灾害，以及旨在控制此类灾害的行为或举措
	寒灾	标题涉及由低温引发的灾害，以及旨在控制此类灾害的行为或举措
	热灾	标题涉及由高温引发的灾害，以及旨在控制此类灾害的行为或举措
	震灾	标题涉及由地震引发的灾害，以及旨在控制此类灾害的行为或举措
	风灾	标题涉及由大风引发的灾害，以及旨在控制此类灾害的行为或举措
②	疫病	标题涉及已经或将要发生瘟疫或疾病的现象，以及旨在消除瘟疫或疾病的行为或举措

---

① 中华人民共和国民政部全国行政区划信息查询平台：http://202.108.98.30/map。

续表

序号	特征	操作定义
③	食品安全	标题涉及可能或已经造成不良后果的食品质量问题,以及旨在消除此类问题的行为或举措
④	交通事故	标题涉及交通运输无法如期运行、发生人员伤亡或者财产损失的现象,以及旨在消除此类问题的行为或举措
⑤	治安	标题包括涉黄、赌彩、涉毒、偷盗、暴力等现象,以及旨在消除这些现象的行为或举措
	涉黄	标题涉及与"性"有关的行为和信息传播现象,以及旨在消除此类现象的行为或举措
	赌彩	标题涉及与赌博、彩票有关的现象,以及旨在消除赌博、管控博彩的行为或举措
	涉毒	标题涉及生产、运输、销售、吸食、藏匿毒品的现象,以及旨在消除此类现象的行为或举措
	偷盗	标题涉及偷窃、盗窃现象,以及旨在消除此类现象的行为或举措
	暴力	标题涉及利用武力伤害他人或损害公共财物的现象,以及旨在消除此类现象的行为或举措
⑥	生产事故	标题涉及机构在生产经营过程中发生的造成人身伤亡和财产损失的事故,以及旨在消除此类事故的行为或举措
⑦	违约	即违背契约,指标题中包含欺诈、不守信用、违反规章制度的现象,以及旨在消除此类现象的行为或举措,具体包括涉骗和违规
	涉骗	标题涉及欺骗、不遵守不成文的道德或道义契约的现象,以及旨在消除此类现象的行为或举措
	违规	指标题涉及明确指出不遵守明文规定的各种法律和规章制度的现象,以及旨在消除此类现象的行为或举措
⑧	环境污染	标题涉及已经或将要发生对环境造成不良影响的现象,以及旨在消除此类现象的行为或举措
⑨	涉腐	标题涉及揭露公职人员利用手中掌握的公权力为自己或他人谋取非法利益的行为及其所带来的后果,以及旨在防控此类现象的行为或举措
⑩	伤亡	标题涉及已存在或可能存在的受伤或死亡现象,以及旨在消除此类现象的行为或举措

(5)特征新闻量:指特定时间里含有某特征的新闻标题数,用 NF_{ik} 表示,其中 i 表示特征,k 表示"省"或"市"。

(6)千万人均特征新闻量:指每一千万人平均拥有特征新闻的数量,$TMPF_{ik}$ 表示。采用此指标的原因是人均特征新闻量数值太小,理解和表达都不便。

(7)特征关注度:指在特定时间里某特征新闻量占所有新闻报道的比重,用 AF_{ik} 表示。同样因其数值较小,不便于处理和分析,而将其比重乘以 1000 来表示。

(8)特征指数:指用来衡量省(直辖市、自治区)与某特征相关程度的指标,是以特征关注度为加权系数加权后的千万人均特征新闻量,用 DF_{ik} 表示。

(9)特征指数对数:指用来衡量省(直辖市、自治区)与某特征相关程度的直观化数字,是将特征指数进行以 10 为底的对数转换而得,用 R_{ik} 表示。当特征指数值小于 1 时,令其对数值为 0。

(10)特征级别:指用来衡量省(直辖市、自治区)与某特征相关程度的等级化数字,是将特征指数对数进行级别转换而得,分为 0~5 共六个等级。

2.数据采集

(1)采集工具:研究者自行开发的新闻标题采集软件——TCP。

(2)限定新闻源:七大新闻网站,包括人民网、新华网、新浪网、腾讯网、网易网、搜狐网和凤凰网。取七大网站而不是全国所有新闻网站的原因有以下两方面:一是小网站生生灭灭不稳定,不利于长期的观测研究;二是如果包括所有网站,数据量、数量级增多,会增加数据采集和分析的难度。

(3)采集过程:打开TCP,设定采集关键词、时间范围和新闻源。关键词即省(直辖市、自治区)名称,如北京、新疆、福建等;时间范围,如2015年1月1日至2015年12月31日;新闻源,如people.com.cn(人民网)或ifeng.com(凤凰网)等。点击"百度一下",并根据结果页左上角的新闻条数,选择点击800以上或800以下数据下载键,然后输入数据生成的文件名字,软件就会自动采集并形成excel格式的数据文件。下载结束后,返回到搜索页面,重复同一过程,直至采集到需要的所有信息。

(4)采集时间:2016年3月1日至2016年4月30日。

(5)获得数据:本研究采集到的所有数据包括标题中含有各市且时间为2015年的七大网站中的所有新闻标题。全部数据的新闻标题一共是2 991 508条。

3.数据编码

(1)编码关键词

本研究的每一个特征都采用关键词进行编码。这些关键词是通过阅读大量的标题文本并通过不断地测试获得的。有些特征只需要一组关键词,有些特征则需要两组关键词组合;有些只需要一组或两组关键词进行一次编码即可,有的则需要至少两组关键词进行两次或多次编码。下面一一介绍各种特征的关键词编码及检索方法。需要说明的是,本研究中的天灾、治安和违约,都分别包含子维度,对子维度的编码结果求和即可,故没有单独进行编码;其他灾害则纯粹是为了天灾而进行的编码,不做单独处理。

①天灾:包括水灾、寒灾、热灾、震灾、风灾以及其他灾害的关键词,共79个。其中水灾关键词包括"暴雨、强降水、强降雨、水灾、洪灾、大雨、洪水、山洪、防洪、海啸、泥石流、山体滑坡、雷雨、雹"14个;寒灾关键词包括"冻、冷空气、寒冷、寒潮、大雪、暴雪、风雪、雪崩、雪灾、强降雪、低温"11个;热灾关键词包括"旱灾、旱情、高温、雷击、雷电、雷劈、森林火灾、山火、森林大火、森林火险"10个;震灾关键词包括"地震、震中、余震、抗震、震灾、防震、震区"7个;风灾关键词包括"大风、强风、狂风、龙卷风、风灾、沙尘、台风、米克拉、海高斯、巴威、美莎克、海神、红霞、白海豚、鲸鱼、灿鸿、莲花、浪卡、苏迪罗、莫拉菲、天鹅、艾莎尼、艾涛、环高、科罗旺、杜鹃"26个;其他灾害关键词包括"蝗虫、虫害、赤潮、防灾、减灾、赈灾、救灾、灾区、灾害、受灾、大雾"11个。

二、研究方法

②疫病：包括"病、疾、癌、瘟、疫、症、发烧、菌、埃博拉、登革热、发热、流感、麻疹、患者、N7N9、H1N1、H5N1、MERS、H3N2"19个关键词。

③食品安全：共49个关键词，分为两组：第一组是用于区分食品与非食品的，包括"茶、吃、饭、喝、假酒、粮、麦、米、奶、食、乳、饮用水、矿泉水、自来水、汤、饮、油、肉、菜、猪、牛、羊、鸡、鸭、鹅、药、农产品"27个；第二组是用于识别是否存在问题的，包括"假、安全、变质、不合格、超标、吃出、地沟、仿冒、腹泻、喝出、黑名单、呕吐、上吐、山寨、死猪肉、危害、问题、异物、下架、下泄、中毒、检疫"22个。编码时，组内是并集，组间是交集。只要新闻标题中既包含第一组的任一关键词，又包含第二组的任一关键词，则该标题被编码为与食品安全有关。

④交通事故：共46个关键词，分为两组：第一组是用于识别交通的，包括"BRT、车、船、的士、地铁、渡口、飞机、高速、高铁、公路、国道、航班、航线、货轮、机场、交通、快轨、码头、轻轨、铁路、轨道、轨交"22个；第二组是用于识别事故的，包括"沉、翻、祸、碰、伤、失、死、撞、坠、冲出、恢复、故障、起火、倾覆、事故、延误、遇难、着火、失火、火灾、追尾、取消、备降、盲降"24个。将两组字词交叉检索，即可识别出与交通事故有关的新闻标题。

⑤治安：包括涉黄、赌彩、涉毒、偷盗和暴力现象的关键词，共120个。其中涉黄关键词包括"娼、奸、裸、嫖、淫、黄赌毒、黄流、扫黄、妓女、牛郎、三陪、色情、色诱、涉黄、猥亵、脱衣、性爱、性病、性传播、性关系、性侵、性行为"22个；赌彩关键词包括"赌、博彩、中奖、中彩、六合彩、福彩、体彩"7个；涉毒关键词包括"冰毒、藏毒、查毒、大麻、毒巢、赌毒、毒贩、毒犯、毒驾、毒窟、毒品、毒情、毒窝、毒枭、毒瘾、毒资、杜冷丁*、贩毒、古柯、海洛因、缴毒、缉毒、戒毒、禁毒、K粉、咖啡因、可卡因、吗啡、买毒、卖毒、涉毒、三唑仑、扫毒、吸毒、鸦片、摇头丸、运毒、心毒、制毒"39个；偷盗关键词包括"偷、盗、窃、丢失、贼"5个；暴力关键词包括"刀、匪、捅、挨打、暗杀、绑架、暴打、暴恐、暴力、暴徒、被害、被劫、被砍、被抢、被杀、打劫、打人、打伤、打死、打砸、盗抢、黑帮、黑社会、奸杀、劫持、砍人、砍杀、砍伤、砍死、勒索、谋杀、抢夺、枪杀、强奸、抢劫、殴打、斗殴、杀害、杀人、凶手、遇害、遭抢、砸坏、砸破、杀夫、杀妻、家暴"47个。

⑥生产事故：共28个关键词，分为两组：第一组是用于识别生产的，包括"厂、矿、车间、仓库、工地、公司、集团、农场、企业、施工、店、商铺、大厅、营业厅"14个；第二组是用于识别事故的，包括"着火、失火、起火、火灾、漏、伤、死、损、塌、坍、爆炸、被困、事故、透水"14个。两组关键词交叉判别，即可识别出与生产事故有关的新闻标题。

⑦违约：包括涉骗和违规现象的关键词，共40个。其中涉骗关键词有37个，分为两组：第一组是用于识别涉骗的，包括"谎、假、瞒、冒、骗、欺、谣、诈、承诺、承认、诚信、兑现、坑害、蒙人、上当、守信、投诉、信用、质疑、作弊、虚报"21个；第二组是用来排除第一组检索中带入的非涉骗标题的，包括"假日、寒假、暑假、假期、休假、长假、冒烟、冒火、感冒、冒雨、度假、婚假、病假、产假、放假、年假"16个。编码时，两组关键词分别进行编码，结果是从第一组编码结果中剔除第二组编码结果。违规关键词包括"违、非法、不法"3个。

⑧环境污染：包括"PM、臭、霾、香烟、烟花、烟雾、烟囱、控烟、肮脏、脏乱、赤潮、高能耗、环保、环境灾害、垃圾、排污、受污、酸雨、污染、污水、治污、低碳、碳排放"23个关键词。

---

* 即盐酸哌替啶。由于新闻报道标题的通俗性，多用"杜冷丁"一词，本书予以保留。

⑨涉腐:共109个关键词,分为三组:第一组可以直接查出与腐败有关的新闻标题,包括"八项规定、表叔、反腐、反贪、房婶、房叔、腐败、纪委、巨贪、挪用、受贿、首虎、双规、双开、四风、贪腐、贪官、贪污"18个;第二组是用于识别与腐败有关的人员,包括"厅官、高官、官员、组长、所长、村长*、科长、乡长、镇长、社长、院长、县长、区长、市长、署长、厅长、局长、司长、省长、部长、委员长、秘书长、校长、教务长、处长、军长、师长、团长、营长、连长、排长、班长、董事长、行长、检察长、机长、秘书长、常委、城管、城监人员、村委、调研员、干部、公安人员、公务员、公职、监察人员、检察人员、将军、警察、经理、人大代表、司令、书记、委员、巡视员、政委、支书、主管、主任、主席"61个;第三组是用于识别腐败的,包括"被抓、被免、被曝、捕、查、渎、贿、挪、涉、贪、违、刑、亡、罪、罢免、撤职、处分、公车、公费、公款、降级、举报、开除、落马、跑路、情妇、通奸、停职、外逃、自杀"30个。后两组字词交叉检索,可以查出第一组未能查出的与腐败有关的新闻标题。编码时先按第一组关键词进行检索,然后再将第二和第三组关键词交叉检索,将两次检索结果合并,即可以识别出绝大多数与腐败有关的新闻标题。

⑩伤亡:包括"伤、死、暗杀、被害、被杀、毒杀、奸杀、砍杀、罹难、命案、谋杀、枪杀、身亡、轻生、杀害、杀人、失踪、尸体、丧命、丧生、牺牲、遗体、遇难、遇害、自尽、自杀"共26个关键词。

(2)编码信度

为了检验关键词编码的信度,本研究从原始标题数据中系统抽取1461条标题,并先后进行人工编码和关键词编码,表2-2是人工编码和关键词编码的结果,其中A列是人工编码的统计值;B列是关键词编码的统计值;C列是人工编码和关键词编码的交集,即$C=A\cap B$;D列是关键词编码的正确命中率,即$D=\frac{C}{A}\times 100\%$;E列是采用关键词编码发生错误的比率,即$E=\frac{B-C}{B}\times 100\%$;F列是关键词编码的信度,计算式是$F=\frac{1461-B+C}{1461}\times 100\%$。

通过对两种编码结果统计分析,我们发现:第一,关键词编码信度均非常高;第二,命中率也很高,23个维度中有22个能够命中人工编码结果的80%以上,只有暴力维度的命中率低于80%,为71.43%,这主要是因为"打""杀"等暴力字的用法太灵活所致;第三,12个维度的错误率都在10%以内,8个维度的错误率大于10%且小于等于20%,只有赌彩维度的错误率高达50%。可见,采用关键词编码是可行的,但是个别维度的错误率还有降低空间。

表2-2 关键词编码的信度检验

灾害	人工编码结果(A)	关键词编码结果(B)	两种编码结果交集(C)	关键词命中率(D)	关键词编码错误率(E)	关键词编码信度(F)
天灾	35	40	35	100	12.5	12.5
水灾	6	6	6	100	0	100
寒灾	9	11	9	100	18.2	99.9
热灾	4	5	4	100	20	99.9

* 即村主任。由于新闻报道的通俗性,多用"村长"一词,本书予以保留。

续表

灾害	人工编码结果(A)	关键词编码结果(B)	两种编码结果交集(C)	关键词命中率(D)	关键词编码错误率(E)	关键词编码信度(F)
震灾	1	1	1	100	0	100
风灾	7	8	7	100	12.5	99.9
其他灾害	8	9	8	100	11.1	99.9
疫病	18	21	18	100	14.3	99.8
食品安全	10	10	9	90	10	99.9
交通事故	28	31	28	100	9.7	99.8
治安	45	44	39	86.7	11.4	99.7
涉黄	8	10	8	100	20	99.9
赌彩	1	2	1	100	50	99.9
涉毒	7	7	7	100	0	100
偷盗	8	9	8	100	11.1	99.9
暴力	21	16	15	71.43	6.3	99.9
生产事故	13	11	11	84.62	0	100
违约	64	65	62	96.9	4.6	99.8
涉骗	35	36	33	94.3	8.3	99.8
违规	29	29	29	100	0	100
环境污染	33	34	33	100	2.9	99.9
涉腐	9	8	8	88.9	0	100
伤亡	36	34	32	88.9	5.9	99.9

(3)编码过程

采用研究者自行开发的关键词编码软件——KWCP(界面见图2-1)。编码过程中,先打开KWCP软件,点击文件,导入需要编码的文件,键入所要编码的关键词或关键词组

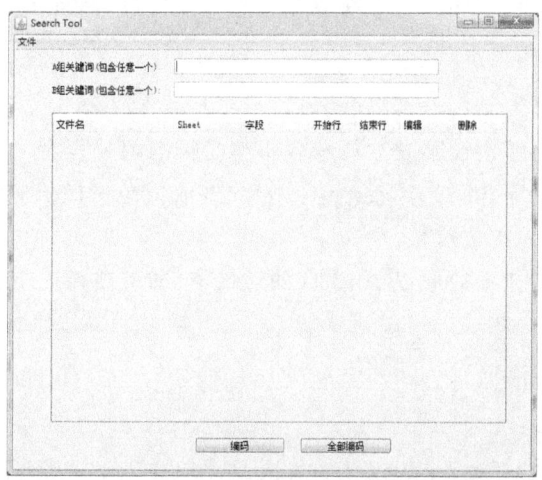

图2-1 KWCP软件的操作界面

合,并确定所要编码的是 excel 的哪一列以及编码赋值,单一文件点击"编码",多个文件点击"全部编码",软件就会自动在后台进行编码,编码结果直接写入编码的文件。

4.数据处理

编码之后,将七家媒体的编码结果汇总,就可以统计出以月份为时间单位的各市特征新闻量(NF_{ik})以及总新闻量(NN_k),在特征新闻量和总新闻量的基础上,本研究依次进行如下处理:

第一,将某市某月的特征新闻量(NF_{ik})除以该市人口数(P_k),即可获得该市某月的人均特征新闻量。鉴于人均新闻量数值太小,不易理解和表达,为此,我们用千万人均特征新闻量(用 $TMPF_{ik}$ 表示,单位是条/千万人,取值范围为 $0\sim\infty$)代替人均特征新闻量,计算公式如下:

$$TMPF_{ik}=\frac{NF_{ik}}{P_k}\times 10^7 \tag{1}$$

年千万人均特征新闻量,可通过求各月千万人均特征新闻量的均值而得。

统计处理时使用的各市人口数资料来自国家统计局及各省(直辖市、自治区)统计局网站公布的全国第六次人口普查资料[①]。

第二,将某市特征新闻量(NF_{ik})除以该市总新闻量,即可获得该市的特征关注度(用 AF_{ik} 表示,同样因其数值较小,不便于处理和分析,而乘以 1000 来表示,取值范围为 $0\sim 1000$),计算公式如下:

$$AF_{ik}=\frac{NF_{ik}}{NN_k}\times 1000 \tag{2}$$

第三,将某市特征关注度作为加权系数,乘以该市的千万人均特征新闻量,即可获得该市的特征指数(用 DF_{ik} 表示,取值范围为 $0\sim\infty$),计算公式如下:

$$DF_{ik}=\frac{NF_{ik}^2}{P_k\times NN_k}\times 10^{10} \tag{3}$$

通过特征指数,能够比较客观地衡量各市与特征的相关程度。此指标可用于跨市、跨媒体、跨时间甚至跨特征之间的比较。但由于数据取值范围较大,不容易做直观的比较,所以需要进一步转化为指数对数。

第四,将某市的特征指数取以 10 为底的对数值,即可获得该市的特征指数对数,计算公式如下:

$$R_{ik}=\log_{10}DF_{ik} \tag{4}$$

---

① 2010 年第六次全国人口普查主要数据公报:http://www.stats.gov.cn/tjsj/zxfb/201104/t20110429 12706.html,http://www.stats.gov.cn/was5/web/search?page=1&channelid=288041&orderby=-DOCRELTIME&was_custom_expr=like%282010 年第六次全国人口普查主要数据公报%29%2Fsen&perpage=10&outlinepage=10。

通过式(4)得到结果之后,令特征指数小于1的任何数的对数值为0。由此得到的对数值最小为0,最大值不限,但一般不超过6。

省级数据是对各市的特征新闻量、总新闻量、各市人口数等数据分别求和,再根据式(1)至(4)计算特征指数对数。同理,全国数据、月份数据也是对相应的参数求和,再通过公式计算。

特征指数对数(R_{ik})的大小表面上反映的是该市与某特征的相关程度,但实质上反映了一个市该特征问题的严重程度。举个例子来说,如果一个市的涉腐特征指数或指数对数值高,说明该市涉及腐败的报道多。这些报道不管是揭露腐败现象,还是关于反腐的行为举措,都说明腐败问题严重,否则就不会有关于腐败现象的报道,也无须反腐。因此,R_{ik}值大小反映的是特征问题的严重程度,即值越大,问题越严重。

5.数据表达

为了让读者能够比较直观地了解研究结果及其含义,我们主要用镜像蜘蛛图和镜像彩色地图及一种彩色表格将数据结果呈现出来。镜像蜘蛛图的制作直接采用R_{ik}值,而镜像彩色地图和彩色表格的制作则需进一步进行数据转化,即将R_{ik}值转化为等级值。具体见表2-3:

表2-3 镜像解读说明

特征指数对数	级别	等级颜色	情况描述
$R_{ik}<0.5$	0级	绿色	没有问题
$0.5\leqslant R_{ik}<1.5$	1级	蓝色	问题轻微
$1.5\leqslant R_{ik}<2.5$	2级	黄色	问题轻度
$2.5\leqslant R_{ik}<3.5$	3级	橙色	问题中度
$3.5\leqslant R_{ik}<4.5$	4级	红色	问题严重
$R_{ik}\geqslant 4.5$	5级	黑色	问题很严重

在解读镜像时,我们结合现实情况认为,达到3级或以上就构成问题并值得重视,3级以下则看作正常现象。

依据上述研究过程,我们进行了大数据的采集和分析,得到各省(直辖市、自治区)2015年在天灾等10个方面22个维度的媒体镜像。下面我们分两个部分来加以描述:第一部分是单维镜像,即从10个方面22个维度来比较全国不同月份的差异;比较各省(直辖市、自治区)的差异,并根据数值大小列出各维度中前三名和后三名;比较每个省(直辖市、自治区)中各直辖行政区的差异(限于篇幅,天灾、治安和违约之下的12个子维度不做比较),并列出各维度中前十名和后十名的地级行政区。第二部分是多维镜像,即从10个方面22个维度来描述各省(直辖市、自治区)以及单一行政区(包括省份、地级行政区)的镜像,以比较单一行政区在22个维度上存在问题的相对严重程度。

三、研究结果——单维镜像

1. 全国月份

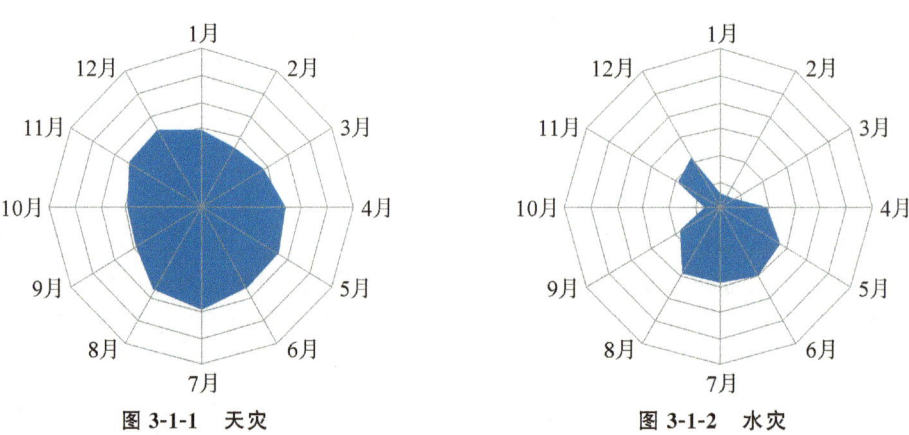

图 3-1-1　天灾　　　　　　　　图 3-1-2　水灾

【图 3-1-1 解读】我国全年均有轻度或中度的天灾问题,但未达到严重级别,其中 7 月天灾最多。

【图 3-1-2 解读】我国水灾主要发生在 5—8 月,12 月也有轻度的水灾问题,6 月水灾最多。

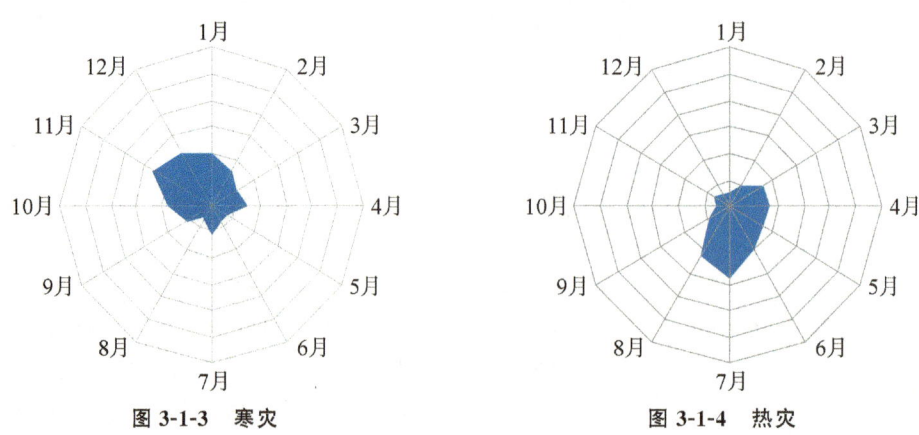

图 3-1-3　寒灾　　　　　　　　图 3-1-4　热灾

【图 3-1-3 解读】我国 1 月、11 月、12 月三个月均有轻度的寒灾问题。其中 11 月寒灾报道最多,主要原因可能是季节转变时媒体比较敏感。

【图 3-1-4 解读】我国热灾集中发生在 7 月和 8 月,7 月报道较 8 月多,但未构成问题。

三、研究结果——单维镜像

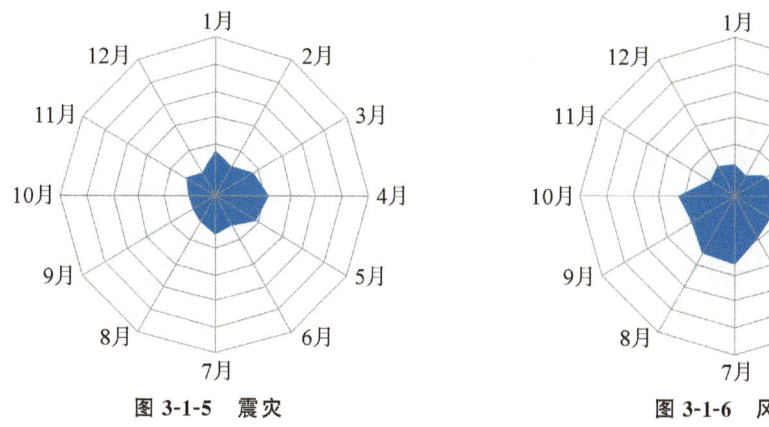

图 3-1-5　震灾 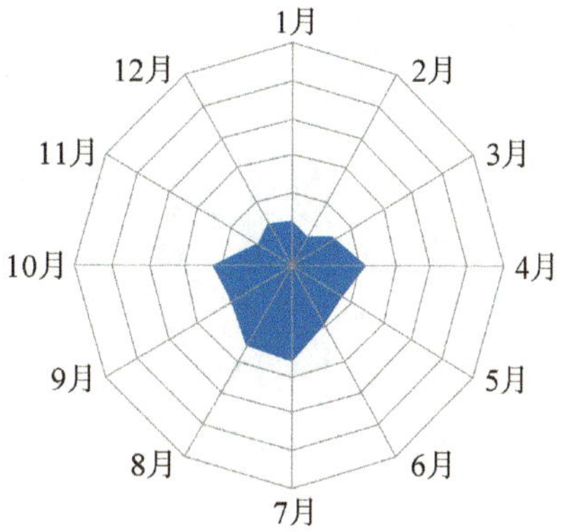　　　　　　　　　图 3-1-6　风灾

【图 3-1-5 解读】我国震灾主要发生在 4 月,但未构成问题。

【图 3-1-6 解读】我国 4 月、7 月、8 月、10 月四个月均有轻度的风灾问题,其中 7 月风灾最多。

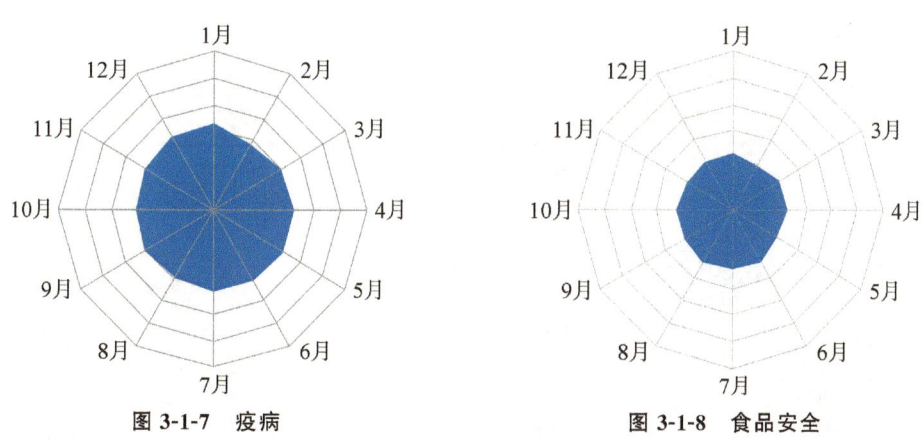

图 3-1-7　疫病　　　　　　　　　图 3-1-8　食品安全

【图 3-1-7 解读】除 2 月和 8 月外,其他月份我国疫病均构成问题,但未达到严重级别。

【图 3-1-8 解读】我国食品安全问题全年都有发生,2 月相对少一点,均未构成问题。

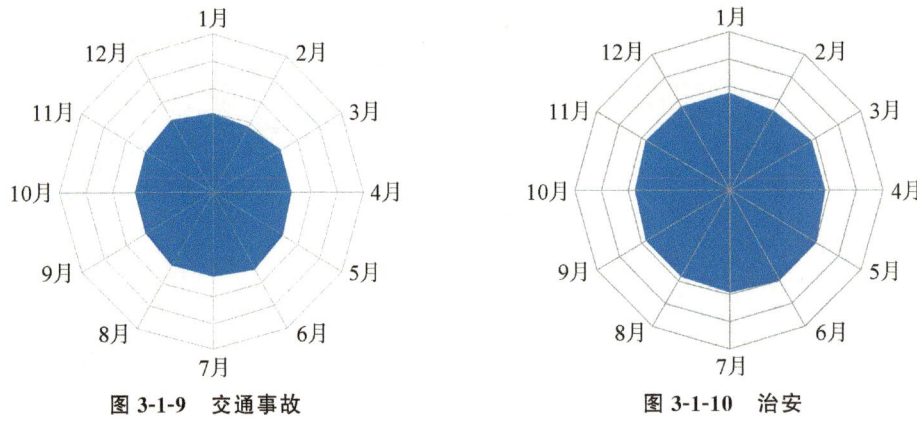

图 3-1-9　交通事故　　　　　　　　　　　图 3-1-10　治安

【图 3-1-9 解读】 我国交通事故全年发生情况持平,除 2 月外,均构成问题,但未达到严重级别。

【图 3-1-10 解读】 我国治安事件常年发生,各月份均构成问题,但未达到严重级别。其中 2 月相对少一点。

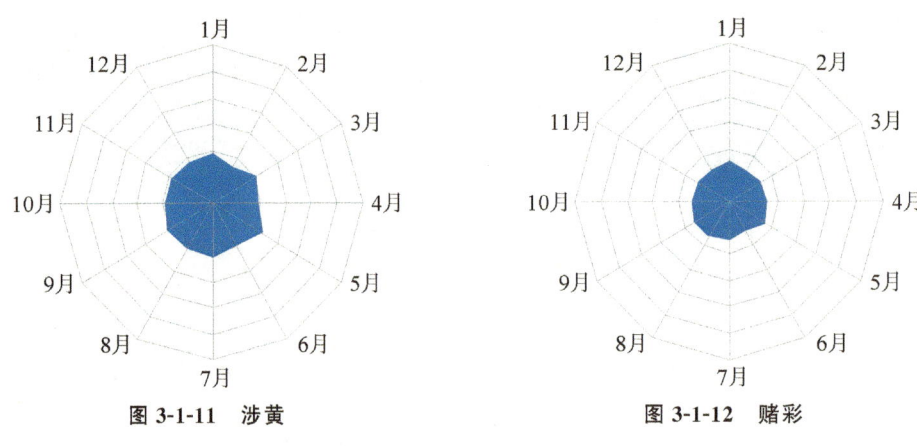

图 3-1-11　涉黄　　　　　　　　　　　图 3-1-12　赌彩

【图 3-1-11 解读】 我国在涉黄方面问题不大,5 月较其他月份报道多一点。

【图 3-1-12 解读】 我国媒体中的赌彩报道很少,这或许是真的少,又或许是不值得报道。

三、研究结果——单维镜像

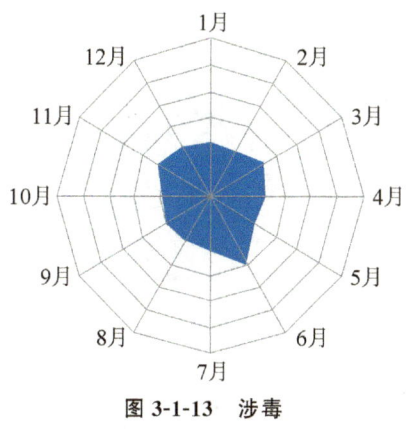

图 3-1-13　涉毒

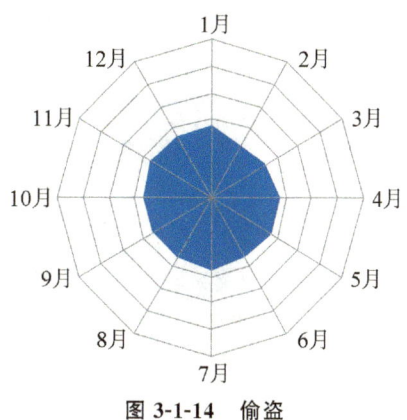

图 3-1-14　偷盗

【图 3-1-13 解读】我国在大部分月份均有轻度的涉毒问题,但不严重,其中 6 月报道最多。

【图 3-1-14 解读】我国偷盗事件常年发生,各月份均有轻度的偷盗问题,但不严重。

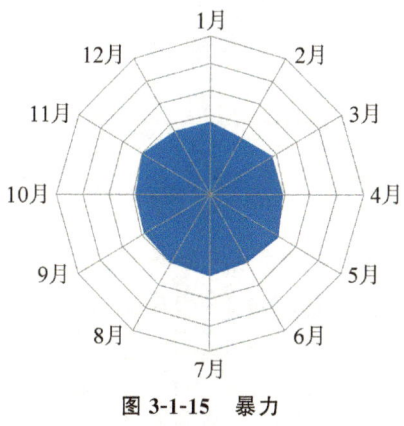

图 3-1-15　暴力

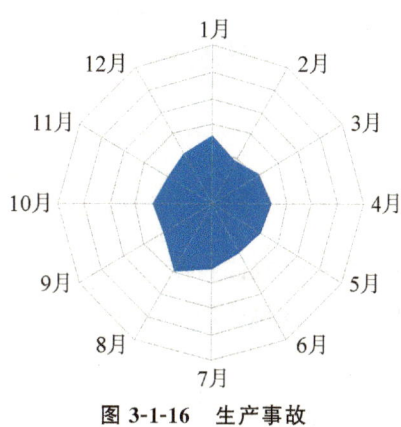

图 3-1-16　生产事故

【图 3-1-15 解读】我国暴力事件在 5—7 月构成问题,但未达到严重级别,其他九个月也有轻度的暴力问题。

【图 3-1-16 解读】除 2 月和 11 月外,其他月份我国都有轻度的生产事故问题,但未构成严重问题,其中 8 月报道最多。

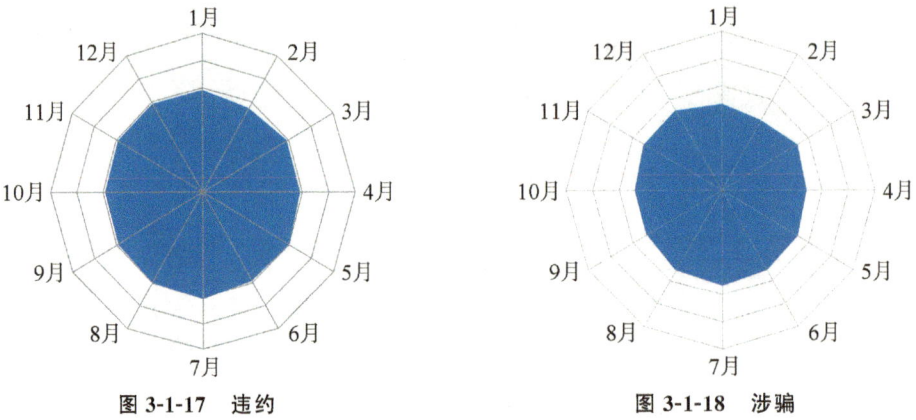

【图 3-1-17 解读】我国全年普遍存在违约问题,都值得重视,但未达到严重级别。

【图 3-1-18 解读】我国涉骗事件常年发生,各月份均构成问题,但未达到严重级别。

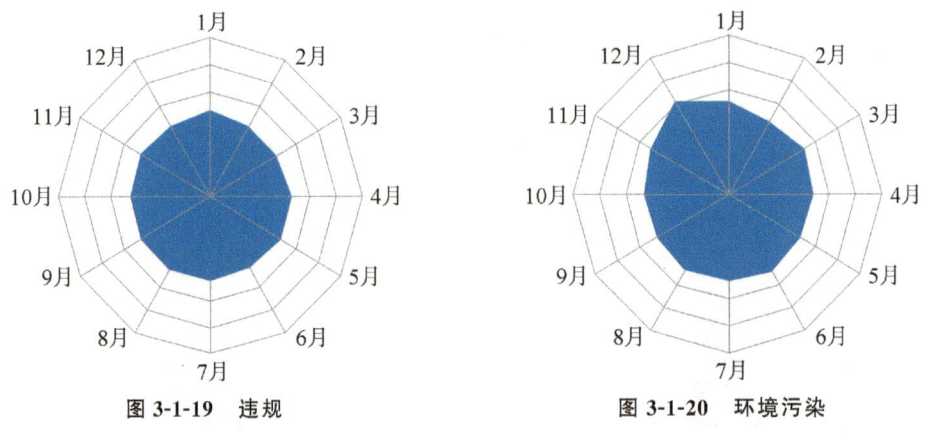

【图 3-1-19 解读】我国全年违规均构成问题,但未达到严重级别。

【图 3-1-20 解读】我国全年普遍存在环境污染问题,都值得重视,其中 12 月达到严重级别。

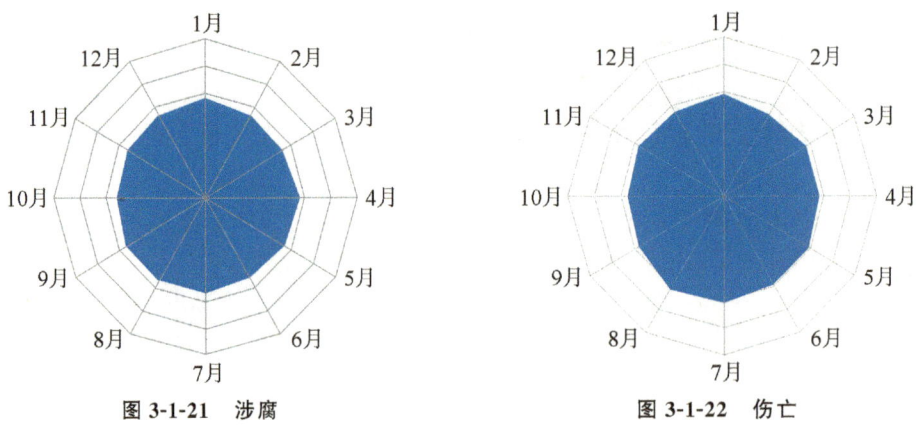

【图 3-1-21 解读】我国涉腐事件常年发生,各月份均构成问题,但未达到严重级别。

【图 3-1-22 解读】我国伤亡事件常年发生,各月份均构成问题,其中 8 月达到严重级别。

三、研究结果——单维镜像

2.各省(直辖市、自治区)

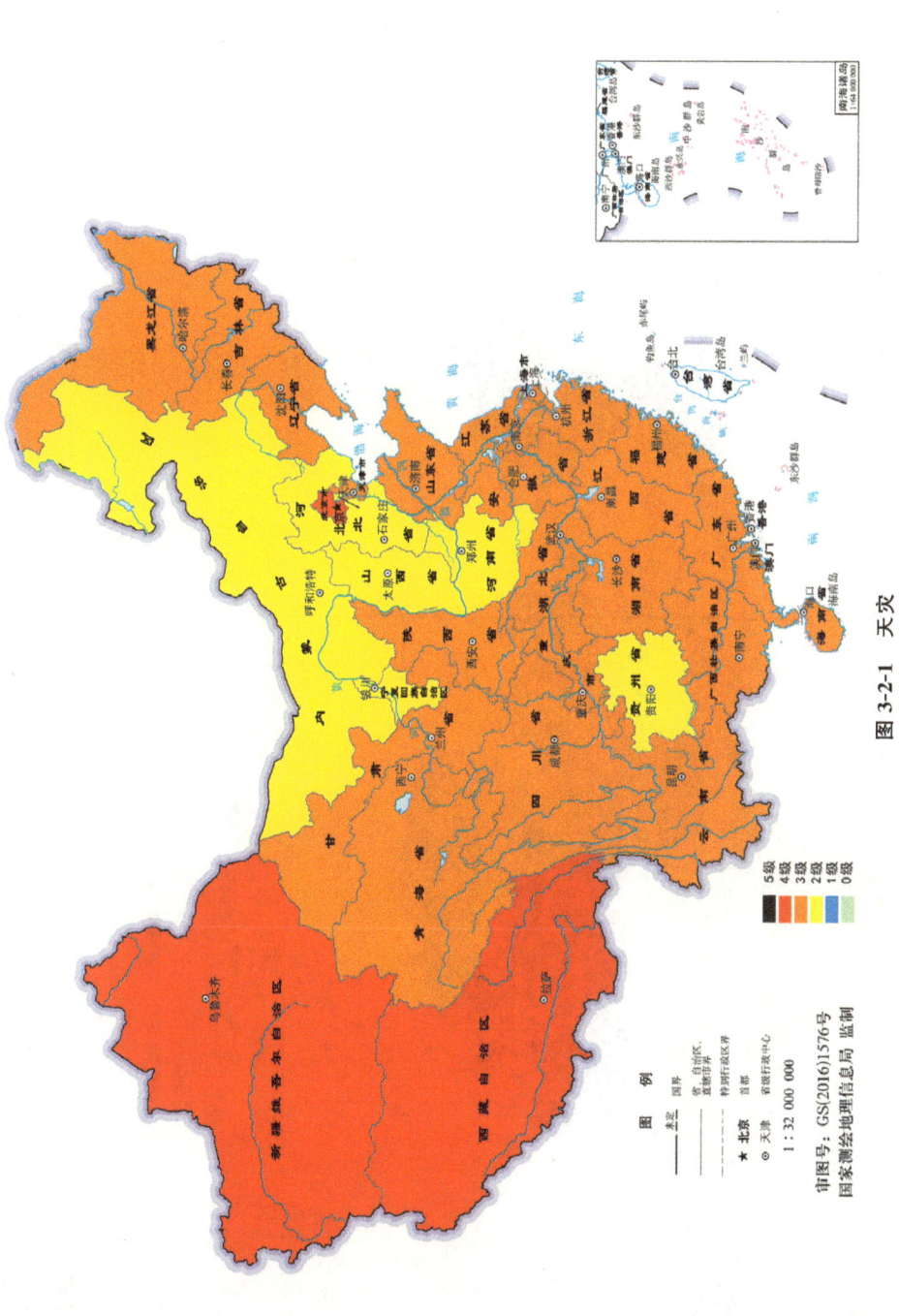

图 3-2-1 天灾

【图 3-2-1 解读】大多数省(直辖市、自治区)都有一定程度的天灾,其中西藏、新疆和北京达到严重级别,相对而言,比较风调雨顺的有河北、内蒙古等 6 个省(直辖市、自治区)。

18 全国各省市的媒体镜像——基于网络新闻大数据

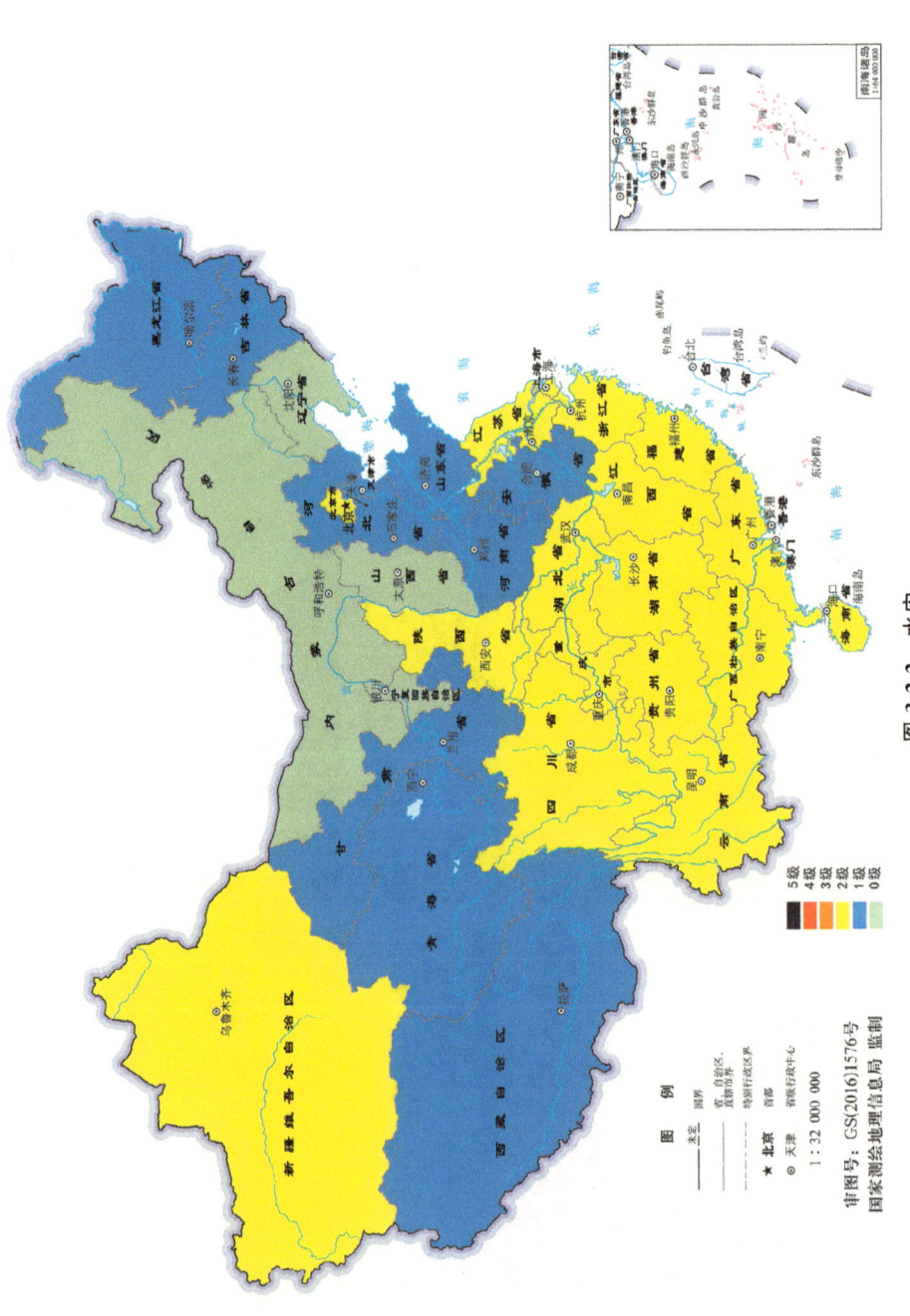

图 3-2-2 水灾

【图 3-2-2 解读】17 个省（直辖市、自治区）有轻度的水灾问题，宁夏、辽宁、内蒙古和山西 4 个省（自治区）基本无水灾。

三、研究结果——单维镜像

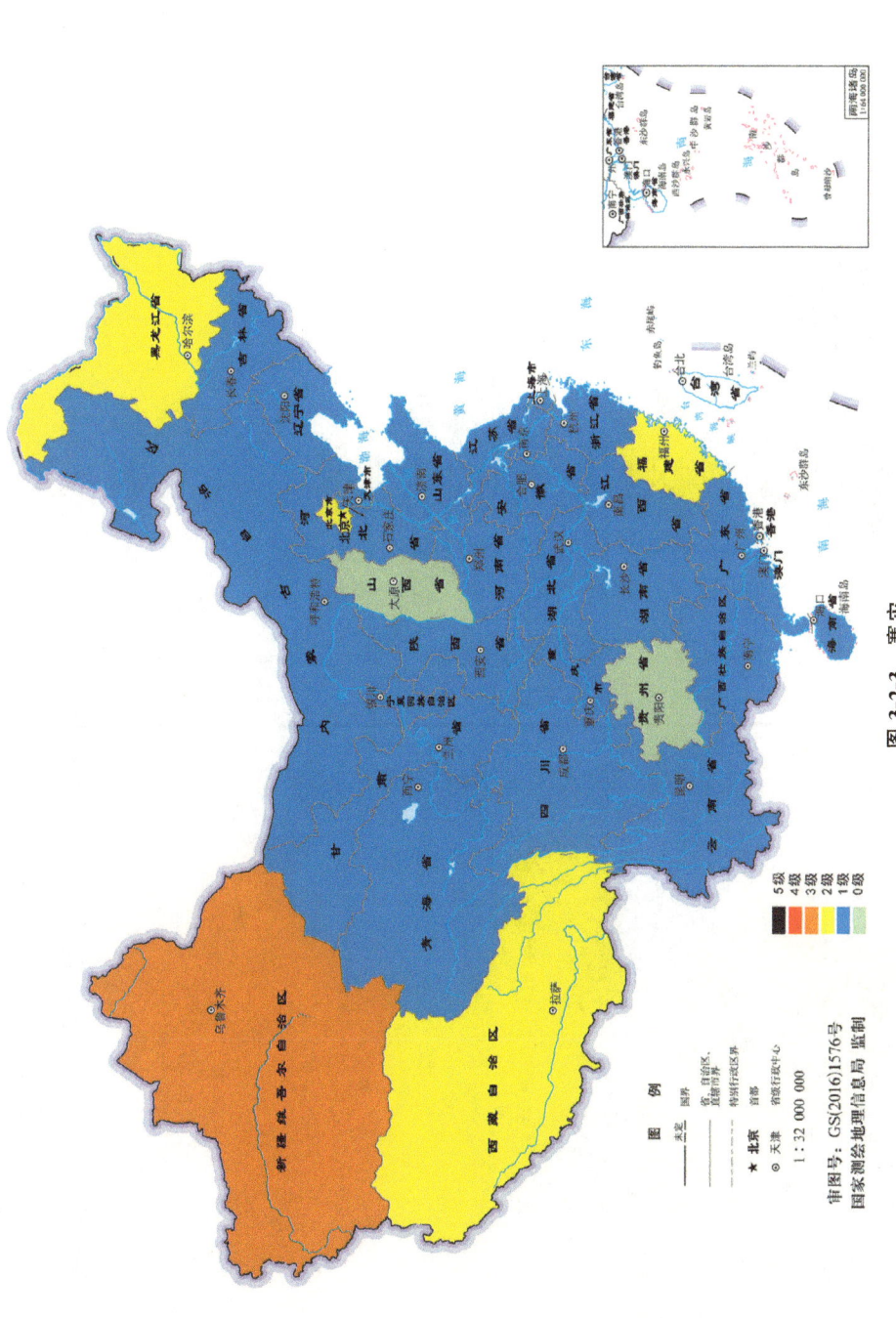

图 3-2-3 寒灾

【图 3-2-3 解读】值得重视寒灾的仅新疆,且不严重。东北三省、内蒙古这些寒冷的地方寒灾并不严重,特别是山西似乎没有带来一点负面影响。

20 全国各省市的媒体镜像——基于网络新闻大数据

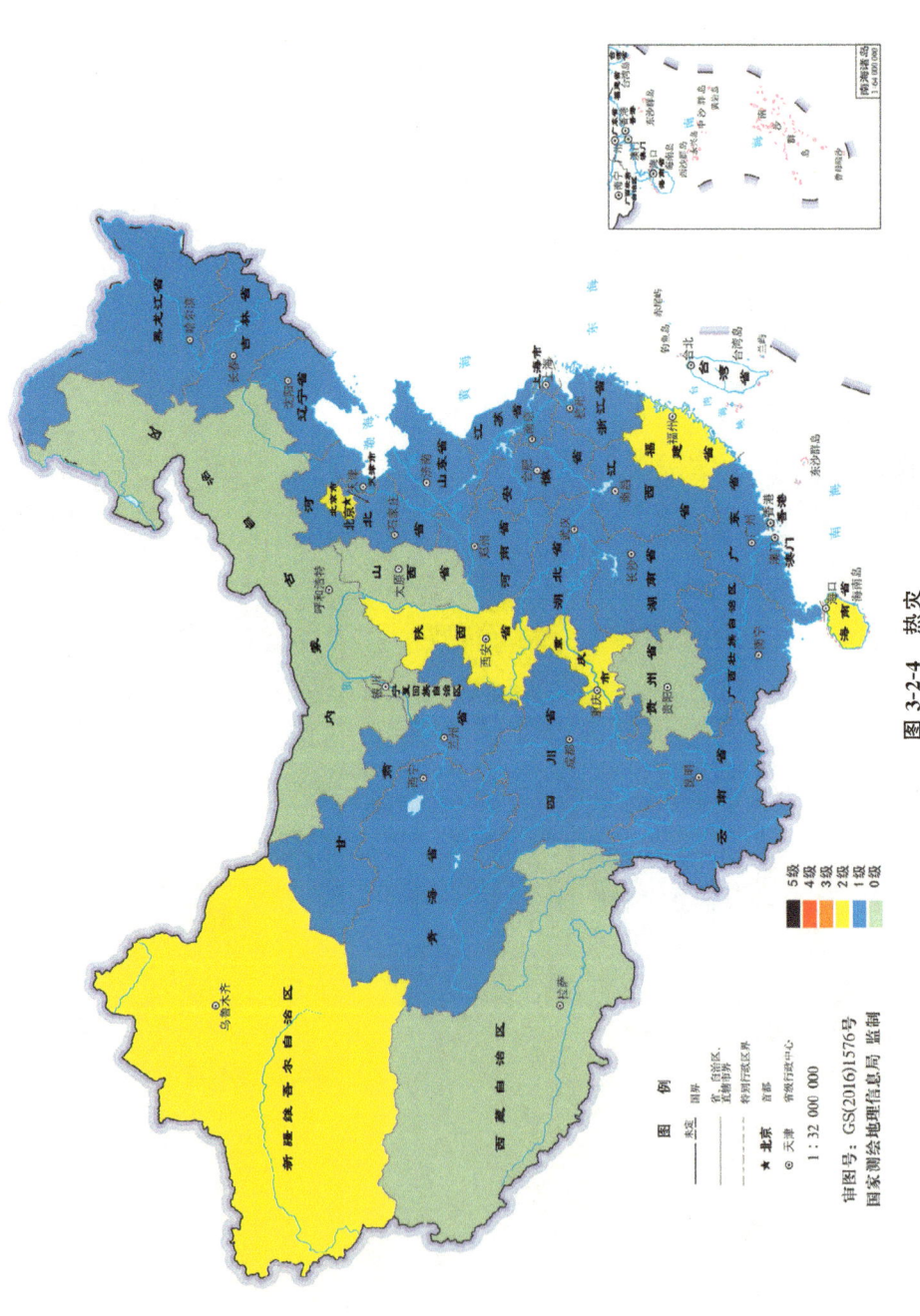

图 3-2-4 热灾

【图 3-2-4 解读】各省（直辖市，自治区）热灾均未构成问题，尤其是宁夏，内蒙古等 5 个省（自治区）基本与热灾无关。

三、研究结果——单维镜像

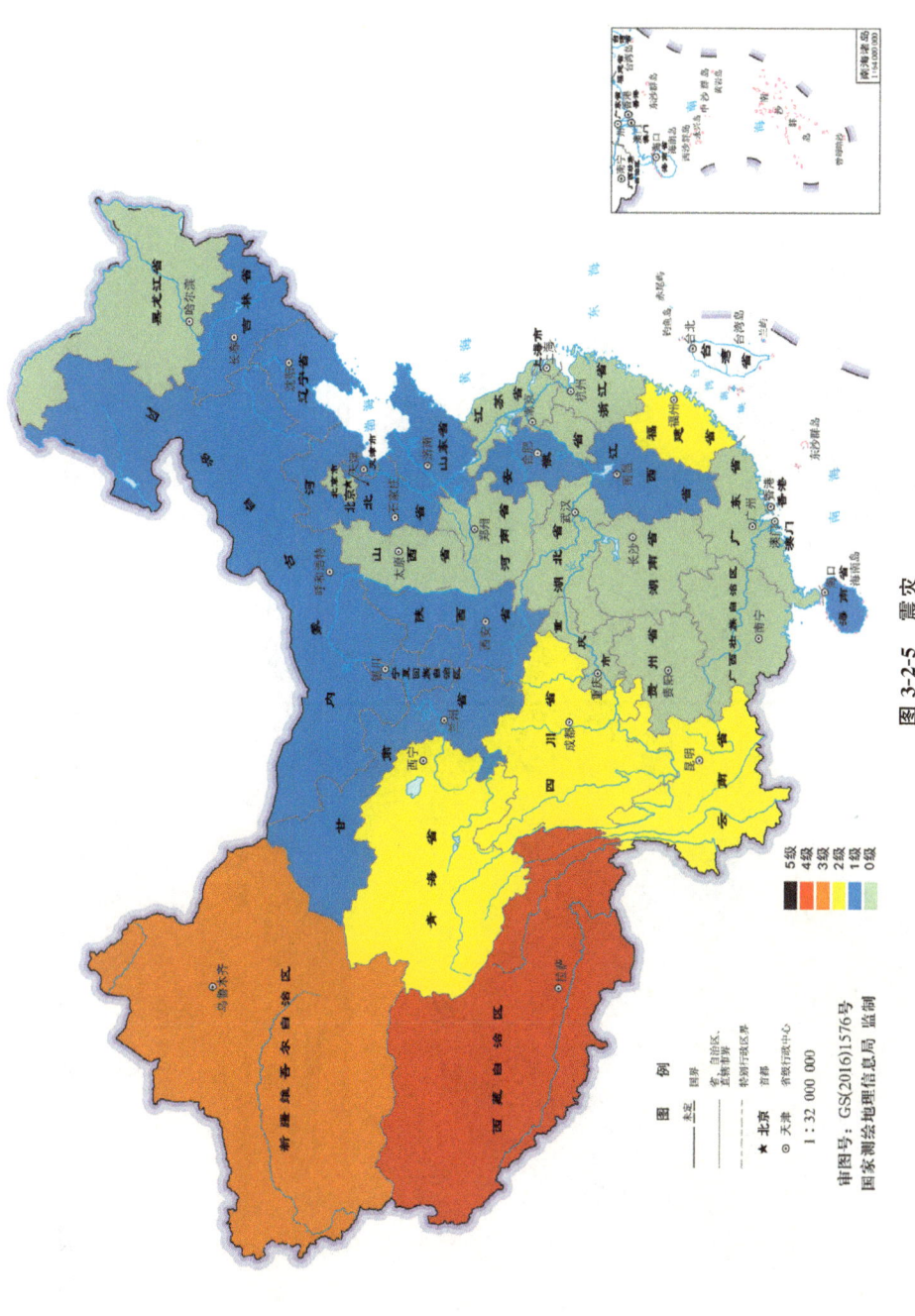

图 3-2-5 震灾

【图 3-2-5 解读】震灾严重的是西藏、新疆的震灾也值得重视，山西、北京等 14 个省（直辖市、自治区）基本与地震无关。

全国各省市的媒体镜像——基于网络新闻大数据

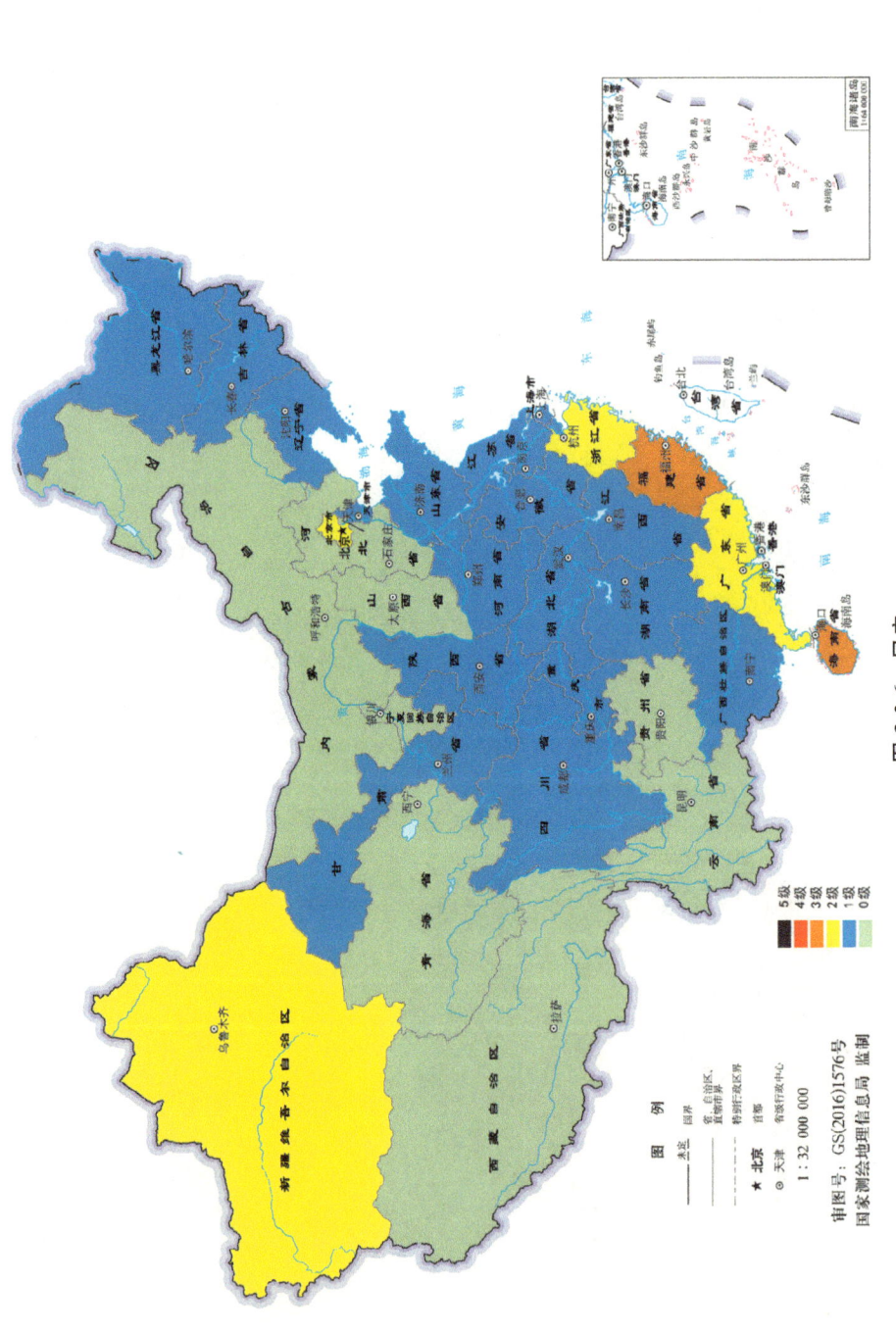

图 3-2-6 风灾

【图 3-2-6 解读】受风灾威胁的省份是海南和福建,但并不严重。宁夏、青海等 8 个省(自治区)不管有风还是无风,都不成灾。

三、研究结果——单维镜像 23

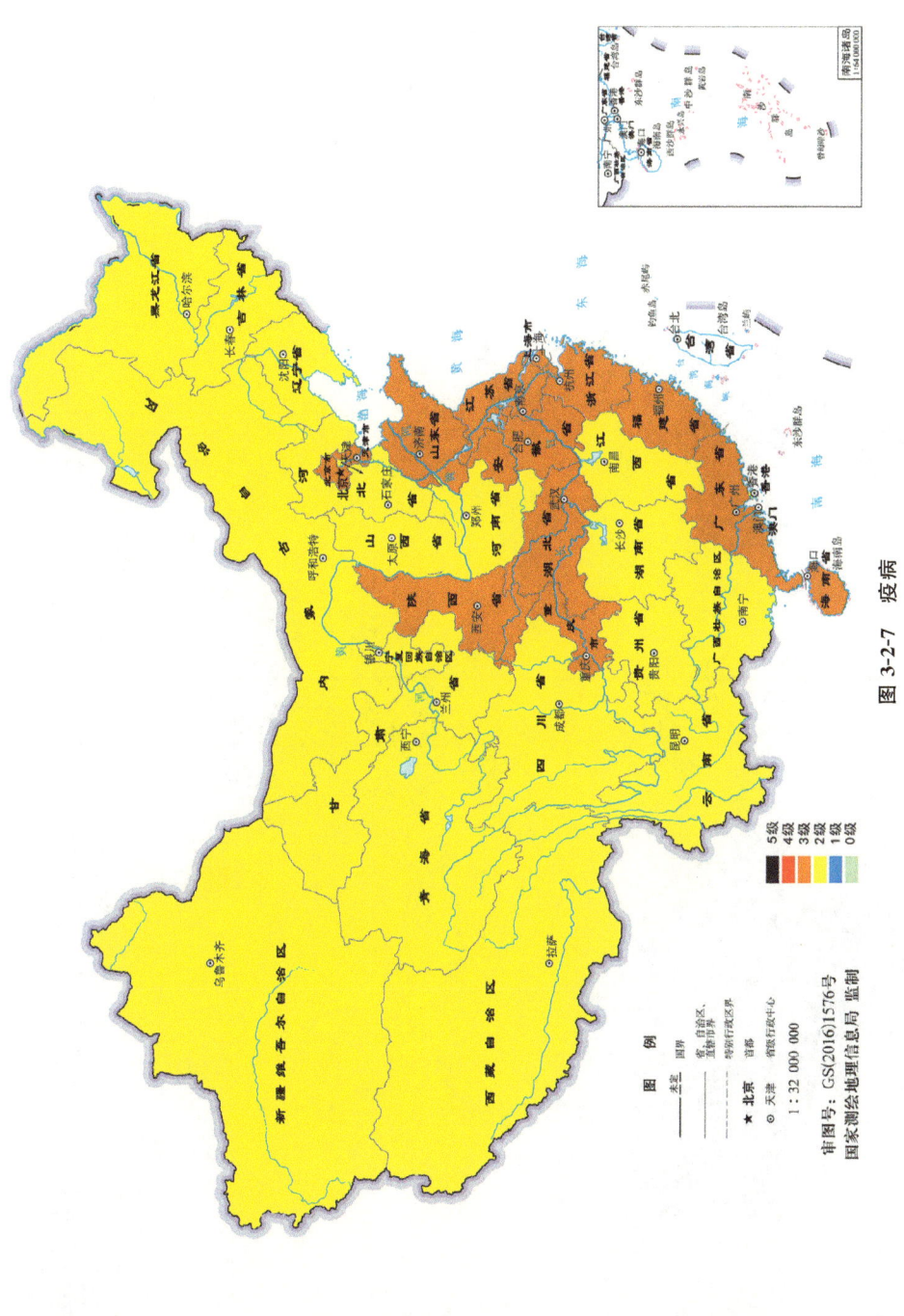

图 3-2-7 疫病

【图 3-2-7 解读】中东部 13 个省（直辖市）值得重视，但都不严重，其他地方属轻度，问题不大。

24 全国各省市的媒体镜像——基于网络新闻大数据

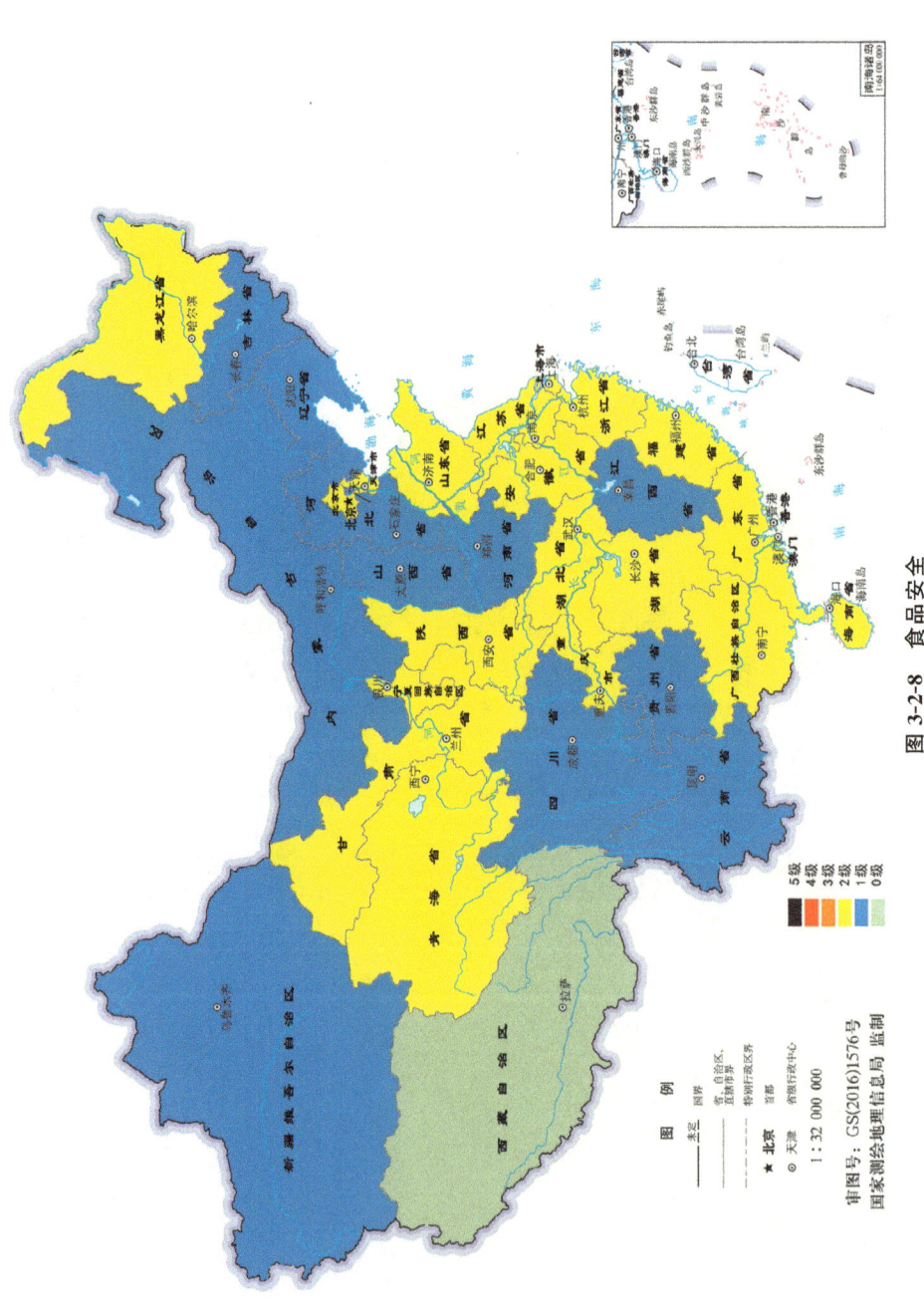

【图 3-2-8 解读】全国食品安全问题尚好,皆处于轻度及以下,其中西藏基本无食品安全问题。

图 3-2-8 食品安全

三、研究结果——单维镜像 25

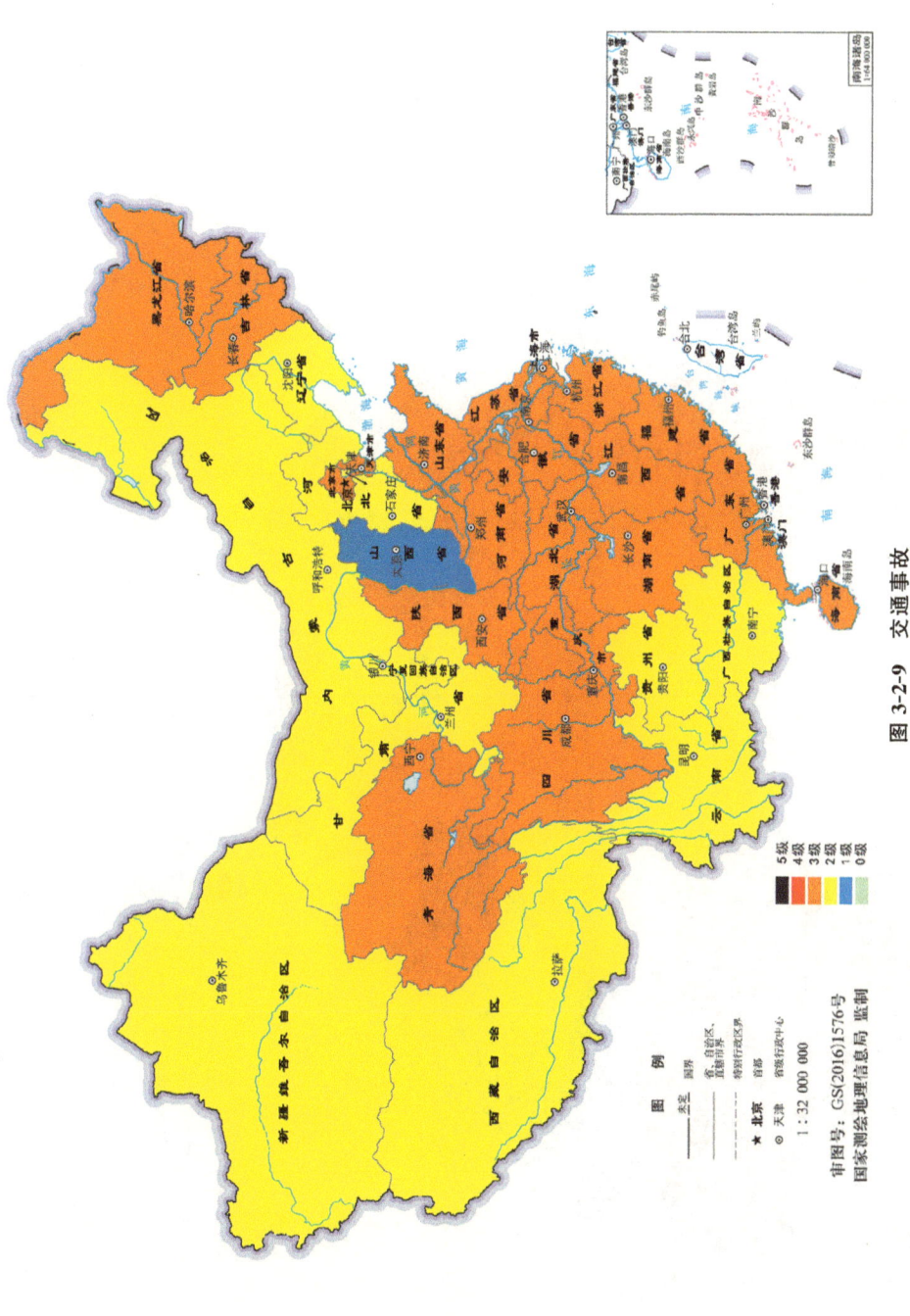

图 3-2-9 交通事故

【图 3-2-9 解读】我国有 20 个省（直辖市）交通事故成问题，但均未达到严重级别，问题最轻的是山西。

26 全国各省市的媒体镜像——基于网络新闻大数据

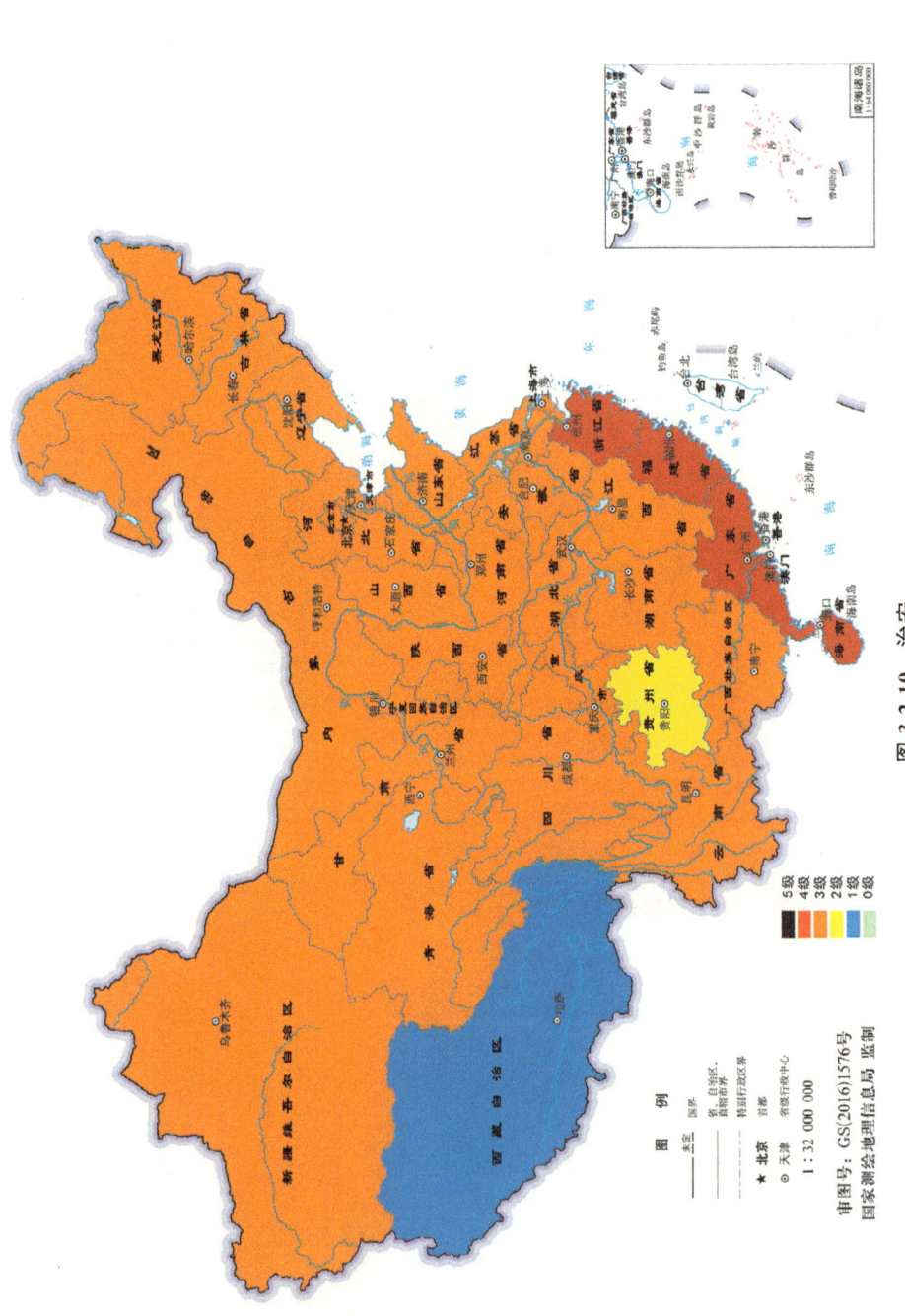

图 3-2-10 治安

【图 3-2-10 解读】除贵州和西藏外,其他省(直辖市、自治区)的治安均构成问题,比较严重的有海南、广东、福建、浙江沿海 4 个省。

三、研究结果——单维镜像 27

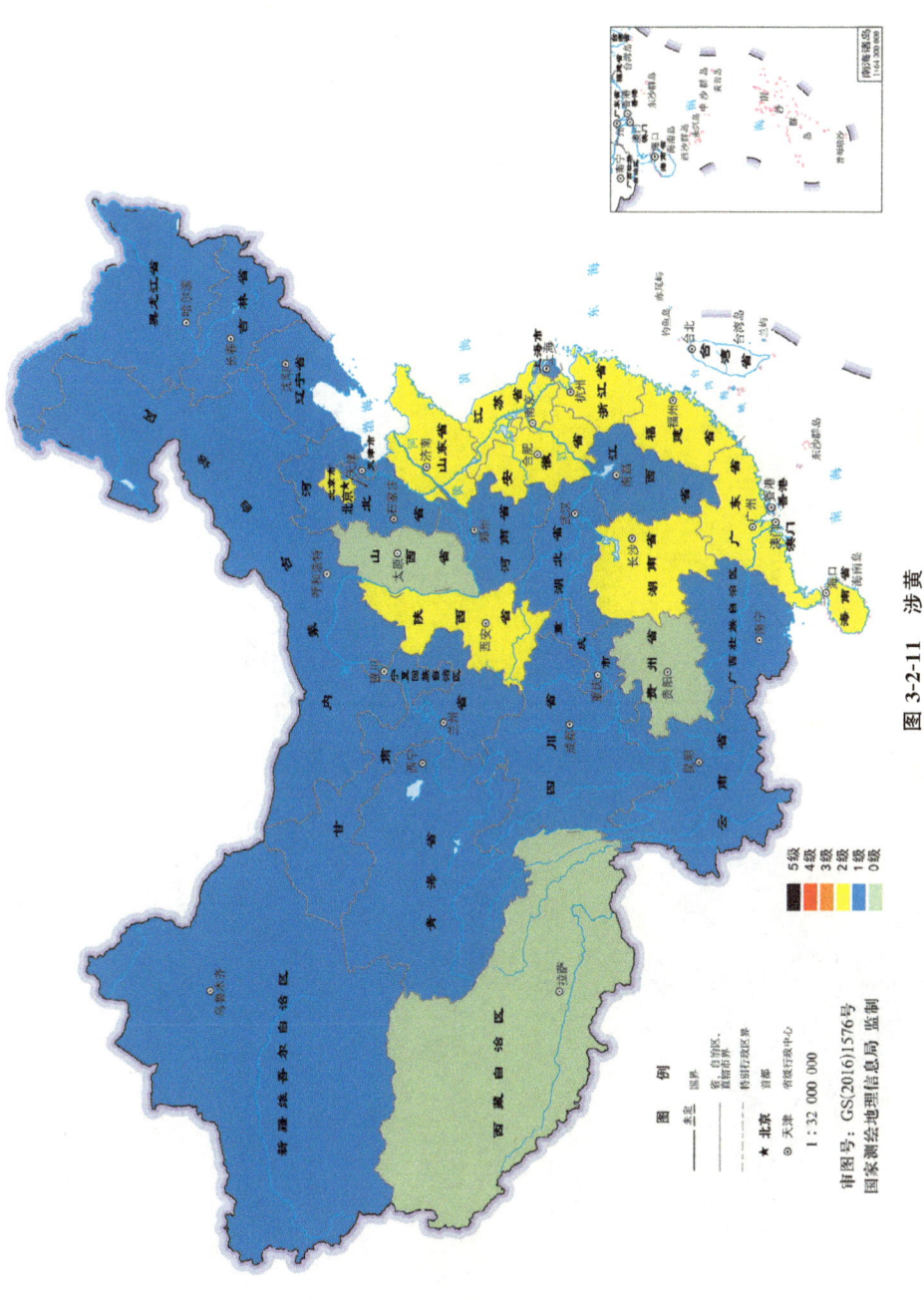

图 3-2-11 涉黄

【图 3-2-11 解读】各省（直辖市、自治区）涉黄均无大碍，贵州、山西和西藏 3 个省（自治区）基本没有涉黄事件。

全国各省市的媒体镜像——基于网络新闻大数据

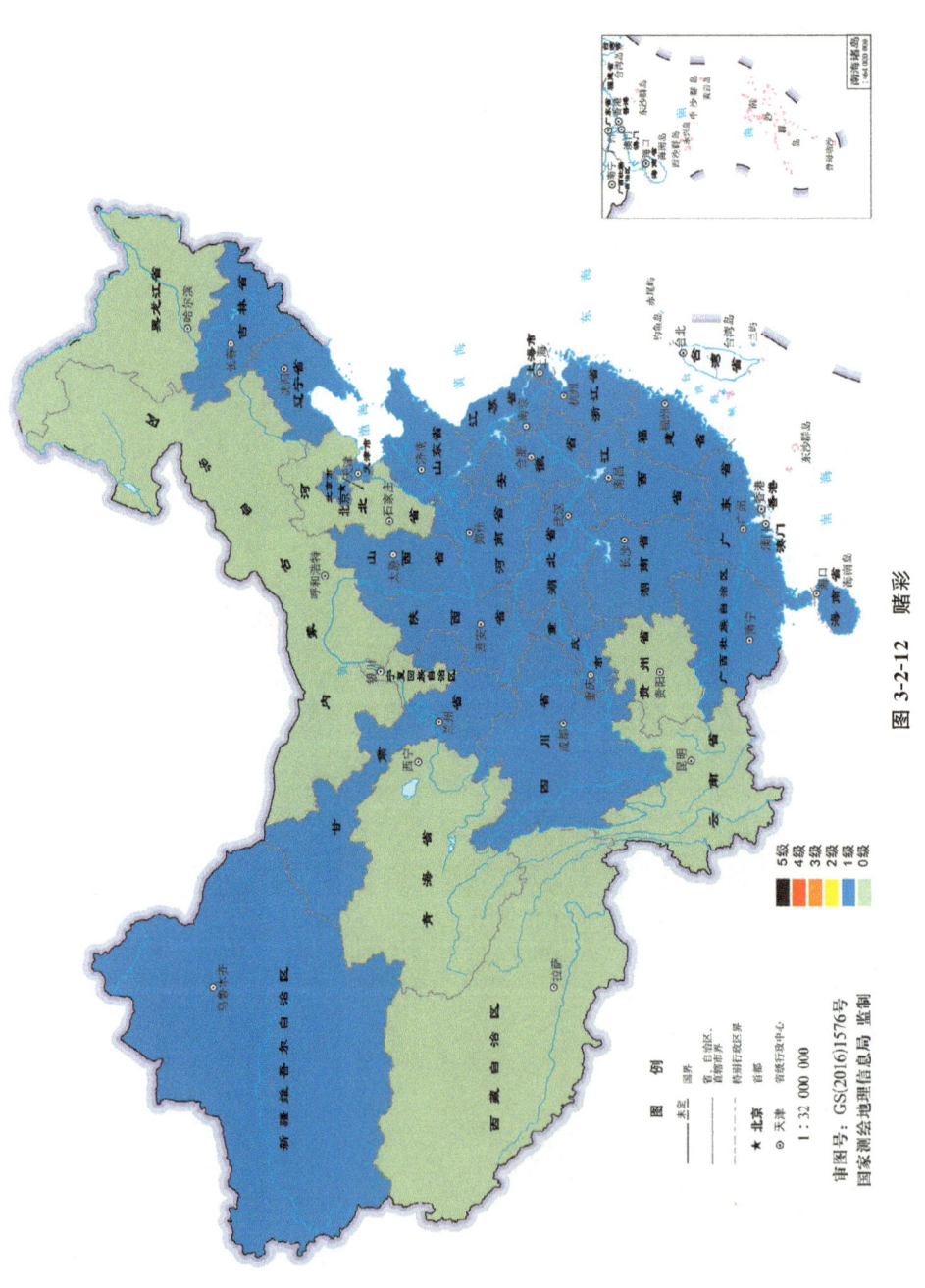

图 3-2-12 赌彩

【图 3-2-12 解读】各省（直辖市、自治区）赌彩均未构成问题，尤其是宁夏、云南等 8 个省（自治区）不赌运气。

三、研究结果——单维镜像

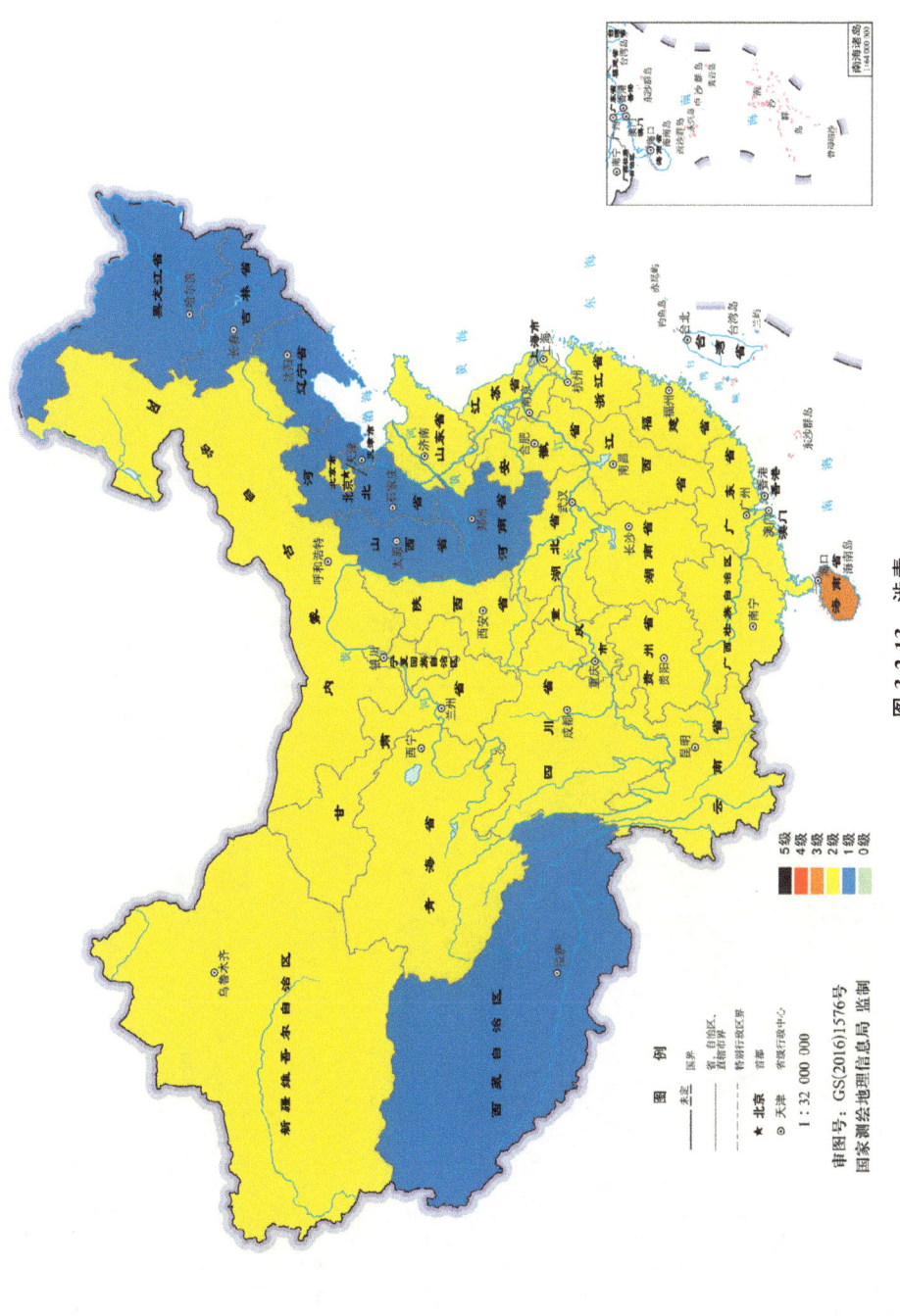

图 3-2-13　涉毒

【图 3-2-13 解读】涉毒成问题的仅海南、日不严重，山西、吉林等 8 个省（直辖市、自治区）只有轻微的涉毒问题。

30 全国各省市的媒体镜像——基于网络新闻大数据

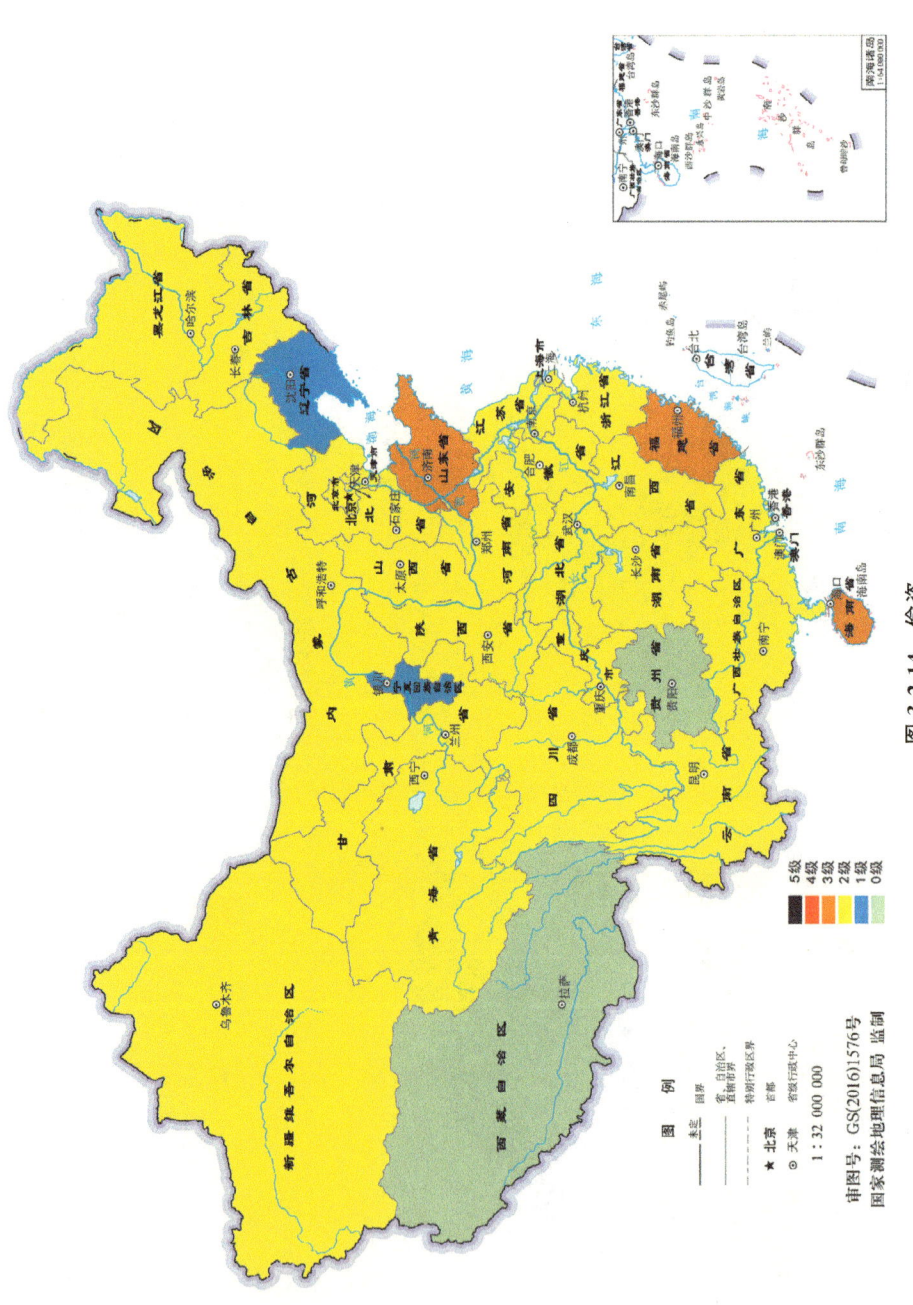

图 3-2-14 偷盗

【图 3-2-14 解读】偷盗成问题的有海南、福建和山东 3 个省,但都不严重。贵州、西藏几乎无贼,宁夏、辽宁贼也少。

三、研究结果——单维镜像　31

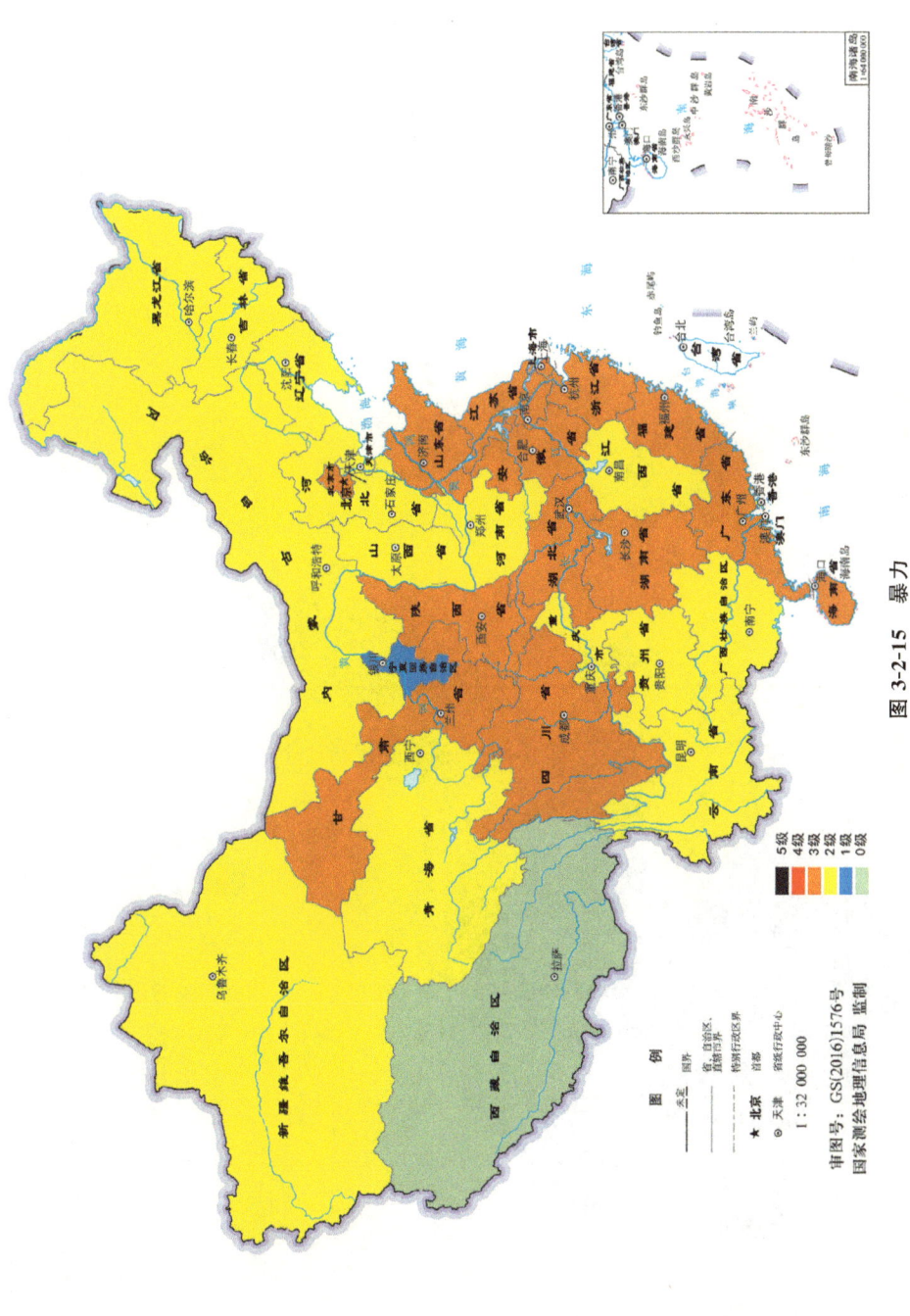

图 3-2-15　暴力

【图 3-2-15 解读】暴力成为问题的有中东部和东南部共 13 个省（直辖市），但都不严重。只有西藏比较太平。

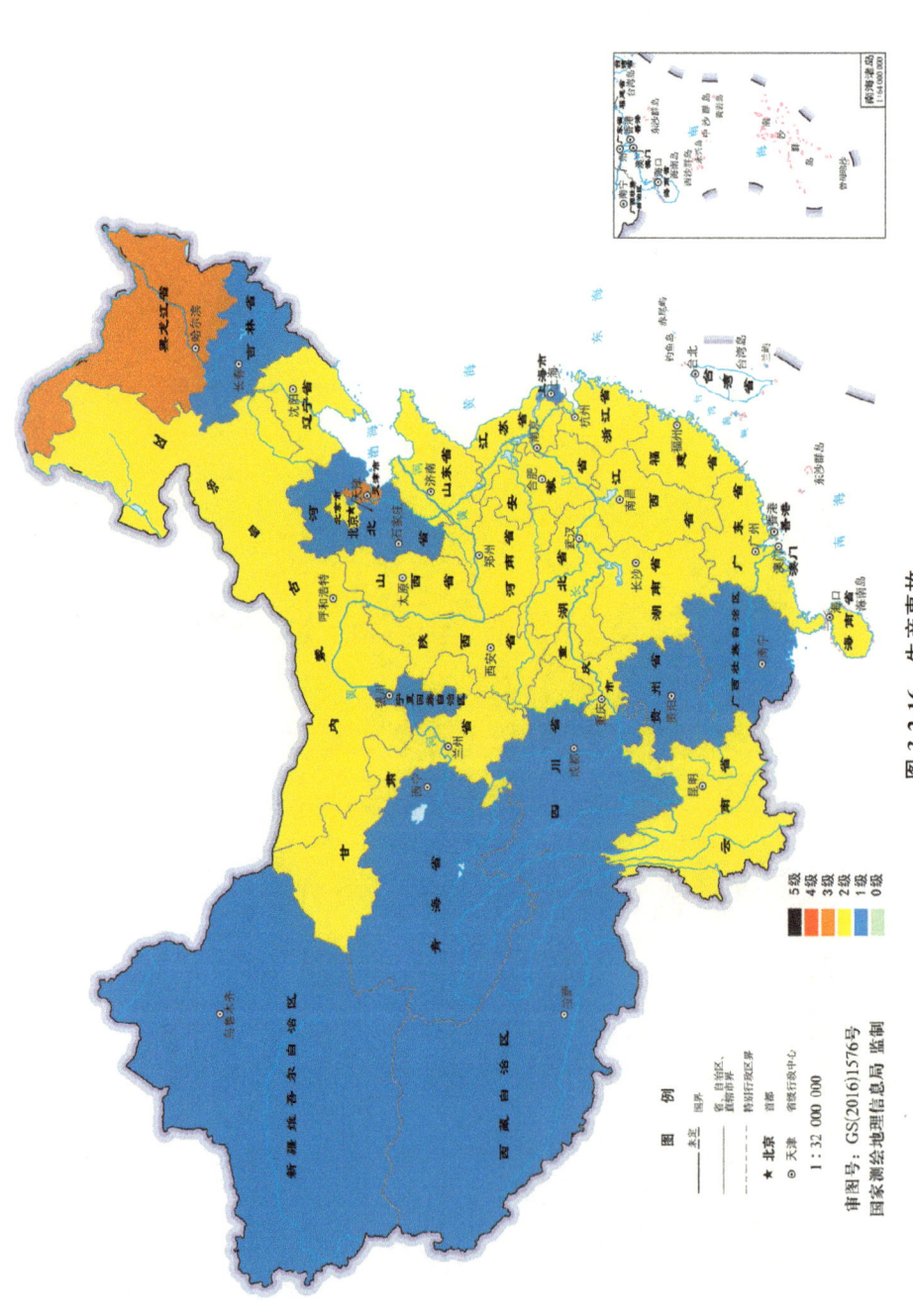

图 3-2-16 生产事故

【图 3-2-16 解读】全国生产事故成问题的仅天津和黑龙江,且均未达到严重级别,尽管天津港"8·12爆炸事故"就单一事件来说是很严重的。

三、研究结果——单维镜像

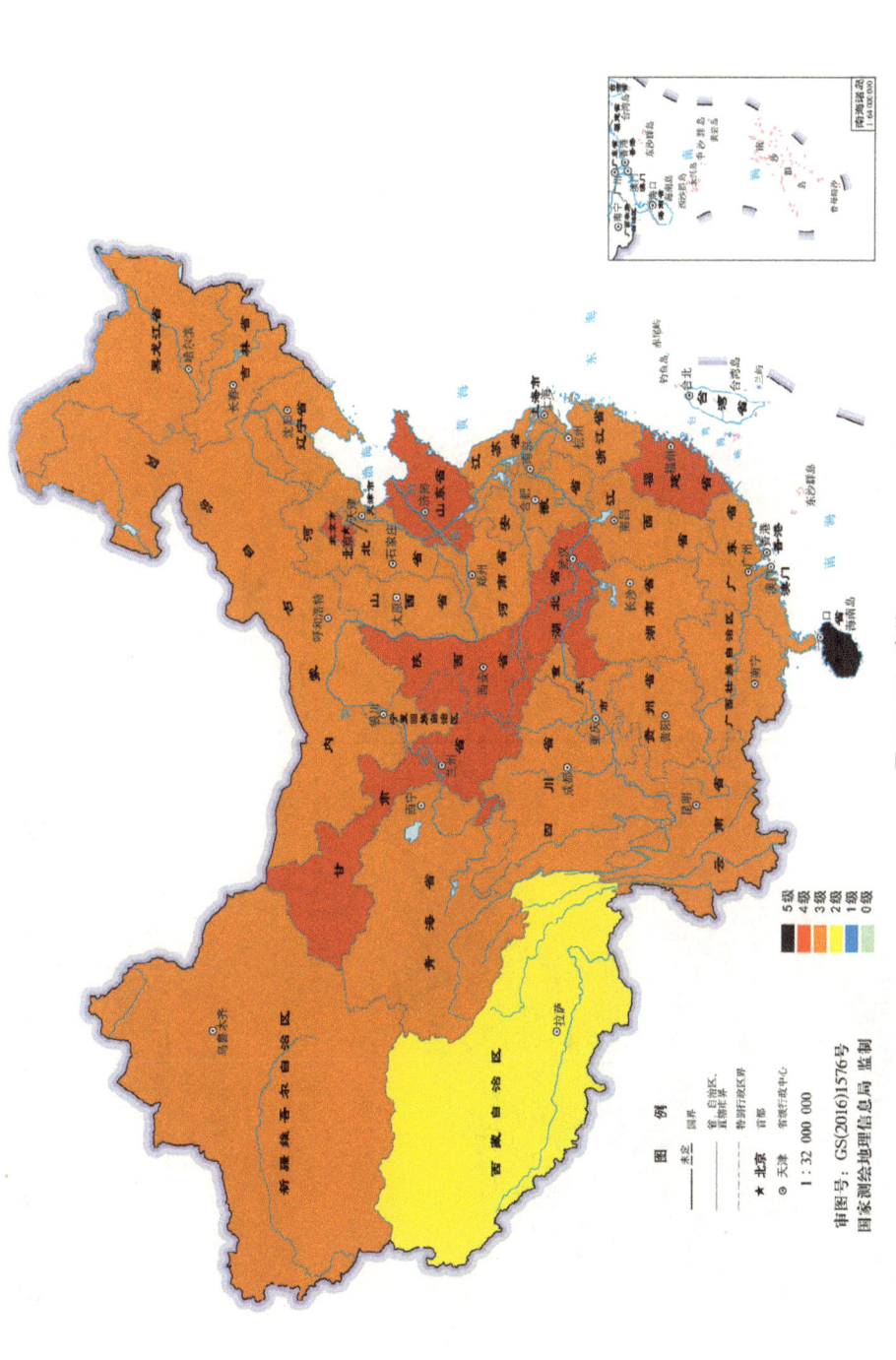

图 3-2-17 违约

【图 3-2-17 解读】违约是各省（直辖市、自治区）普遍存在的问题，西藏相对要少一些。海南涉骗，违规最多，违约问题很严重。北京、福建等6个省（直辖市）也达到严重级别。看来我国的诚信建设工作任重道远。

全国各省市的媒体镜像——基于网络新闻大数据

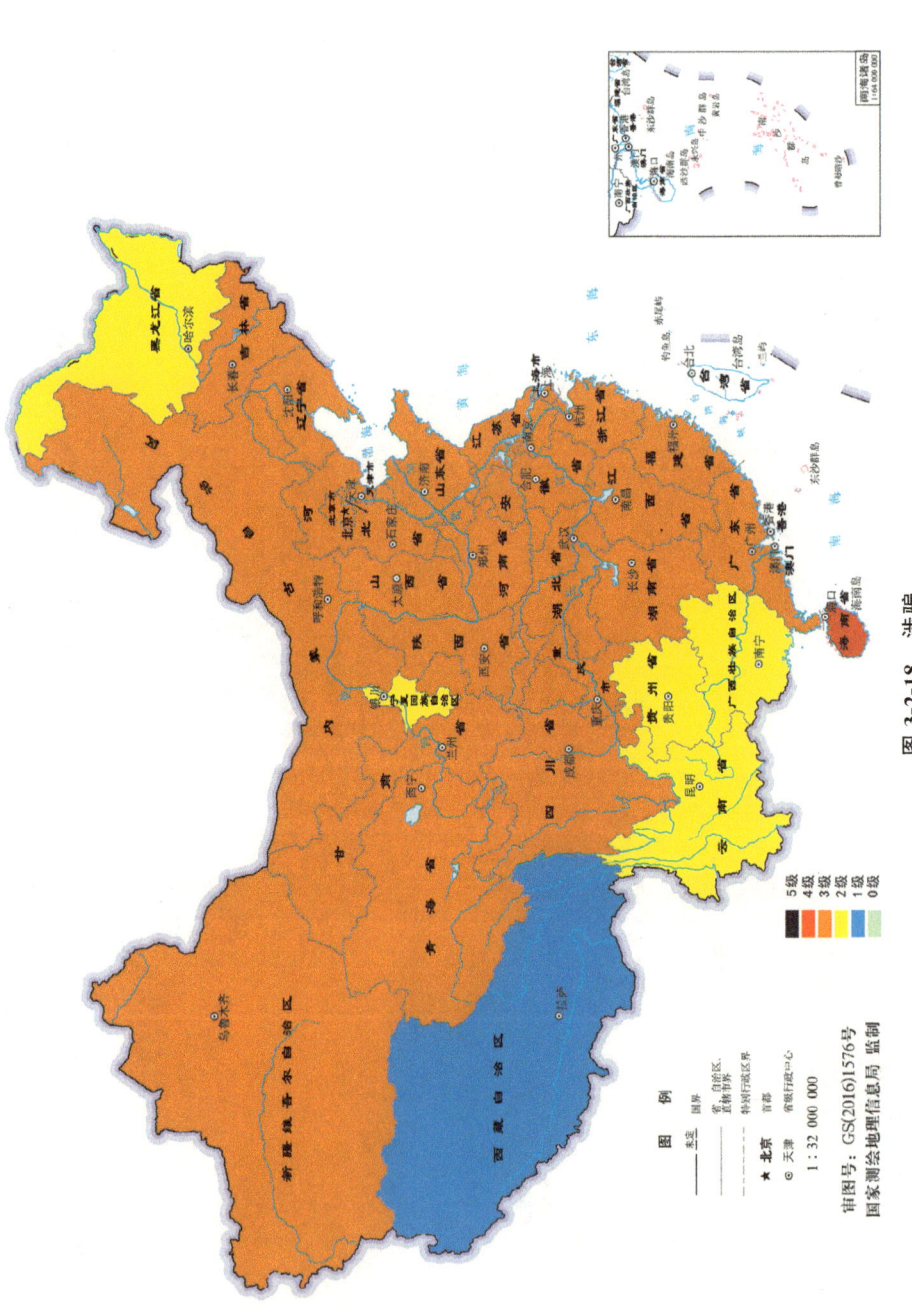

图 3-2-18 涉骗

【图 3-2-18 解读】欺骗、不诚信是我国绝大多数省（直辖市、自治区）普遍存在的问题，其中海南尤甚。广西、黑龙江等 5 个省（自治区）相对好一些，西藏问题最轻。可见，我国道德建设之路还很漫长。

三、研究结果——单维镜像

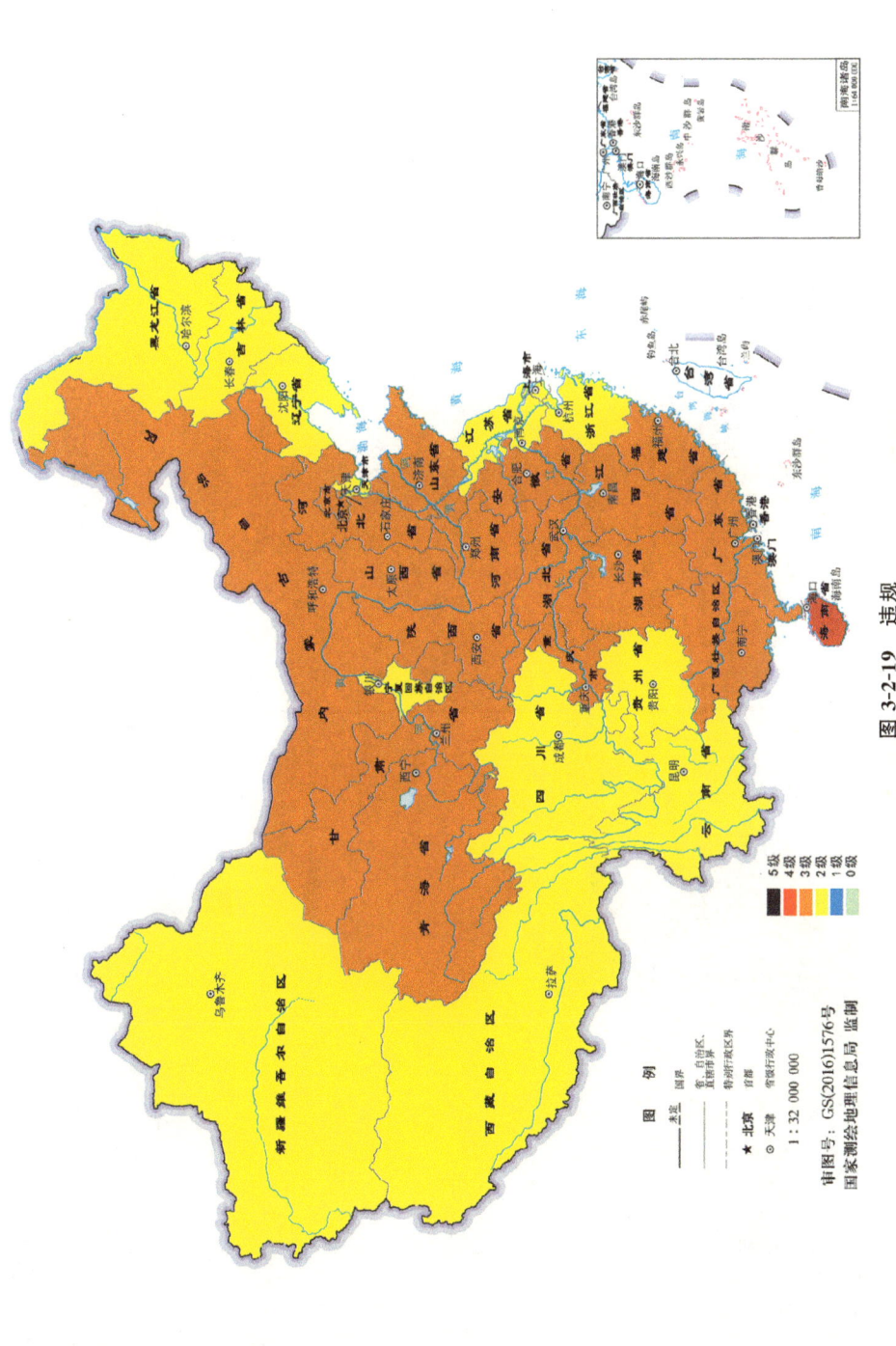

图 3-2-19 违规

【图 3-2-19 解读】我国有 18 个省（直辖市、自治区）违规问题值得重视，其中海南达到严重级别。这说明我国的法制建设也是任重道远。

36 全国各省市的媒体镜像——基于网络新闻大数据

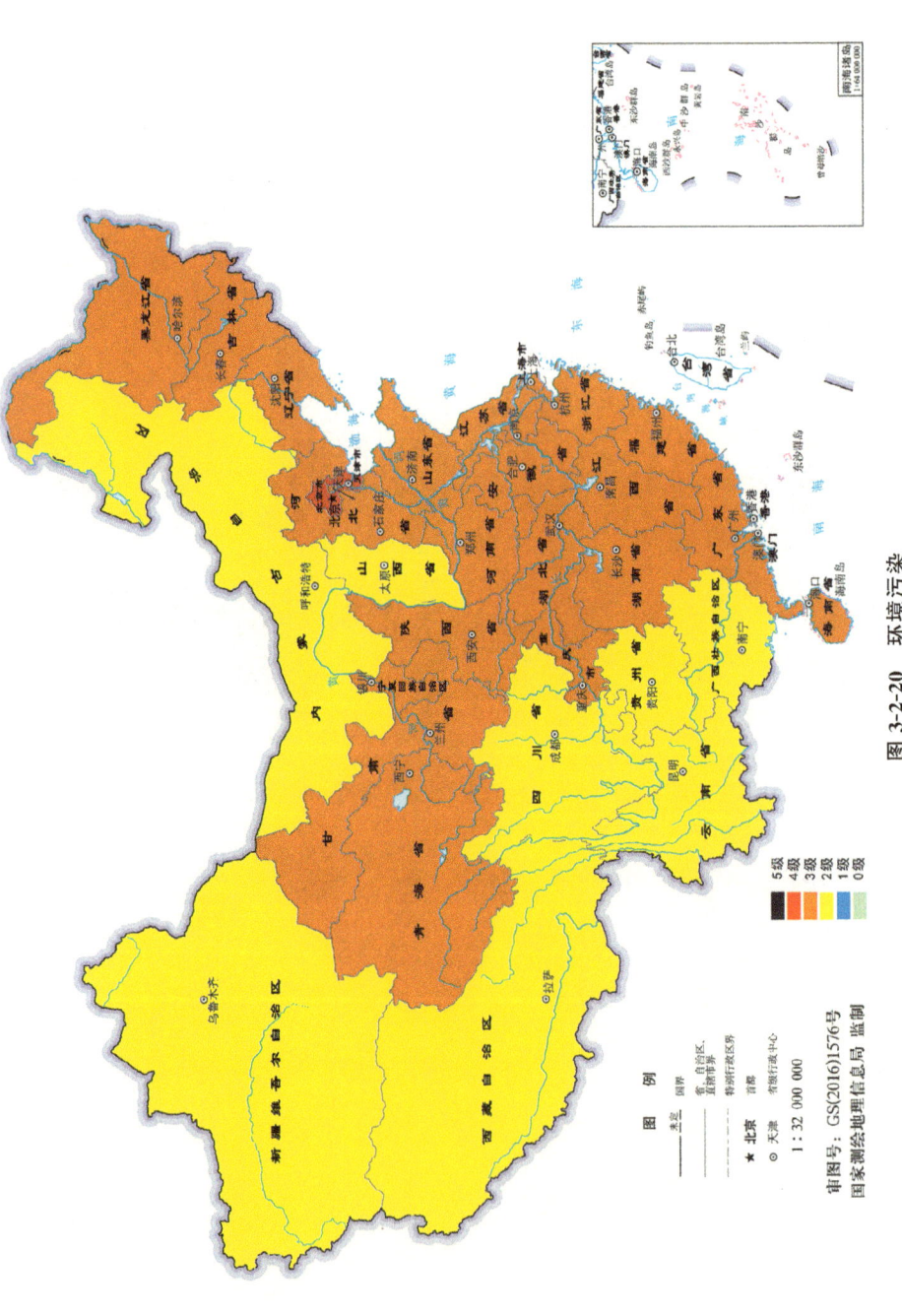

图 3-2-20 环境污染

【图 3-2-20 解读】除中西部边疆地区的环境污染较轻外,其他省(直辖市,自治区)均构成问题,北京和天津达到严重级别。在日常认知中很严重的河北和山西,也许是"入鲍鱼之肆,久而不闻其臭",所以媒体镜像没有想象中严重。

三、研究结果——单维镜像 | 37

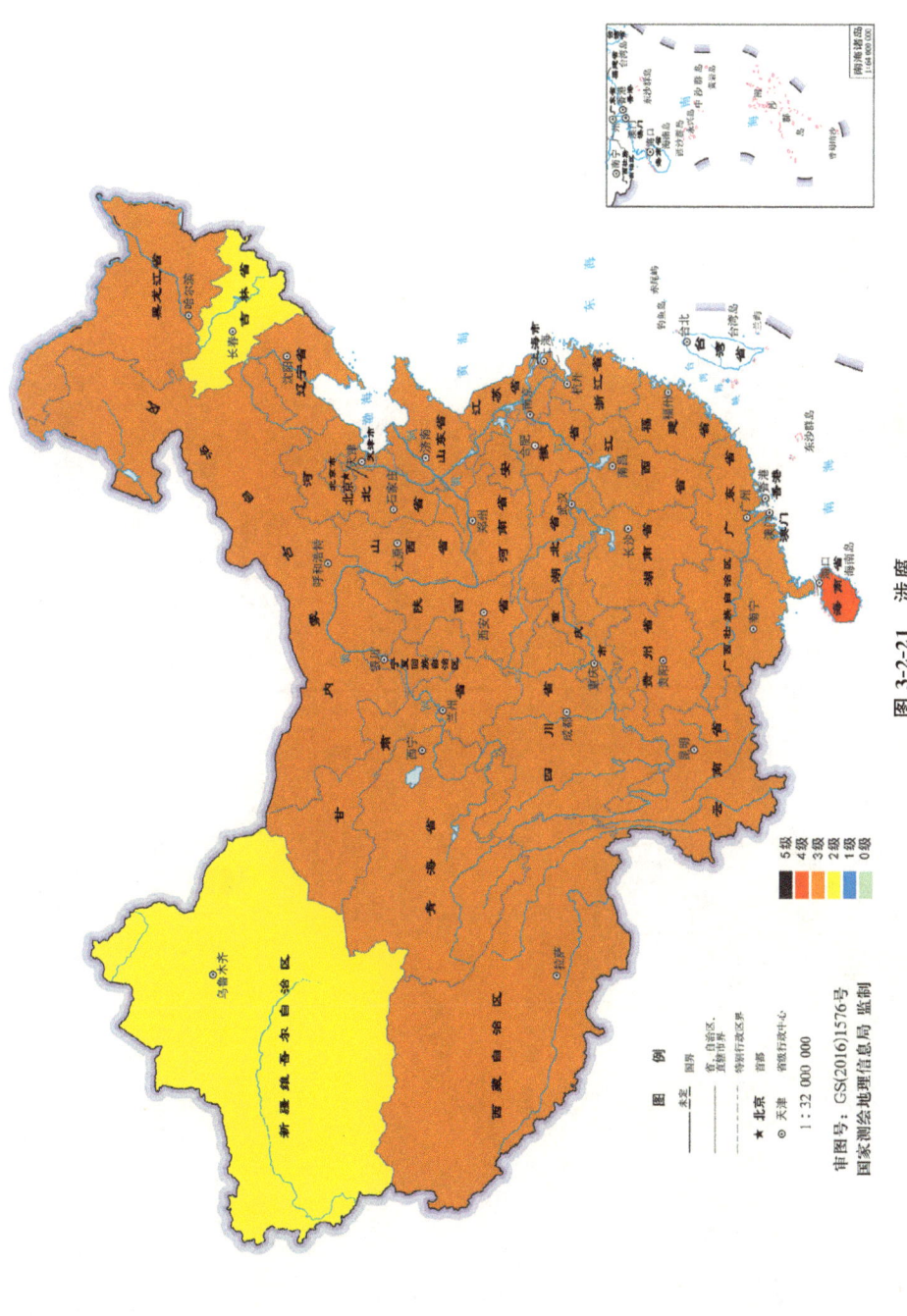

图 3-2-21 涉腐

【图 3-2-21 解读】除吉林和新疆外，其他省（直辖市、自治区）的涉腐均构成问题，海南达到严重级别。

全国各省市的媒体镜像——基于网络新闻大数据

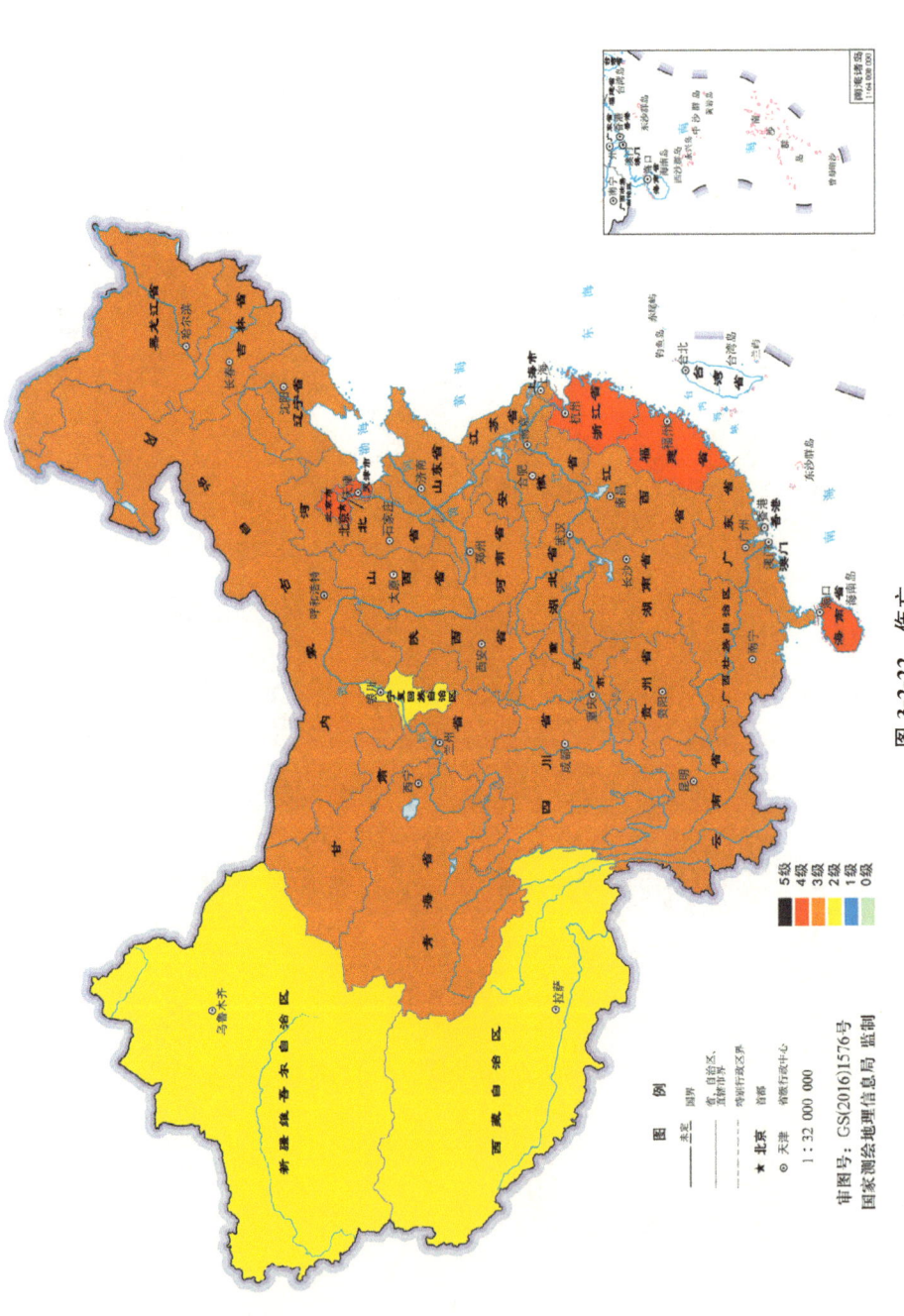

图 3-2-22 伤亡

【图 3-2-22 解读】除西藏、新疆和宁夏外,其他省(直辖市、自治区)的伤亡问题都值得重视,且天津、海南等5个省(直辖市)达到严重级别。可见,平安中国建设还需各级政府和全民付出巨大的努力。

三、研究结果——单维镜像

图 3-2-1 至图 3-2-22 中未能显示出在 22 个维度上问题最严重和最轻微的省(直辖市、自治区)。为此,我们根据 22 个维度的 R_{ik} 值大小,将前三名和后三名列出来(表3-1),供读者参考。

从表 3-1 中可以看出,在水灾、热灾、食品安全、涉黄 4 个维度上,排名第一的省(直辖市、自治区)也只达到 2 级,尤其是赌彩维度上排名第一的仅仅是 1 级,达到 5 级的只有违约维度,而且仅排名第一达到。相反,在天灾、疫病等 12 个维度上,即使排名倒数第一的省份也不是 0 级,甚至在违约维度上倒数第二就达到 3 级,在治安和涉腐 2 个维度上,倒数第三也达到 3 级。

表 3-1　各维度上 R_{ik} 值最大和最小的三个省(直辖市、自治区)

特征	第一	第二	第三	倒数第三	倒数第二	倒数第一
天灾	西藏	新疆	北京	贵州	宁夏	山西
水灾	浙江	福建	重庆	辽宁	内蒙古	山西
寒灾	新疆	北京	西藏	江西	贵州	山西
热灾	北京	新疆	福建	贵州	西藏	山西
震灾	西藏	新疆	青海	黑龙江	浙江	河南
风灾	海南	福建	浙江	云南	贵州	西藏
疫病	北京	海南	福建	西藏	内蒙古	贵州
食品安全	北京	海南	山东	吉林	贵州	西藏
交通事故	海南	福建	北京	宁夏	西藏	山西
治安	海南	福建	广东	天津	贵州	西藏
涉黄	海南	广东	福建	贵州	山西	西藏
赌彩	广东	湖南	海南	黑龙江	青海	西藏
涉毒	海南	内蒙古	北京	河南	河北	西藏
偷盗	海南	福建	山东	辽宁	贵州	西藏
暴力	海南	福建	陕西	天津	宁夏	西藏
生产事故	天津	黑龙江	福建	新疆	宁夏	贵州
违约	海南	北京	福建	云南	贵州	西藏
涉骗	海南	北京	福建	宁夏	贵州	西藏
违规	海南	北京	福建	辽宁	新疆	西藏
环境污染	北京	天津	海南	云南	西藏	贵州
涉腐	海南	北京	陕西	黑龙江	吉林	新疆
伤亡	天津	海南	福建	西藏	新疆	宁夏

注:表中底纹色彩表示问题的严重级别,黑色 5 级表示问题很严重,红色 4 级表示问题严重,橙色 3 级表示问题中度,黄色 2 级表示问题轻度,蓝色 1 级表示问题轻微,绿色 0 级表示没有问题

3.各省辖行政区

以下呈现的结果中,各省的先后次序,按拼音首字母顺序排列。

表 3-2 安徽省各市 10 个方面的级别

城市	级别									
	天灾	疫病	食品安全	交通事故	治安	生产事故	违约	环境污染	涉腐	伤亡
合肥	3	3	2	3	4	2	4	3	3	4
蚌埠	1	2	2	3	3	2	4	3	4	4
芜湖	2	3	2	3	3	3	4	3	3	4
淮南	3	3	3	2	3	3	4	3	4	3
马鞍山	3	3	2	2	3	3	3	3	3	3
安庆	2	3	2	2	3	0	3	2	3	3
宿州	1	2	2	2	3	2	3	3	3	3
亳州	2	2	1	2	3	0	3	3	2	3
阜阳	3	2	1	2	3	1	3	2	3	3
黄山	3	2	2	2	2	1	3	3	4	3
滁州	2	2	2	3	4	1	3	3	4	3
淮北	2	3	2	2	3	3	4	3	4	3
铜陵	2	3	2	2	3	2	4	3	4	3
宣城	2	2	1	2	3	0	3	2	3	3
六安	3	2	2	2	4	1	3	2	3	3
池州	3	3	2	2	3	1	3	3	3	3

注:表中底纹色彩表示问题严重级别,黑色 5 级表示问题很严重,红色 4 级表示问题严重,橙色 3 级表示问题中度,黄色 2 级表示问题轻度,蓝色 1 级表示问题轻微,绿色 0 级表示没有问题

【表 3-2 解读】

天灾:安徽天灾成问题的有阜阳、合肥等 7 个市,但均未达到严重级别。

疫病:安徽的铜陵、合肥等 8 个市疫病成问题,但都不严重。

食品安全:安徽食品安全成问题的仅淮南市,且不严重。

交通事故:安徽的马鞍山、合肥等 6 个市交通事故成问题,但均未达到严重级别。

治安:除黄山外,安徽其他市的治安都值得重视,严重的有铜陵、合肥等 4 个市。

生产事故：安徽生产事故成问题的仅淮北市和淮南市，且不严重。安庆、亳州和宣城3个市生产安全。

违约：安徽各市普遍存在违约问题，且铜陵、合肥等7个市达到严重级别。

环境污染：安徽的马鞍山、池州等11个市环境污染成问题，但都不严重。

涉腐：除亳州市外，安徽其他市的涉腐均构成问题，且淮南、黄山等6个市达到严重级别。

伤亡：安徽各市伤亡都值得重视，严重的有芜湖、合肥和蚌埠3个市。

表 3-3 福建省各市 10 个方面的级别

城市	级别									
	天灾	疫病	食品安全	交通事故	治安	生产事故	违约	环境污染	涉腐	伤亡
福州	4	3	2	4	4	2	4	3	3	4
厦门	4	4	2	4	4	3	4	3	4	4
宁德	3	3	2	3	3	2	4	3	3	3
莆田	4	3	2	3	3	2	3	3	4	3
泉州	3	3	2	3	3	2	3	3	3	4
漳州	3	3	2	3	4	3	3	3	3	3
龙岩	4	3	2	2	4	2	3	3	4	3
三明	3	3	2	3	3	2	3	2	3	3
南平	3	2	2	3	3	2	3	3	4	3

注：表中底纹色彩表示问题严重级别，黑色5级表示问题很严重，红色4级表示问题严重，橙色3级表示问题中度，黄色2级表示问题轻度，蓝色1级表示问题轻微，绿色0级表示没有问题

【表 3-3 解读】

天灾：福建各市普遍存在天灾问题，严重的有厦门、福州等4个市。

疫病：除南平市外，福建其他市的疫病均构成问题，且厦门达到严重级别。

食品安全：福建各市食品安全均未构成问题。

交通事故：除龙岩市外，福建其他市的交通事故都值得重视，且厦门市和福州市达到严重级别。

治安：福建各市治安均构成问题，且厦门、漳州等5个市达到严重级别。

生产事故：福建生产事故成问题的仅漳州市和厦门市，且不严重。其他市均为轻度。

违约：福建各市普遍存在违约问题，严重的有厦门、福州等6个市。

环境污染：除三明市外，福建其他市的环境污染均构成问题，但都不严重。

涉腐：福建各市的涉腐问题都值得重视，且龙岩、莆田等4个市达到严重级别。

伤亡：福建各市普遍存在伤亡问题，严重的有厦门、福州等6个市。

表 3-4 甘肃省各州市 10 个方面的级别

城市	级别									
	天灾	疫病	食品安全	交通事故	治安	生产事故	违约	环境污染	涉腐	伤亡
兰州	3	3	3	3	4	3	4	4	4	4
定西	3	2	1	2	3	0	3	2	3	2
平凉	2	1	2	2	3	2	3	2	3	2
庆阳	3	2	1	2	3	3	3	1	4	4
金昌	2	2	1	1	4	2	3	3	3	3
武威	2	2	2	2	3	2	4	3	3	3
张掖	3	1	1	2	3	1	3	2	3	3
嘉峪关	2	3	2	1	4	0	4	2	4	3
酒泉	2	2	2	2	3	1	3	3	4	3
天水	3	3	0	2	3	1	3	2	3	3
陇南	3	1	1	1	3	2	3	2	3	3
临夏	2	1	1	1	3	1	2	2	2	2
甘南	3	2	2	1	2	2	3	2	3	2
白银	2	1	1	1	1	0	3	2	4	2

注：表中底纹色彩表示问题严重级别，黑色 5 级表示问题很严重，红色 4 级表示问题严重，橙色 3 级表示问题中度，黄色 2 级表示问题轻度，蓝色 1 级表示问题轻微，绿色 0 级表示没有问题

【表 3-4 解读】

天灾：甘肃天灾成问题的有兰州、定西等 7 个市，但都不严重。

疫病：甘肃的天水、兰州和嘉峪关 3 个市疫病成问题，但均未达到严重级别。

食品安全：甘肃食品安全成问题的仅兰州市，且不严重。天水市食品最安全。

交通事故：甘肃交通事故成问题的仅兰州市，且不严重。其他州市为轻度或轻微。

治安：除甘南藏族自治州和白银市外，甘肃其他州市的治安都值得重视，且兰州、金昌和嘉峪关 3 个市达到严重级别。

生产事故：甘肃生产事故成问题的仅庆阳市和兰州市，且不严重。嘉峪关、白银和定西 3 个市生产较安全。

违约：除临夏回族自治州外，甘肃其他州市的违约均构成问题，严重的有兰州市、嘉峪关和武威 3 个市。

环境污染：甘肃有 4 个市环境污染成问题，其中兰州市达到严重级别。

涉腐：除临夏回族自治州外，甘肃其他州市的涉腐问题都值得重视，严重的有酒泉、白银等 6 个市。

伤亡：甘肃伤亡成问题的有 8 个市，其中兰州市和庆阳市较为严重。

表 3-5　广东省各市 10 个方面的级别

城市	天灾	疫病	食品安全	交通事故	治安	生产事故	违约	环境污染	涉腐	伤亡
广州	3	3	2	3	4	2	4	3	4	4
韶关	3	2	1	3	4	0	4	2	4	4
惠州	3	3	2	2	3	1	4	3	3	4
梅州	2	3	0	3	3	0	3	1	3	3
汕头	3	3	1	2	3	1	2	2	2	3
深圳	4	3	2	3	4	2	4	3	4	4
珠海	3	3	2	2	3	2	4	3	3	4
佛山	3	3	2	2	3	2	3	3	3	3
肇庆	2	3	2	2	3	0	3	2	3	3
湛江	4	2	1	2	3	1	3	2	3	3
江门	2	3	2	2	4	1	3	2	3	3
河源	3	3	0	3	4	3	3	2	3	4
清远	2	3	1	1	3	1	3	3	3	3
云浮	2	2	0	2	4	0	3	2	2	2
潮州	2	4	0	1	3	1	3	2	3	2
东莞	2	3	2	2	4	2	3	3	3	3
中山	1	3	2	3	3	3	3	2	3	3
阳江	3	2	2	3	4	1	3	1	4	3
揭阳	2	2	2	2	3	0	3	3	4	3
茂名	3	2	2	2	3	2	3	2	4	3
汕尾	4	3	0	3	4	0	2	2	3	3

注：表中底纹色彩表示问题严重级别，黑色 5 级表示问题很严重，红色 4 级表示问题严重，橙色 3 级表示问题中度，黄色 2 级表示问题轻度，蓝色 1 级表示问题轻微，绿色 0 级表示没有问题

【表 3-5 解读】

天灾：广东天灾成问题的有 12 个市，严重的有深圳、湛江和汕尾 3 个市。

疫病：广东有 15 个市疫病成问题，其中潮州市达到严重级别。

食品安全：广东各市食品安全均未构成问题，河源、潮州等 5 个市食品较安全。

交通事故：广东的深圳、梅州等 10 个市交通事故成问题，但均未达到严重级别。

治安：广东各市普遍存在治安问题，且珠海、韶关等 11 个市达到严重级别。

生产事故：广东生产事故成问题的仅中山市和河源市，且不严重。韶关、肇庆等 6 个市生产较安全。

违约：除汕头市和汕尾市外，广东其他市的违约问题都值得重视，严重的有珠海、深圳

等5个市。

环境污染:广东环境污染成问题的有珠海、广州等7个市,但都不严重。

涉腐:除汕头市和云浮市外,广东其他市的涉腐均构成问题,其中茂名、揭阳等6个市较为严重。

伤亡:除潮州市和云浮市外,广东其他市的伤亡问题都值得重视,严重的有河源、深圳等6个市。

表3-6 广西壮族自治区各市10个方面的级别

城市	级别									
	天灾	疫病	食品安全	交通事故	治安	生产事故	违约	环境污染	涉腐	伤亡
南宁	3	2	2	3	3	2	4	3	3	3
崇左	2	1	1	2	3	0	3	2	3	1
来宾	2	2	1	2	3	2	3	2	3	2
柳州	3	3	2	2	4	2	4	3	4	4
桂林	4	2	1	3	3	1	3	3	3	4
贺州	3	2	2	2	3	0	3	1	3	2
梧州	3	2	1	2	3	0	3	2	3	2
贵港	2	1	1	1	2	0	2	2	3	2
玉林	2	2	1	1	3	0	2	2	2	3
百色	3	1	2	2	3	0	3	1	3	2
钦州	3	2	2	3	3	1	3	2	4	3
河池	2	1	1	2	3	1	3	2	3	2
北海	3	2	2	3	4	1	4	2	3	4
防城港	3	2	2	2	4	2	3	2	4	3

注:表中底纹色彩表示问题严重级别,黑色5级表示问题很严重,红色4级表示问题严重,橙色3级表示问题中度,黄色2级表示问题轻度,蓝色1级表示问题轻微,绿色0级表示没有问题

【表3-6解读】

天灾:广西有9个市天灾成问题,其中桂林市达到严重级别。

疫病:广西疫病成问题的仅柳州市,且不严重。

食品安全:广西各市食品安全均未构成问题。

交通事故:广西的钦州、北海等5个市交通事故成问题,但均未达到严重级别。

治安:除贵港市外,广西其他市的治安均构成问题,严重的有北海、防城港和柳州3个市。

生产事故:广西各市生产事故均未构成问题,其中玉林、崇左等6个市生产较安全。

违约:除贵港市和玉林市外,广西其他市的违约问题都值得重视,且柳州、南宁和北海3个市达到严重级别。

环境污染:广西环境污染成问题的有南宁、柳州和桂林3个市,但都不严重。

涉腐:除玉林市外,广西其他市的涉腐均构成问题,严重的有柳州、防城港和钦州3个市。

伤亡:广西有8个市伤亡成问题,其中桂林、柳州和北海3个市达到严重级别。

表3-7 贵州省各州市10个方面的级别

城市	级别									
	天灾	疫病	食品安全	交通事故	治安	生产事故	违约	环境污染	涉腐	伤亡
贵阳	3	2	1	2	3	1	3	2	3	3
遵义	2	1	1	2	2	1	2	1	3	3
安顺	2	2	2	2	2	2	3	2	3	1
黔南	2	1	1	0	1	0	2	0	3	0
黔东南	3	1	1	1	1	0	2	1	4	1
铜仁	2	2	1	1	2	1	3	2	4	1
毕节	2	2	0	2	3	0	3	1	3	4
六盘水	1	1	2	2	2	1	3	2	3	1
黔西南	2	2	2	1	1	1	2	2	4	1

注:表中底纹色彩表示问题严重级别,黑色5级表示问题很严重,红色4级表示问题严重,橙色3级表示问题中度,黄色2级表示问题轻度,蓝色1级表示问题轻微,绿色0级表示没有问题

【表3-7解读】

天灾:贵州天灾成问题的仅贵阳市和黔东南自治州,且均未达到严重级别。

疫病:贵州各州市疫病均未构成问题。

食品安全:贵州各州市食品安全均未构成问题,其中毕节食品最安全。

交通事故:贵州各州市交通事故均无大碍,黔南自治州交通最安全。

治安:贵州治安成问题的仅毕节市和贵阳市,且不严重。

生产事故:贵州各州市生产事故均未构成问题,毕节、黔东南和黔南3个州市生产较安全。

违约:贵州的贵阳、六盘水等5个市违约成问题,但均未达到严重级别。

环境污染:贵州各州市环境污染均无大碍,黔东南自治州基本无污染。

涉腐:贵州各州市普遍存在涉腐问题,严重的有黔西南、黔东南和铜仁3个州市。

伤亡:贵州有3个市伤亡成问题,其中毕节市达到严重级别。

表 3-8　海南省各市县 10 个方面的级别

城市	级别									
	天灾	疫病	食品安全	交通事故	治安	生产事故	违约	环境污染	涉腐	伤亡
海口	4	3	3	4	5	3	5	4	4	4
三亚	4	3	2	4	4	2	5	4	5	4
文昌	4	3	2	3	4	2	4	3	4	4
琼海	3	3	2	3	4	1	4	3	4	4
万宁	4	3	2	2	4	0	4	2	4	4
儋州	3	2	2	3	4	2	4	2	4	4
临高	3	3	1	3	4	2	4	2	4	4
澄迈	3	2	2	3	4	2	4	3	4	4
定安	3	3	2	3	4	0	4	3	4	4
屯昌	2	3	2	3	4	2	4	2	5	4
五指山	2	2	2	2	3	3	4	0	5	4
东方	2	2	2	1	2	0	4	2	4	2
昌江	4	2	3	3	3	2	4	2	4	2
白沙	0	0	0	0	0	0	0	0	0	0
乐东	2	2	1	2	4	0	4	1	4	3
陵水	3	3	1	2	4	0	4	3	4	3
保亭	3	3	3	0	4	0	4	2	4	3
琼中	0	3	1	3	4	1	4	2	4	3
三沙	5	5	4	0	4	3	6	6	4	5

注：表中底纹色彩表示问题严重级别，黑色 5 级表示问题很严重，红色 4 级表示问题严重，橙色 3 级表示问题中度，黄色 2 级表示问题轻度，蓝色 1 级表示问题轻微，绿色 0 级表示没有问题

【表 3-8 解读】

天灾：海南有 13 个市县天灾成问题，严重的有海口、万宁等 5 个市县，其中三沙市很严重。

疫病：海南疫病成问题的有东部 12 个市县，三沙市很严重，其他均未达到严重级别。

食品安全：海南有 4 个市县食品安全值得重视，其中三沙市达到严重级别。

交通事故：海南交通事故成问题的有 12 个市县，其中海口市和三亚市达到严重级别。

治安：除东方市和白沙县外，海南其他市县的治安均构成问题，严重的有三亚、临高等 13 个市县，海口市达到很严重级别。

生产事故：海南生产事故成问题的有三沙、海口和五指山 3 个市，但都不严重。

违约:除白沙县外,海南其他市县普遍存在严重的违约问题,且三沙、三亚和海口3个市达到很严重的级别。

环境污染:海南环境污染成问题的有8个市县,其中三亚市和海口市严重,三沙市很严重。

涉腐:除白沙县外,海南其他市县均有严重的涉腐问题,且五指山、屯昌和三亚很严重。

伤亡:除昌江县、东方市和白沙县外,海南其他市县的伤亡问题都值得重视,严重的有三亚、海口等11个市县,其中三沙市达到很严重的级别。

表 3-9　河北省各市 10 个方面的级别

城市	级别									
	天灾	疫病	食品安全	交通事故	治安	生产事故	违约	环境污染	涉腐	伤亡
石家庄	2	3	2	3	3	1	3	3	2	3
保定	2	2	1	2	3	1	3	3	3	3
张家口	3	2	0	2	2	1	3	3	2	2
承德	3	2	1	3	3	2	3	3	4	3
唐山	3	2	1	2	3	2	3	3	3	3
廊坊	2	3	1	2	3	0	3	3	3	3
沧州	2	3	1	2	3	1	3	2	3	3
衡水	1	2	2	2	3	1	4	3	4	3
邢台	2	2	2	2	3	1	3	3	3	3
邯郸	2	2	2	3	3	1	3	3	2	3
秦皇岛	3	3	2	2	3	1	3	3	3	3

注:表中底纹色彩表示问题严重级别,黑色5级表示问题很严重,红色4级表示问题严重,橙色3级表示问题中度,黄色2级表示问题轻度,蓝色1级表示问题轻微,绿色0级表示没有问题

【表 3-9 解读】

天灾:河北天灾成问题的是唐山、张家口等北部4个市,但都不严重。

疫病:河北的石家庄、廊坊等4个市疫病成问题,但均未达到严重级别。

食品安全:河北各市食品安全均未构成问题,张家口市食品最安全。

交通事故:河北交通事故成问题的有承德、邯郸和石家庄3个市,但都不严重。

治安:除张家口市外,河北其他市的治安问题都值得重视,但均未达到严重级别。

生产事故:河北各市生产事故均无大碍,廊坊市生产最安全。

违约:河北各市普遍存在违约问题,且衡水市达到严重级别。

环境污染:除沧州市外,河北其他市的环境污染均构成问题,但竟然都不严重,媒体似乎见惯不怪。

涉腐:河北有8个市涉腐成问题,其中承德市和衡水市达到严重级别。

伤亡:除张家口市外,河北其他市的伤亡均构成问题,但都不严重。

表 3-10　河南省各市 10 个方面的级别

城市	级别									
	天灾	疫病	食品安全	交通事故	治安	生产事故	违约	环境污染	涉腐	伤亡
郑州	3	3	2	4	4	3	4	4	3	4
安阳	2	2	0	3	3	1	3	3	3	3
新乡	1	2	1	2	3	1	3	3	4	3
许昌	1	2	0	2	3	2	3	2	3	3
平顶山	2	2	1	2	3	2	3	3	3	3
信阳	2	2	1	3	3	1	3	2	3	4
南阳	1	2	2	2	3	2	3	3	3	3
开封	1	2	2	2	3	2	3	2	3	3
洛阳	3	3	1	3	4	2	3	3	3	4
商丘	1	2	1	3	3	0	3	2	3	3
济源	2	0	0	1	3	2	3	2	4	3
焦作	2	2	1	2	3	2	3	3	3	3
鹤壁	1	3	2	2	3	1	3	3	4	3
濮阳	3	2	0	2	3	1	3	2	3	3
周口	1	3	1	2	3	2	3	2	3	3
漯河	1	3	2	2	3	2	3	2	3	4
驻马店	1	3	0	2	3	3	3	2	2	3
三门峡	4	3	1	2	3	1	4	2	4	3

注：表中底纹色彩表示问题严重级别，黑色 5 级表示问题很严重，红色 4 级表示问题严重，橙色 3 级表示问题中度，黄色 2 级表示问题轻度，蓝色 1 级表示问题轻微，绿色 0 级表示没有问题

【表 3-10 解读】

天灾：河南天灾成问题的有 4 个市，其中三门峡市达到严重级别。

疫病：河南的郑州、鹤壁等 7 个市疫病成问题，但都不严重。

食品安全：河南各市食品安全均未构成问题，濮阳、许昌等 5 个市食品较安全。

交通事故：河南交通事故成问题的有 5 个市，其中郑州市达到严重级别。

治安：河南各市普遍存在治安问题，且洛阳市和郑州市达到严重级别。

生产事故：河南生产事故成问题的仅驻马店市和郑州市，且不严重。商丘市生产最安全。

违约：河南各市违约问题都值得重视，且郑州市和三门峡市达到严重级别。

环境污染：河南有 8 个市环境污染成问题，其中郑州市达到严重级别。

涉腐：除驻马店市外，河南其他市的涉腐均构成问题，严重的有鹤壁、三门峡等 4 个市。

伤亡：河南各市普遍存在伤亡问题，且郑州、漯河等4个市达到严重级别。

表 3-11 黑龙江省各区市 10 个方面的级别

城市	天灾	疫病	食品安全	交通事故	治安	生产事故	违约	环境污染	涉腐	伤亡
哈尔滨	3	3	2	3	3	3	3	3	3	4
齐齐哈尔	1	2	1	3	3	0	2	1	3	3
牡丹江	2	2	2	2	2	1	2	2	1	3
佳木斯	2	1	2	2	3	1	2	2	3	3
绥化	1	2	2	1	2	0	2	2	2	3
黑河	3	2	2	0	3	0	2	2	2	3
大兴安岭	5	2	1	1	1	3	3	2	2	3
伊春	2	2	1	3	1	2	2	1	3	4
大庆	2	3	2	1	3	2	2	1	2	3
七台河	1	2	2	1	2	3	2	1	3	3
鸡西	2	0	1	0	2	4	3	2	2	4
鹤岗	3	2	1	1	3	5	3	1	3	4
双鸭山	1	2	1	1	2	0	1	2	2	2

注：表中底纹色彩表示问题严重级别，黑色5级表示问题很严重，红色4级表示问题严重，橙色3级表示问题中度，黄色2级表示问题轻度，蓝色1级表示问题轻微，绿色0级表示没有问题

【表 3-11 解读】

天灾：黑龙江天灾成问题的有4个区市，其中大兴安岭地区达到很严重级别。

疫病：黑龙江疫病成问题的仅哈尔滨市和大庆市，且不严重。

食品安全：黑龙江各区市食品安全均未构成问题。

交通事故：黑龙江的伊春、哈尔滨和齐齐哈尔3个市交通事故成问题，但都不严重。黑河市和鸡西市交通安全。

治安：黑龙江治安成问题的有哈尔滨、齐齐哈尔等6个市，但都不严重。

生产事故：黑龙江有5个区市生产事故成问题，鸡西市严重，鹤岗市很严重。齐齐哈尔、黑河等4个市生产较安全。

违约：黑龙江违约成问题的有哈尔滨、大庆等6个区市，但均未达到严重级别。

环境污染：黑龙江环境污染成问题的仅哈尔滨市，且不严重。

涉腐：黑龙江的齐齐哈尔、佳木斯等6个市涉腐成问题，但都不严重。

伤亡：除双鸭山市外，黑龙江其他区市的伤亡问题都值得重视，其中鹤岗、哈尔滨等4个市较为严重。

表 3-12 湖北省各州区市 10 个方面的级别

城市	级别									
	天灾	疫病	食品安全	交通事故	治安	生产事故	违约	环境污染	涉腐	伤亡
武汉	3	3	2	3	4	2	4	3	3	4
鄂州	2	3	2	2	4	3	4	3	4	4
孝感	2	2	1	3	3	0	3	2	3	3
黄冈	1	2	1	1	2	0	3	1	4	2
黄石	2	2	1	3	4	2	4	3	4	4
咸宁	3	2	2	3	3	1	4	2	4	3
荆州	1	2	0	2	3	1	3	2	4	3
宜昌	3	3	2	3	4	1	3	3	3	3
神农架	4	2	2	2	4	0	4	2	3	3
十堰	2	3	1	2	4	1	4	3	3	4
襄阳	2	2	2	2	3	2	3	3	3	3
随州	1	2	0	3	2	0	3	2	4	3
恩施	3	2	2	2	3	2	3	3	4	3
荆门	3	2	1	2	4	1	3	2	3	3
潜江	2	2	1	2	3	2	3	2	3	2
天门	2	2	1	2	2	2	3	2	2	3
仙桃	1	3	0	1	3	0	3	3	3	3

注:表中底纹色彩表示问题严重级别,黑色5级表示问题很严重,红色4级表示问题严重,橙色3级表示问题中度,黄色2级表示问题轻度,蓝色1级表示问题轻微,绿色0级表示没有问题

【表 3-12 解读】

天灾:湖北有 6 个州区市天灾成问题,其中神农架林区达到严重级别。

疫病:湖北疫病成问题的有武汉、仙桃等 5 个市,但都不严重。

食品安全:湖北各州区市食品安全均未构成问题,仙桃、荆州和随州 3 个市食品较安全。

交通事故:湖北交通事故成问题的有武汉、荆州等 8 个州市,但均未达到严重级别。

治安:除天门市和黄冈市外,湖北其他州区市的治安都值得重视,严重的有鄂州、十堰等 7 个区市。

生产事故:湖北生产事故成问题的仅鄂州市,且不严重。黄冈、孝感等 7 个州区市生产较安全。

违约:湖北各州区市普遍存在违约问题,严重的有鄂州、黄石等 6 个区市。

环境污染:湖北有 9 个州市环境污染成问题,但都不严重。

涉腐:除天门市外,湖北其他州区市的涉腐均构成问题,且随州、鄂州等 7 个州市较为

严重。

伤亡：除黄冈市和潜江市外，湖北其他州区市的伤亡问题都值得重视，且十堰、黄石等4个市达到严重级别。

表3-13 湖南省各州市10个方面的级别

城市	级别									
	天灾	疫病	食品安全	交通事故	治安	生产事故	违约	环境污染	涉腐	伤亡
长沙	3	3	2	3	4	2	4	3	3	3
株洲	2	3	2	3	4	2	4	3	3	3
湘潭	2	3	2	3	4	2	4	4	3	4
衡阳	2	2	1	2	4	2	3	2	4	3
郴州	2	2	1	2	3	3	3	2	3	3
常德	2	3	1	3	4	2	3	2	3	4
益阳	2	2	2	2	3	1	3	2	3	3
娄底	2	2	1	2	3	0	3	2	3	3
邵阳	2	2	1	3	3	2	3	2	3	3
岳阳	3	2	2	3	4	2	3	2	3	3
湘西	3	2	1	1	3	0	3	1	3	3
张家界	3	2	2	2	3	2	3	3	3	2
怀化	3	2	0	2	3	0	3	2	4	2
永州	2	2	1	2	3	0	3	2	3	3

注：表中底纹色彩表示问题严重级别，黑色5级表示问题很严重，红色4级表示问题严重，橙色3级表示问题中度，黄色2级表示问题轻度，蓝色1级表示问题轻微，绿色0级表示没有问题

【表3-13解读】

天灾：湖南天灾成问题的有长沙、岳阳等5个州市，但都不严重。

疫病：湖南的长沙、湘潭等4个市疫病成问题，但均未达到严重级别。

食品安全：湖南各州市食品安全均未构成问题，怀化市食品最安全。

交通事故：湖南交通事故成问题的有长沙、湘潭等6个市，但都不严重。

治安：湖南各州市普遍存在治安问题，且湘潭、常德等6个市达到严重级别。

生产事故：湖南生产事故成问题的仅郴州市，且不严重。娄底、永州等4个州市生产较安全。

违约：湖南各州市违约均构成问题，严重的有长沙、湘潭和株洲3个市。

环境污染：湖南有4个市环境污染成问题，其中湘潭市达到严重级别。

涉腐：湖南各州市普遍存在涉腐问题，且怀化市和衡阳市达到严重级别。

伤亡：除张家界市和怀化市外，湖南其他州市的伤亡问题都值得重视，且湘潭和常德较为严重。

表 3-14　吉林省各州市 10 个方面的级别

城市	级别									
	天灾	疫病	食品安全	交通事故	治安	生产事故	违约	环境污染	涉腐	伤亡
长春	3	3	2	3	3	2	3	3	3	3
吉林	2	2	1	2	3	2	3	2	2	3
延边	1	1	0	0	2	0	3	0	1	2
四平	1	1	0	2	2	1	3	1	2	2
通化	1	3	2	1	1	2	1	2	3	1
白城	2	0	0	2	2	0	3	1	3	2
辽源	2	2	1	1	2	1	2	1	2	3
松原	3	1	0	2	2	0	1	1	3	1
白山	2	1	0	0	3	0	3	1	3	1

注：表中底纹色彩表示问题严重级别，黑色 5 级表示问题很严重，红色 4 级表示问题严重，橙色 3 级表示问题中度，黄色 2 级表示问题轻度，蓝色 1 级表示问题轻微，绿色 0 级表示没有问题

【表 3-14 解读】

天灾：吉林天灾成问题的仅松原市和长春市，且不严重。

疫病：吉林疫病成问题的仅通化市和长春市，且不严重。白城市基本无疫病。

食品安全：吉林各州市食品安全均未构成问题，白山、松原等 5 个州市食品较安全。

交通事故：吉林交通事故成问题的仅长春市，且不严重。白山市和延边自治州交通安全。

治安：吉林的长春、吉林和白山 3 个市治安成问题，但均未达到严重级别。

生产事故：吉林各州市生产事故均无大碍。松原、白山等 5 个州市生产较安全。

违约：吉林违约成问题的有长春、白山等 6 个市，但都不严重。

环境污染：吉林环境污染成问题的仅长春市，且不严重。延边自治州基本无污染。

涉腐：吉林的白山、通化等 5 个市涉腐成问题，但均未达到严重级别。

伤亡：吉林伤亡成问题的有长春、辽源和吉林 3 个市，但都不严重。

表 3-15　江苏省各市 10 个方面的级别

城市	级别									
	天灾	疫病	食品安全	交通事故	治安	生产事故	违约	环境污染	涉腐	伤亡
南京	3	3	2	4	4	2	4	4	4	4
镇江	3	2	2	3	3	2	3	3	4	3
苏州	2	3	1	2	3	2	3	2	2	3
南通	2	2	2	2	1	2	3	2	2	3
扬州	3	3	2	3	4	2	3	3	3	4

续表

城市	级别									
	天灾	疫病	食品安全	交通事故	治安	生产事故	违约	环境污染	涉腐	伤亡
盐城	2	2	1	2	3	1	3	2	3	3
徐州	2	2	1	2	4	1	3	2	3	3
淮安	2	2	1	2	3	1	3	2	3	3
连云港	3	2	1	3	4	1	3	3	3	4
常州	3	3	2	2	4	2	3	3	3	4
无锡	2	3	1	2	3	2	3	3	3	3
泰州	2	3	1	2	3	2	3	3	3	3
宿迁	1	3	1	2	4	1	4	2	2	3

注：表中底纹色彩表示问题严重级别，黑色5级表示问题很严重，红色4级表示问题严重，橙色3级表示问题中度，黄色2级表示问题轻度，蓝色1级表示问题轻微，绿色0级表示没有问题

【表3-15解读】

天灾：江苏的南京、常州等5个市天灾成问题，但都不严重。

疫病：江苏疫病成问题的有南京、扬州等7个市，但均未达到严重级别。

食品安全：江苏各市食品安全均未构成问题。

交通事故：江苏有5个市交通事故成问题，其中南京市达到严重级别。

治安：江苏各市普遍存在治安问题，严重的有南京、扬州等6个市。

生产事故：江苏各市生产事故均无大碍。

违约：江苏各市违约问题都值得重视，且南京市和宿迁市达到严重级别。

环境污染：江苏环境污染成问题的有6个市，其中南京市达到严重级别。

涉腐：除苏州市和宿迁市外，江苏其他市的涉腐均构成问题，且南京市和镇江市较为严重。

伤亡：江苏各市普遍存在伤亡问题，严重的有南京、连云港等4个市。

表3-16 江西省各市10个方面的级别

城市	级别									
	天灾	疫病	食品安全	交通事故	治安	生产事故	违约	环境污染	涉腐	伤亡
南昌	3	3	2	3	4	2	4	3	4	4
九江	3	2	2	2	3	1	3	3	3	3
上饶	2	2	1	2	3	3	3	2	3	3
抚州	2	1	0	2	3	3	3	2	3	3
宜春	2	2	1	2	2	1	3	2	3	3
吉安	2	2	1	2	3	1	3	2	3	3
赣州	3	2	0	2	2	2	3	2	3	3

续表

城市	级别									
	天灾	疫病	食品安全	交通事故	治安	生产事故	违约	环境污染	涉腐	伤亡
景德镇	2	1	1	2	3	2	3	2	4	3
萍乡	3	2	2	3	3	1	4	3	4	4
新余	3	3	2	2	3	1	4	3	4	3
鹰潭	3	2	1	3	3	2	3	2	3	2

注:表中底纹色彩表示问题严重级别,黑色5级表示问题很严重,红色4级表示问题严重,橙色3级表示问题中度,黄色2级表示问题轻度,蓝色1级表示问题轻微,绿色0级表示没有问题

【表3-16解读】

天灾:江西天灾成问题的有南昌、九江等6个市,但都不严重。

疫病:江西疫病成问题的仅南昌市和新余市,且不严重。

食品安全:江西各市食品安全均未构成问题,抚州市和赣州市食品较安全。

交通事故:江西的南昌、萍乡和鹰潭3个市交通事故成问题,但均未达到严重级别。

治安:除赣州市和宜春市外,江西其他市的治安问题都值得重视,且南昌市达到严重级别。

生产事故:江西生产事故成问题的仅上饶市,且不严重。

违约:江西各市普遍存在违约问题,严重的有新余、萍乡和南昌3个市。

环境污染:江西的南昌、新余等4个市环境污染成问题,但都不严重。

涉腐:江西各市涉腐均构成问题,且新余、萍乡等4个市达到严重级别。

伤亡:除鹰潭市外,江西其他市的伤亡问题都值得重视,且南昌市和萍乡市达到严重级别。

表3-17 辽宁省各市10个方面的级别

城市	级别									
	天灾	疫病	食品安全	交通事故	治安	生产事故	违约	环境污染	涉腐	伤亡
沈阳	3	3	1	3	3	2	3	3	3	3
抚顺	2	2	1	1	1	2	3	2	4	2
铁岭	3	2	0	1	1	1	3	1	3	2
大连	3	3	2	2	3	3	3	3	3	4
鞍山	2	2	0	1	3	1	3	2	3	3
本溪	1	1	1	1	3	0	2	2	3	2
丹东	2	1	0	3	2	1	3	1	3	3
锦州	1	2	0	1	2	0	3	1	3	3
营口	1	1	1	1	1	1	3	0	3	2
阜新	2	2	0	1	3	3	3	1	3	3
辽阳	2	2	1	1	2	3	3	1	3	3

续表

城市	级别									
	天灾	疫病	食品安全	交通事故	治安	生产事故	违约	环境污染	涉腐	伤亡
朝阳	2	0	1	1	1	0	1	1	0	0
盘锦	2	2	0	1	3	0	3	1	3	3
葫芦岛	2	0	0	1	1	3	2	2	1	4

注：表中底纹色彩表示问题严重级别，黑色5级表示问题很严重，红色4级表示问题严重，橙色3级表示问题中度，黄色2级表示问题轻度，蓝色1级表示问题轻微，绿色0级表示没有问题

【表 3-17 解读】

天灾：辽宁的大连、铁岭等4个市天灾成问题，但都不严重。

疫病：辽宁疫病成问题的仅沈阳市和大连市，且不严重。朝阳市和葫芦岛市基本无疫病。

食品安全：辽宁各市食品安全均未构成问题，鞍山、盘锦等7个市食品较安全。

交通事故：辽宁交通事故成问题的仅丹东市和沈阳市，且不严重。

治安：辽宁的大连、沈阳等5个市治安成问题，但均未达到严重级别。

生产事故：辽宁生产事故成问题的有辽阳和阜新等4个市，但都不严重。锦州、丹东等5个市生产较安全。

违约：除本溪市、葫芦岛市和朝阳市外，辽宁其他市的违约问题都值得重视，但都不严重。

环境污染：辽宁环境污染成问题的仅沈阳市和大连市，且不严重。营口市基本无污染。

涉腐：除葫芦岛市和朝阳市外，辽宁其他市的涉腐均构成问题，且抚顺市达到严重级别。

伤亡：辽宁有9个市伤亡成问题，其中葫芦岛市和大连市达到严重级别。朝阳市平安。

表 3-18 内蒙古自治区各盟市 10 个方面的级别

城市	级别									
	天灾	疫病	食品安全	交通事故	治安	生产事故	违约	环境污染	涉腐	伤亡
呼和浩特	2	3	2	3	3	3	4	3	3	4
包头	2	2	1	2	4	1	3	2	3	3
乌海	2	2	1	2	3	0	3	3	4	1
乌兰察布	2	2	1	1	2	0	3	2	4	2
通辽	1	1	1	2	2	1	3	1	3	2
赤峰	2	2	1	2	2	3	3	2	3	2
鄂尔多斯	2	2	2	2	2	1	2	1	3	2
巴彦淖尔	3	0	0	0	4	0	2	0	1	2
锡林郭勒	4	1	0	0	2	0	2	0	2	2
呼伦贝尔	3	1	0	2	2	1	3	1	2	2
兴安	2	1	0	1	3	0	1	0	3	2
阿拉善	5	1	1	3	2	0	3	2	3	3

注：表中底纹色彩表示问题严重级别，黑色5级表示问题很严重，红色4级表示问题严重，橙色3级表示问题中度，黄色2级表示问题轻度，蓝色1级表示问题轻微，绿色0级表示没有问题

【表3-18解读】

天灾：内蒙古天灾成问题的有4个盟市，锡林郭勒盟和阿拉善盟分别达到严重和很严重的级别。

疫病：内蒙古疫病成问题的仅呼和浩特市，且不严重。锡林郭勒盟和巴彦淖尔市基本无疫病。

食品安全：内蒙古各盟市食品安全均未构成问题。呼伦贝尔、兴安等4个盟市食品较安全。

交通事故：内蒙古交通事故成问题的仅呼和浩特市和阿拉善盟，且不严重。兴安、锡林郭勒和巴彦淖尔3个盟市交通安全。

治安：内蒙古有8个盟市治安成问题，其中巴彦淖尔市和包头市达到严重级别。

生产事故：内蒙古生产事故成问题的仅呼和浩特市，且不严重。兴安、巴彦淖尔等6个盟市生产安全。

违约：除锡林郭勒盟和兴安盟外，内蒙古其他盟市的违约问题都值得重视，呼和浩特市较为严重。

环境污染：内蒙古环境污染成问题的仅呼和浩特市和乌海市，且不严重。兴安盟基本无污染。

涉腐：内蒙古有9个盟市涉腐成问题，其中乌海市和乌兰察布市达到严重级别。

伤亡：内蒙古伤亡成问题的有4个盟市，呼和浩特市较为严重。兴安盟和锡林郭勒盟平安。

表3-19 宁夏回族自治区各市10个方面的级别

城市	级别									
	天灾	疫病	食品安全	交通事故	治安	生产事故	违约	环境污染	涉腐	伤亡
银川	3	3	2	2	3	1	3	3	3	3
石嘴山	2	3	2	0	2	1	3	3	3	2
吴忠	0	2	1	0	3	0	3	2	3	2
固原	3	2	2	0	2	0	2	2	1	1
中卫	1	2	1	0	1	0	2	2	3	0

注：表中底纹色彩表示问题严重级别，黑色5级表示问题很严重，红色4级表示问题严重，橙色3级表示问题中度，黄色2级表示问题轻度，蓝色1级表示问题轻微，绿色0级表示没有问题

【表3-19解读】

天灾：宁夏天灾成问题的仅银川市和固原市，且不严重。吴忠市风调雨顺。

疫病：宁夏疫病成问题的仅银川市和石嘴山市，且均未达到严重级别。

食品安全：宁夏各市食品安全均未构成问题。

交通事故：宁夏各市交通事故均无大碍，除银川市外，其他4个市交通安全。

治安：宁夏治安成问题的仅银川市和吴忠市，且不严重。

生产事故：宁夏各市生产事故均未构成问题，固原、中卫和吴忠3个市生产较安全。

违约:宁夏的银川、吴忠和石嘴山3个市违约成问题,但都不严重。
环境污染:宁夏的银川、石嘴山和中卫3个市环境污染成问题,但均未达到严重级别。
涉腐:除固原市外,宁夏其他市的涉腐问题都值得重视,但都不严重。
伤亡:宁夏伤亡成问题的仅银川市,且不严重。中卫市平安。

表3-20 青海省各州市10个方面的级别

城市	级别									
	天灾	疫病	食品安全	交通事故	治安	生产事故	违约	环境污染	涉腐	伤亡
西宁	3	2	2	3	4	2	4	3	3	3
海东	2	3	2	2	3	2	3	3	2	2
黄南	3	1	0	3	2	1	3	0	1	3
海南	3	0	0	0	0	0	0	0	0	0
果洛	4	2	0	3	0	2	0	2	0	3
玉树	4	3	1	1	3	0	2	2	2	3
海西	3	0	0	0	0	0	0	0	4	3
海北	3	2	2	0	2	1	3	1	0	1

注:表中底纹色彩表示问题严重级别,黑色5级表示问题很严重,红色4级表示问题严重,橙色3级表示问题中度,黄色2级表示问题轻度,蓝色1级表示问题轻微,绿色0级表示没有问题

【表3-20解读】

天灾:除海东市外,青海其他州市的天灾均构成问题,且玉树市和果洛自治州达到严重级别。

疫病:青海疫病成问题的仅玉树市和海东市,且不严重。海西州和海南州基本无疫病。

食品安全:青海各州市食品安全均未构成问题,果洛、黄南等4个州食品较安全。

交通事故:青海的果洛、黄南和西宁3个州市交通事故成问题,但都不严重。海北、海西和海南3个州交通较安全。

治安:青海治安成问题的有3个州市,其中西宁市达到严重级别。果洛、海西和海南3个州治安良好。

生产事故:青海各州市生产事故均无大碍,玉树、海西和海南3个州生产较安全。

违约:青海有4个州市违约成问题,其中西宁市达到严重级别。难得的是,果洛、海西和海南3个州基本无违约报道。

环境污染:青海环境污染成问题的仅西宁市和海东市,且不严重。黄南、海西和海南3个州基本无污染。

涉腐:青海涉腐成问题的仅海西州和西宁市,但海西州达到严重级别。果洛、海南和海北3个州基本无涉腐问题。

伤亡:青海有5个州市伤亡成问题,但都不严重。海南州平安。

表 3-21 山东省各市 10 个方面的级别

城市	级别									
	天灾	疫病	食品安全	交通事故	治安	生产事故	违约	环境污染	涉腐	伤亡
济南	3	3	3	3	4	2	4	4	3	4
青岛	3	3	2	3	4	2	4	3	3	4
淄博	3	2	2	3	3	3	4	3	3	4
德州	3	3	2	3	4	2	4	3	4	4
烟台	3	3	2	3	4	2	4	3	3	3
潍坊	2	2	2	3	3	1	3	3	3	3
济宁	2	2	2	3	3	1	3	2	3	3
泰安	2	3	1	2	3	2	3	2	3	3
临沂	2	2	2	2	4	2	3	3	3	3
菏泽	2	3	2	3	3	0	3	2	3	3
滨州	2	2	2	3	3	1	3	3	3	3
东营	2	3	2	3	4	2	4	3	4	3
威海	3	3	2	3	4	2	4	3	2	3
枣庄	2	2	2	2	3	1	3	2	3	3
日照	3	3	2	2	3	3	3	3	3	3
莱芜	3	2	3	3	3	0	4	3	4	3
聊城	2	2	2	2	3	2	3	3	3	3

注：表中底纹色彩表示问题严重级别，黑色 5 级表示问题很严重，红色 4 级表示问题严重，橙色 3 级表示问题中度，黄色 2 级表示问题轻度，蓝色 1 级表示问题轻微，绿色 0 级表示没有问题

【表 3-21 解读】

天灾：山东天灾成问题的有威海、济南等 8 个市，但均未达到严重级别。

疫病：山东的济南、东营等 10 个市疫病成问题，但都不严重。

食品安全：山东食品安全成问题的仅济南市和莱芜市，且不严重。

交通事故：山东的济南、东营等 11 个市交通事故成问题，但均未达到严重级别。

治安：山东各市普遍存在治安问题，且济南、德州等 7 个市达到严重级别。

生产事故：山东生产事故成问题的仅淄博市和日照市，且不严重。菏泽市和莱芜市生产较安全。

违约：山东各市违约问题都值得重视，严重的有东营、济南等 8 个市。

环境污染：山东有 13 个市环境污染成问题，其中济南市较为严重。

涉腐：除威海市外，山东其他市的涉腐均构成问题，严重的有莱芜、东营和德州 3 个市。

伤亡：山东各市普遍存在伤亡问题，且济南、德州等 4 个市达到严重级别。

表 3-22　山西省各市 10 个方面的级别

城市	级别									
	天灾	疫病	食品安全	交通事故	治安	生产事故	违约	环境污染	涉腐	伤亡
太原	2	3	2	2	3	1	4	3	3	4
大同	1	1	1	0	2	3	3	2	3	3
阳泉	1	2	1	1	4	1	3	3	3	3
晋中	1	2	1	0	3	1	3	0	3	2
长治	1	2	0	1	2	0	3	2	3	2
晋城	1	2	1	1	2	2	3	2	3	2
临汾	1	1	0	1	2	0	3	2	3	1
吕梁	1	1	1	1	2	0	3	2	4	2
运城	2	1	2	2	2	0	3	2	2	2
忻州	2	2	1	2	3	1	3	2	3	3
朔州	1	2	1	1	2	1	4	0	2	2

注：表中底纹色彩表示问题严重级别，黑色 5 级表示问题很严重，红色 4 级表示问题严重，橙色 3 级表示问题中度，黄色 2 级表示问题轻度，蓝色 1 级表示问题轻微，绿色 0 级表示没有问题

【表 3-22 解读】

天灾：山西各市天灾均未构成问题。

疫病：山西疫病成问题的仅太原市，且不严重。

食品安全：山西各市食品安全均未构成问题，临汾市和长治市食品较安全。

交通事故：山西各市交通事故均未大碍，运城、大同和晋中 3 个市交通较安全。

治安：山西有 4 个市治安成问题，其中阳泉市达到严重级别。

生产事故：山西生产事故成问题的仅大同市，且不严重。吕梁、长治等 4 个市生产较安全。

违约：山西各市普遍存在违约问题，且朔州市和太原市达到严重级别。

环境污染：山西环境污染成问题的仅太原市和阳泉市，且不严重。晋中市和朔州市基本无污染。

涉腐：除运城市和朔州市外，山西其他市的涉腐问题都值得重视，且吕梁市达到严重级别。

伤亡：山西有 4 个市伤亡成问题，其中太原市达到严重级别。

表 3-23 陕西省各市 10 个方面的级别

城市	级别									
	天灾	疫病	食品安全	交通事故	治安	生产事故	违约	环境污染	涉腐	伤亡
西安	3	3	2	3	4	2	4	4	4	4
咸阳	3	2	2	3	4	2	3	3	3	3
延安	2	2	1	2	4	2	3	3	4	3
榆林	3	2	1	3	4	2	4	3	4	3
渭南	2	2	1	2	3	2	3	3	3	3
商洛	3	2	1	2	3	2	3	2	3	4
安康	3	3	2	3	3	2	3	2	4	4
汉中	3	2	3	3	4	2	3	2	3	3
宝鸡	3	3	2	3	4	2	4	3	3	4
铜川	3	2	2	3	4	3	3	2	3	4

注:表中底纹色彩表示问题严重级别,黑色 5 级表示问题很严重,红色 4 级表示问题严重,橙色 3 级表示问题中度,黄色 2 级表示问题轻度,蓝色 1 级表示问题轻微,绿色 0 级表示没有问题

【表 3-23 解读】

天灾:除渭南市和延安市外,陕西其他市的天灾均构成问题,但都不严重。

疫病:陕西的西安、宝鸡和安康 3 个市疫病成问题,但均未达到严重级别。

食品安全:陕西食品安全成问题的仅汉中市,且不严重。

交通事故:陕西的咸阳、西安等 7 个市交通事故成问题,但都不严重。

治安:陕西各市普遍存在治安问题,严重的有延安、宝鸡等 7 个市。

生产事故:陕西生产事故成问题的仅铜川市,且不严重。

违约:陕西各市违约均构成问题,且西安、榆林和宝鸡 3 个市达到严重级别。

环境污染:陕西有 6 个市环境污染成问题,其中西安市达到严重级别。

涉腐:陕西各市涉腐问题都值得重视,严重的有安康、榆林等 4 个市。

伤亡:陕西各市普遍存在伤亡问题,且铜川、商洛等 5 个市达到严重级别。

表 3-24 四川省各州市 10 个方面的级别

城市	级别									
	天灾	疫病	食品安全	交通事故	治安	生产事故	违约	环境污染	涉腐	伤亡
成都	3	3	2	3	3	2	4	3	3	3
眉山	3	2	1	2	3	1	3	3	3	3
资阳	2	2	1	2	3	0	3	2	4	3
攀枝花	3	2	0	3	3	2	3	2	3	4
自贡	2	3	1	3	4	0	3	3	3	3

续表

城市	级别									
	天灾	疫病	食品安全	交通事故	治安	生产事故	违约	环境污染	涉腐	伤亡
绵阳	2	2	1	2	3	1	3	2	3	3
南充	2	2	2	3	4	2	3	2	3	3
达州	3	2	0	2	3	2	3	3	3	3
遂宁	3	2	2	3	3	2	3	3	4	3
广安	3	2	2	3	3	1	3	3	4	3
巴中	3	2	1	3	3	0	3	2	4	3
泸州	3	2	2	3	3	1	3	2	3	3
宜宾	3	2	2	3	4	1	3	2	3	4
内江	2	2	1	2	4	1	3	2	3	3
乐山	4	2	0	2	4	3	3	2	3	4
凉山	3	2	0	2	3	0	3	2	4	4
雅安	4	3	0	2	3	0	3	2	4	3
甘孜	3	2	2	2	1	0	1	0	2	3
阿坝	4	3	1	2	3	0	2	1	3	3
德阳	2	3	2	3	3	1	3	3	3	3
广元	3	3	2	3	3	2	3	3	4	3

注：表中底纹色彩表示问题严重级别，黑色5级表示问题很严重，红色4级表示问题严重，橙色3级表示问题中度，黄色2级表示问题轻度，蓝色1级表示问题轻微，绿色0级表示没有问题

【表3-24解读】

天灾：四川有15个州市天灾成问题，其中乐山、阿坝和雅安3个州市达到严重级别。

疫病：四川的阿坝、广元等6个州市疫病成问题，但都不严重。

食品安全：四川各州市食品安全均未构成问题，达州、攀枝花等5个州市食品较安全。

交通事故：四川交通事故成问题的有广元、成都等10个市，但均未达到严重级别。

治安：除甘孜自治州外，四川其他州市的治安问题都值得重视，严重的有宜宾、自贡等5个市。

生产事故：四川生产事故成问题的仅乐山市，且不严重。资阳、巴中等7个州市生产较安全。

违约：除攀枝花市、阿坝自治州和甘孜自治州外，四川其他州市的违约均构成问题，且成都市达到严重级别。

环境污染：四川环境污染成问题的有广安、成都等7个市，但都不严重。甘孜自治州基本无污染。

涉腐：除甘孜自治州外，四川其他州市的涉腐问题都值得重视，严重的有广元、雅安等

7个州市。

伤亡：四川各州市普遍存在伤亡问题，且乐山、凉山等南部4个州市达到严重级别。

表3-25　西藏自治区各区市10个方面的级别

城市	级别									
	天灾	疫病	食品安全	交通事故	治安	生产事故	违约	环境污染	涉腐	伤亡
拉萨	4	2	1	1	2	1	3	3	3	2
日喀则	5	1	0	1	0	0	0	0	2	3
山南	3	3	2	2	2	1	3	1	4	2
林芝	4	2	0	3	1	1	1	2	0	3
昌都	3	1	0	2	0	0	1	1	0	2
那曲	4	0	1	0	1	0	1	2	2	0
阿里	6	2	0	0	0	0	2	1	0	4

注：表中底纹色彩表示问题严重级别，黑色5级表示问题很严重，红色4级表示问题严重，橙色3级表示问题中度，黄色2级表示问题轻度，蓝色1级表示问题轻微，绿色0级表示没有问题

【表3-25解读】

天灾：西藏各区市普遍存在天灾问题，林芝市、那曲市和拉萨市严重，阿里地区和日喀则市很严重。

疫病：西藏疫病成问题的仅山南市，且不严重。那曲市基本无疫病。

食品安全：西藏各区市食品安全均未构成问题，阿里、日喀则等4个区市食品较安全。

交通事故：西藏交通事故成问题的仅林芝市，且不严重。阿里地区和那曲市交通安全。

治安：西藏各区市治安均无大碍，昌都市、阿里地区和日喀则市基本无治安问题。

生产事故：西藏生产事故成问题的仅林芝市，且不严重。日喀则、那曲等4个区市生产较安全。

违约：西藏违约成问题的仅拉萨市和山南市，且不严重。日喀则市遵规守信。

环境污染：西藏环境污染成问题的仅拉萨市，且不严重。日喀则市基本无污染。

涉腐：西藏有2个市涉腐成问题，其中山南市达到严重级别。昌都市、林芝市和阿里地区不腐。

伤亡：西藏伤亡成问题的有3个区市，其中阿里地区达到严重级别。那曲市平安。

表3-26　新疆维吾尔自治区各州区市10个方面的级别

城市	级别									
	天灾	疫病	食品安全	交通事故	治安	生产事故	违约	环境污染	涉腐	伤亡
乌鲁木齐	4	3	2	3	4	2	4	3	3	3
昌吉	3	2	1	2	2	2	3	2	2	3

续表

城市	级别									
	天灾	疫病	食品安全	交通事故	治安	生产事故	违约	环境污染	涉腐	伤亡
吐鲁番	4	1	0	3	2	0	2	0	3	2
巴音郭楞	3	0	0	0	0	0	2	0	2	0
阿克苏	4	1	1	2	2	1	2	0	2	2
喀什	3	1	0	1	2	0	1	0	0	1
伊犁	4	1	0	2	2	0	2	0	3	2
克拉玛依	4	2	2	1	3	0	3	2	3	4
塔城	3	1	1	2	1	0	2	1	1	0
哈密	3	3	1	2	2	0	2	0	0	2
和田	4	1	0	2	2	0	3	0	0	0
阿勒泰	4	2	1	2	2	1	3	2	2	2
克孜勒苏	3	0	0	0	0	0	0	0	0	0
博尔塔拉	2	0	0	0	2	0	0	0	3	0

注：表中底纹色彩表示问题严重级别，黑色5级表示问题很严重，红色4级表示问题严重，橙色3级表示问题中度，黄色2级表示问题轻度，蓝色1级表示问题轻微，绿色0级表示没有问题

【表 3-26 解读】

天灾：除博尔塔拉自治州外，新疆各州区市的天灾均构成问题，严重的有乌鲁木齐等7个州区市。

疫病：新疆疫病成问题的仅哈密市和乌鲁木齐市，且不严重。巴音郭楞等3个州安好。

食品安全：新疆各州区市食品安全均未构成问题，和田、喀什等7个州区市食品较安全。

交通事故：新疆交通事故成问题的仅乌鲁木齐市和吐鲁番市，且不严重。博尔塔拉等3个州交通较安全。

治安：新疆有3个区市治安成问题，其中乌鲁木齐市达到严重级别，博尔塔拉等3个州基本无治安问题。

生产事故：新疆各州区市生产事故均无大碍，克拉玛依、哈密等9个州区市生产较安全。

违约：新疆违约成问题的有5个州区市，其中乌鲁木齐市达到严重级别。

环境污染：除乌鲁木齐市外，新疆其他州区市的环境污染均未构成问题。阿克苏、喀什等6个州区市基本无污染。

涉腐：新疆的克拉玛依等5个州市涉腐成问题，但均未达到严重级别。

伤亡：新疆伤亡成问题的有3个州市，其中克拉玛依市达到严重级别。塔城等4个州区平安。

表 3-27　云南省各州市 10 个方面的级别

城市	级别									
	天灾	疫病	食品安全	交通事故	治安	生产事故	违约	环境污染	涉腐	伤亡
昆明	3	3	1	3	4	2	3	3	4	4
昭通	4	0	1	1	3	0	2	1	3	2
曲靖	1	2	1	2	2	2	3	1	3	3
楚雄	3	2	2	2	1	0	3	1	3	1
玉溪	2	1	3	1	2	1	3	2	3	2
红河	2	1	1	0	2	0	2	2	2	2
文山	3	2	1	1	2	3	2	1	2	3
普洱	3	2	1	1	3	0	2	1	2	2
大理	3	1	1	2	3	0	2	2	2	2
保山	3	1	1	2	3	0	2	1	2	3
德宏	3	2	1	0	4	2	2	1	4	2
丽江	4	2	2	2	3	1	3	2	2	4
怒江	3	0	1	0	2	0	2	2	2	3
迪庆	3	0	1	1	1	0	3	2	4	1
临沧	4	0	0	2	3	0	2	1	3	3
西双版纳	3	3	2	3	4	1	3	0	3	4

注：表中底纹色彩表示问题严重级别，黑色 5 级表示问题很严重，红色 4 级表示问题严重，橙色 3 级表示问题中度，黄色 2 级表示问题轻度，蓝色 1 级表示问题轻微，绿色 0 级表示没有问题

【表 3-27 解读】

天灾：云南有 13 个州市天灾成问题，严重的有临沧、昭通和丽江 3 个市。

疫病：云南疫病成问题的仅西双版纳自治州和昆明市，且不严重。怒江、昭通等 4 个州市安好。

食品安全：除玉溪市外，云南其他州市的食品安全均未构成问题。临沧市食品最安全。

交通事故：云南的昆明、西双版纳和丽江 3 个州市交通事故成问题，但都不严重。红河、德宏和怒江 3 个州交通较安全。

治安：云南治安成问题的有 8 个州市，严重的有西双版纳、昆明和德宏 3 个州市。

生产事故：云南生产事故成问题的仅文山自治州，且不严重。迪庆、丽江等 11 个州市生产较安全。

违约：云南违约成问题的有昆明、迪庆等 8 个州市，但均未达到严重级别。

环境污染：除昆明市外，云南其他州市的环境污染均未构成问题。

涉腐：云南涉腐成问题的有 11 个州市，严重的有德宏、迪庆和昆明 3 个州市。

伤亡：云南有9个州市伤亡成问题，其中西双版纳、丽江和昆明3个州市达到严重级别。

表 3-28　浙江省各市 10 个方面的级别

城市	级别									
	天灾	疫病	食品安全	交通事故	治安	生产事故	违约	环境污染	涉腐	伤亡
杭州	3	3	2	3	4	2	4	3	3	4
湖州	2	2	2	3	3	1	3	2	1	3
嘉兴	2	2	2	3	3	1	3	3	2	3
宁波	3	3	2	3	3	2	3	3	3	3
绍兴	2	2	2	3	3	2	3	3	3	3
台州	3	2	1	3	3	2	3	3	3	3
温州	3	3	1	3	4	2	4	2	3	4
金华	2	2	2	3	4	2	3	3	3	3
衢州	2	3	2	3	3	2	3	3	3	3
舟山	4	2	2	4	4	0	3	3	2	4
丽水	5	3	2	3	4	3	3	3	3	5

注：表中底纹色彩表示问题严重级别，黑色5级表示问题很严重，红色4级表示问题严重，橙色3级表示问题中度，黄色2级表示问题轻度，蓝色1级表示问题轻微，绿色0级表示没有问题

【表 3-28 解读】

天灾：浙江有6个市天灾成问题，其中舟山市和丽水市分别达到严重和很严重的级别。

疫病：浙江疫病成问题的有衢州、杭州等5个市，但都不严重。

食品安全：浙江各市食品安全均未构成问题。

交通事故：浙江交通事故成问题的有8个市，其中舟山市较为严重。

治安：浙江各市普遍存在治安问题，且温州、杭州等5个市达到严重级别。

生产事故：浙江生产事故成问题的仅丽水市，且不严重。舟山市生产最安全。

违约：浙江各市普遍存在违约问题，且杭州市和温州市达到严重级别。

环境污染：浙江环境污染成问题的有杭州、金华等北部6个市，但都不严重。

涉腐：浙江的温州、杭州等6个市涉腐成问题，但均未达到严重级别。

伤亡：浙江各市伤亡问题都值得重视，舟山市、杭州市和温州市严重，丽水市很严重。

表 3-2 至表 3-28 单维镜像分别对 27 个省份中各直辖行政区进行了比较，但从这些表中，无法看出全国 334 个地级行政区中，在 10 个方面 22 个维度上分别是哪些行政区问题最轻，哪些行政区问题最严重。为此我们特意根据 R_{ik} 值大小，将每个维度上排名前十和后十的行政区列出来（表 3-29 和表 3-30），供读者参考。其中海南、河南和湖北的副地级和县级行政区，以及三沙市，没有参与排名。

表 3-29 各维度上问题最严重的 10 个地级行政区

特征	1	2	3	4	5	6	7	8	9	10
天灾	阿里	日喀则	丽水	阿拉善	大兴安岭	玉树	乐山	阿坝	吐鲁番	舟山
水灾	丽水	阿坝	深圳	桂林	龙岩	商洛	三明	巴中	泸州	丽江
寒灾	阿里	阿勒泰	大兴安岭	乌鲁木齐	长白山	锡林郭勒	呼伦贝尔	哈密	厦门	玉树
热灾	大兴安岭	吐鲁番	阿拉善	乌鲁木齐	濮阳	丽江	厦门	福州	大连	西安
震灾	阿里	日喀则	阿拉善	玉树	乐山	那曲	果洛	和田	林芝	雅安
风灾	舟山	三门峡	湛江	三亚	莆田	汕尾	海口	福州	厦门	温州
疫病	潮州	厦门	三亚	海口	铜陵	济南	西双版纳	天水	惠州	阿坝
食品安全	海口	兰州	汉中	玉溪	淮南	济南	莱芜	鹤壁	西双版纳	厦门
交通事故	海口	厦门	三亚	福州	舟山	郑州	南京	济南	深圳	果洛
治安	海口	三亚	鄂州	兰州	济南	湘潭	珠海	十堰	南京	德州
涉黄	三亚	东莞	百色	铜陵	鄂州	扬州	南京	温州	咸阳	广州
赌彩	北海	德州	韶关	怀化	云浮	铜陵	儋州	德宏	佛山	南京
涉毒	汕尾	云浮	巴彦淖尔	西双版纳	鄂州	临沧	德宏	防城港	崇左	三亚
偷盗	海口	珠海	三亚	金昌	嘉峪关	厦门	济南	福州	鄂州	洛阳
暴力	海口	宜宾	十堰	湘潭	三亚	延安	舟山	济南	攀枝花	乐山
生产事故	鹤岗	鸡西	七台河	大同	鄂州	淄博	庆阳	辽阳	哈尔滨	日照
违约	三亚	海口	儋州	兰州	厦门	嘉峪关	南京	鄂州	黄石	武汉
涉骗	三亚	海口	儋州	厦门	南京	兰州	嘉峪关	济南	东营	武汉
违规	三亚	海口	儋州	萍乡	兰州	龙岩	嘉峪关	朔州	黄石	鄂州
环境污染	兰州	济南	郑州	三亚	海口	西安	南京	湘潭	沈阳	福州
涉腐	三亚	鹤壁	新余	儋州	海口	三门峡	德宏	龙岩	随州	萍乡
伤亡	丽水	三亚	海口	南京	厦门	毕节	济南	舟山	葫芦岛	鹤岗

注：表中底纹色彩表示问题严重级别，黑色 5 级表示问题很严重，红色 4 级表示问题严重，橙色 3 级表示问题中度，黄色 2 级表示问题轻度，蓝色 1 级表示问题轻微，绿色 0 级表示没有问题

三、研究结果——单维镜像

表 3-30　各维度上问题最轻微的 10 个地级行政区

特征	1	2	3	4	5	6	7	8	9	10
天灾	吴忠	鹤壁	通辽	驻马店	绥化	吕梁	周口	本溪	新乡	晋城
水灾	阿拉善、阿里等 27 个地级行政区的水灾特征指数为 0，令对数值为 0，并列倒数第一									
寒灾	阿拉善、巴音郭楞等 54 个地级行政区的寒灾特征指数为 0，令对数值为 0，并列倒数第一									
热灾	阿里、安顺等 57 个地级行政区的热灾特征指数为 0，令对数值为 0，并列倒数第一									
震灾	巴中、白城等 78 个地级行政区的震灾特征指数为 0，令对数值为 0，并列倒数第一									
风灾	阿里、鞍山等 63 个地级行政区的风灾特征指数为 0，令对数值为 0，并列倒数第一									
疫病	巴音郭楞、白城等 9 个地级行政区的疫病特征指数为 0，令对数值为 0，并列倒数第一									临沧
食品安全	阿里、巴彦淖尔等 20 个地级行政区的食品安全特征指数为 0，令对数值为 0，并列倒数第一									
交通事故	阿里、巴彦淖尔等 15 个地级行政区的交通事故特征指数为 0，令对数值为 0，并列倒数第一									
治安	阿里、巴音郭楞等 9 个地级行政区的治安特征指数为 0，令对数值为 0，并列倒数第一									甘孜
涉黄	阿拉善、阿勒泰等 57 个地级行政区的涉黄特征指数为 0，令对数值为 0，并列倒数第一									
赌彩	阿拉善、阿里等 44 个地级行政区的赌彩特征指数为 0，令对数值为 0，并列倒数第一									
涉毒	阿勒泰、阿里等 24 个地级行政区的涉毒特征指数为 0，令对数值为 0，并列倒数第一									
偷盗	阿里、巴音郭楞等 28 个地级行政区的偷盗特征指数为 0，令对数值为 0，并列倒数第一									
暴力	阿拉善、阿里等 21 个地级行政区的暴力特征指数为 0，令对数值为 0，并列倒数第一									
生产事故	阿坝、阿拉善等 34 个地级行政区的生产事故特征指数为 0，令对数值为 0，并列倒数第一									
违约	果洛、海南州、海西州、克孜勒苏、日喀则并列倒数第一					林芝	昌都	朝阳市	那曲	松原
涉骗	阿拉善、巴音郭楞等 11 个地级行政区的涉骗特征指数为 0，令对数值为 0，并列倒数第一									
违规	阿里、果洛等 8 个地级行政区的违规特征指数为 0，令对数值为 0，并列倒数第一									双鸭山	通化
环境污染	巴音郭楞、博尔塔拉等 8 个地级行政区的环境污染特征指数为 0，令对数值为 0，并列倒数第一									营口	喀什
涉腐	阿里、昌都等 8 个地级行政区的涉腐特征指数为 0，令对数值为 0，并列倒数第一									朝阳市	喀什
伤亡	巴音郭楞、博尔塔拉等 8 个地级行政区的伤亡特征指数为 0，令对数值为 0，并列倒数第一									黔南	塔城

注：表中底纹色彩表示问题严重级别，黑色 5 级表示问题很严重，红色 4 级表示问题严重，橙色 3 级表示问题中度，黄色 2 级表示问题轻度，蓝色 1 级表示问题轻微，绿色 0 级表示没有问 6 题

四、研究结果——多维镜像

为了方便读者了解,我们先呈现图 4-1 最佳镜像和图 4-2 最差镜像,供读者阅读时理解、解读。

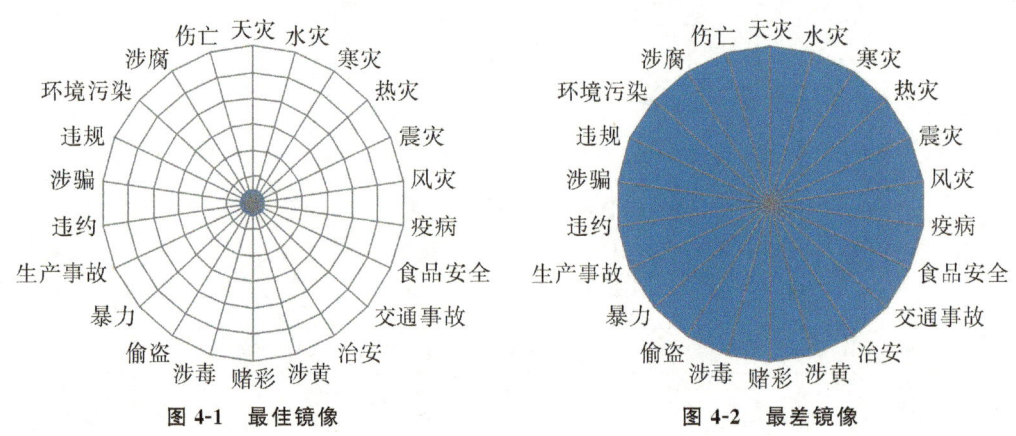

图 4-1　最佳镜像　　　　　　　图 4-2　最差镜像

【图 4-1 解读】22 个维度的 R_{ik} 值均为 0,这是一种理想而实际上不存在的镜像。

【图 4-2 解读】22 个维度的 R_{ik} 值均达到或超过 5.5,这是一种最糟糕但现实中也不存在的镜像。

1. 全国月份

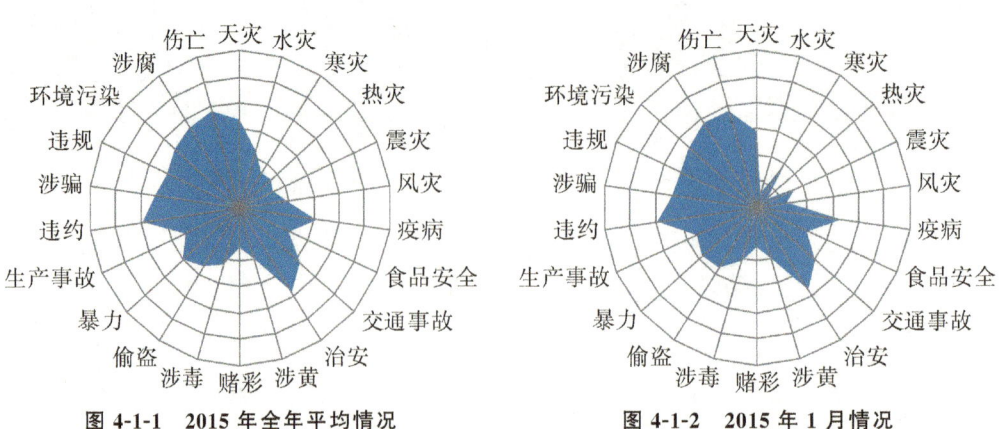

图 4-1-1　2015 年全年平均情况　　　　　　　图 4-1-2　2015 年 1 月情况

四、研究结果——多维镜像

【图 4-1-1 解读】2015 年,全国在天灾、疫病、交通事故、治安、违约(含涉骗和违规)、环境污染、涉腐和伤亡 8 个方面 10 个维度成问题,但都不严重。

【图 4-1-2 解读】2015 年 1 月,全国在疫病、交通事故、治安、违约(含涉骗和违规)、环境污染、涉腐和伤亡 7 个方面 9 个维度成问题,但均未达到严重级别。

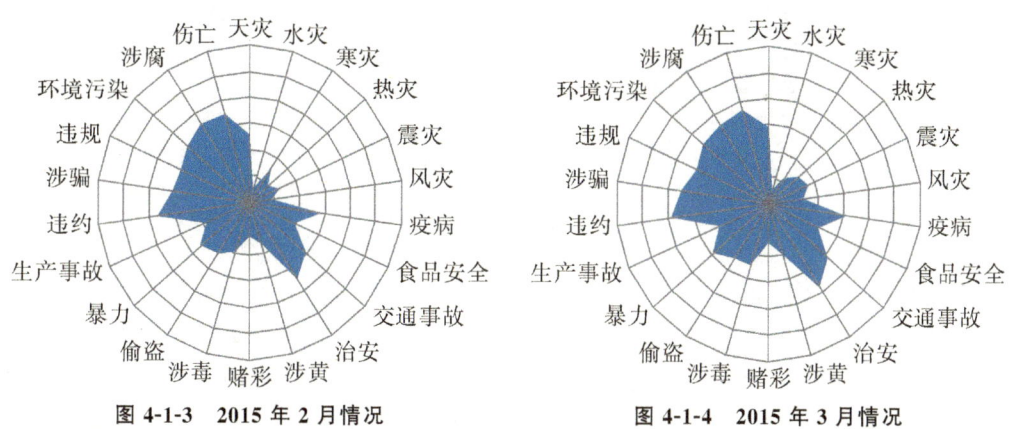

图 4-1-3　2015 年 2 月情况　　　　　图 4-1-4　2015 年 3 月情况

【图 4-1-3 解读】2015 年 2 月,全国在治安、违约(含涉骗)、环境污染、涉腐和伤亡 5 个方面 6 个维度成问题,但都不严重。

【图 4-1-4 解读】2015 年 3 月,全国在疫病、交通事故、治安、违约(含涉骗和违规)、环境污染、涉腐和伤亡 7 个方面 9 个维度成问题,但均未达到严重级别。

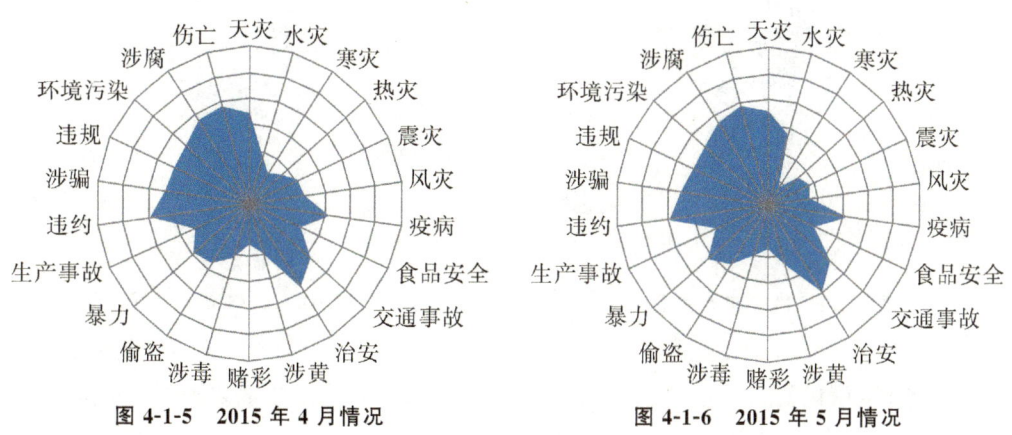

图 4-1-5　2015 年 4 月情况　　　　　图 4-1-6　2015 年 5 月情况

【图 4-1-5 解读】2015 年 4 月,全国在天灾、疫病、交通事故、治安、违约(含涉骗和违规)、环境污染、涉腐和伤亡 8 个方面 10 个维度成问题,但都不严重。

【图 4-1-6 解读】2015 年 5 月,全国在天灾、疫病、交通事故、治安(含暴力)、违约(含涉骗和违规)、环境污染、涉腐和伤亡 8 个方面 11 个维度成问题,但均未达到严重级别。

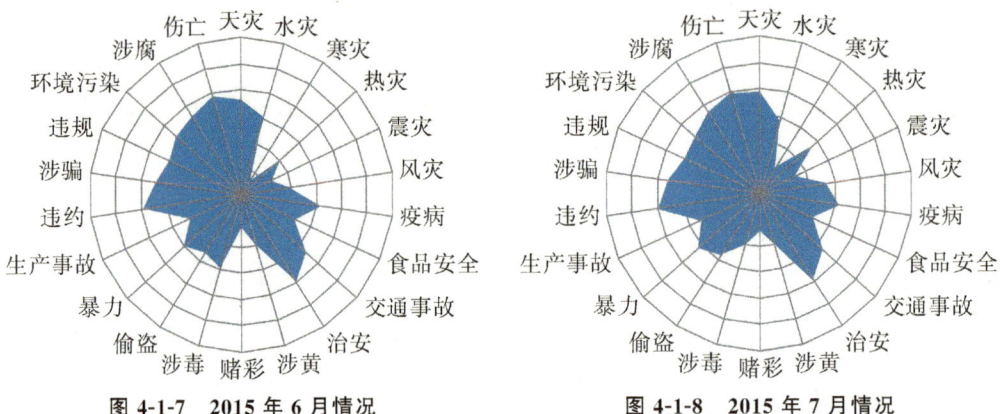

图 4-1-7　2015 年 6 月情况　　　　　图 4-1-8　2015 年 7 月情况

【图 4-1-7 解读】2015 年 6 月,全国在食品安全和生产事故之外的 8 个方面 12 个维度(含水灾、暴力、涉骗和违规)成问题,但都不严重。

【图 4-1-8 解读】2015 年 7 月,全国在食品安全和生产事故之外的 8 个方面 11 个维度(含暴力、涉骗和违规)成问题,但均未达到严重级别。

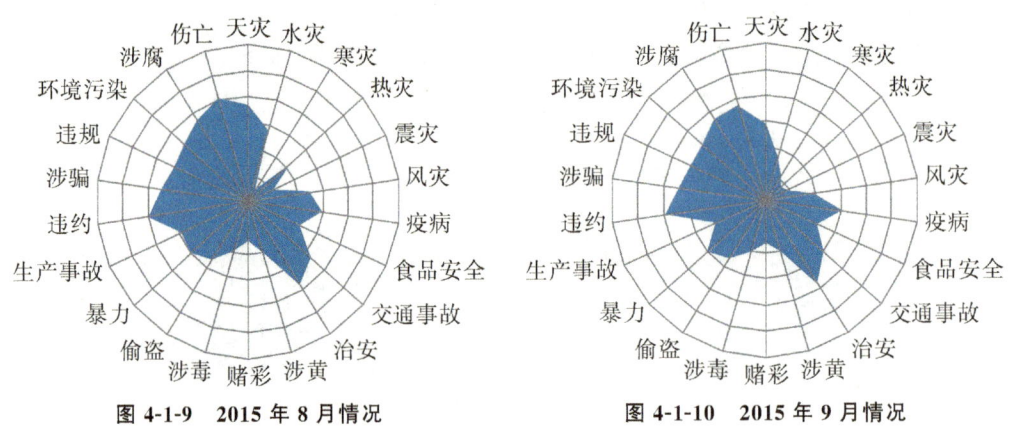

图 4-1-9　2015 年 8 月情况　　　　　图 4-1-10　2015 年 9 月情况

【图 4-1-9 解读】2015 年 8 月,全国在疫病、食品安全和生产事故之外的 7 个方面 9 个维度(含涉骗和违规)成问题,其中伤亡达到严重级别。

【图 4-1-10 解读】2015 年 9 月,全国在疫病、交通事故、治安、违约(含涉骗和违规)、环境污染、涉腐和伤亡 7 个方面 9 个维度成问题,但都不严重。

四、研究结果——多维镜像

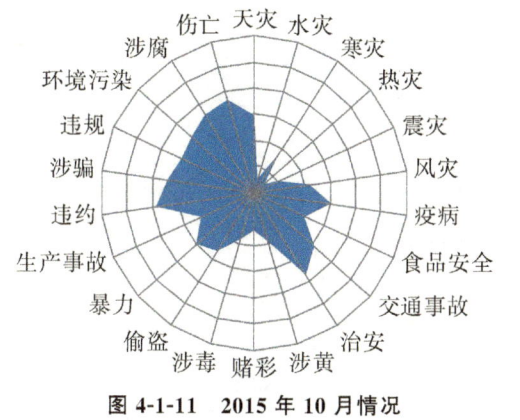

图 4-1-11　2015 年 10 月情况

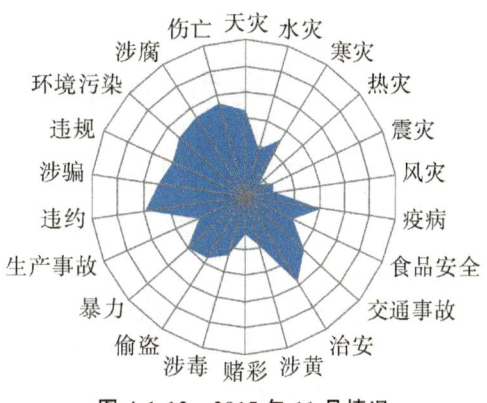

图 4-1-12　2015 年 11 月情况

【图 4-1-11 解读】2015 年 10 月,全国情况与 9 月大同小异,同样在天灾、食品安全和生产事故之外的 7 个方面 9 个维度(含涉骗和违规)成问题,均未达到严重级别。

【图 4-1-12 解读】2015 年 11 月,全国在天灾、疫病、交通事故、治安、违约(含涉骗和违规)、环境污染、涉腐和伤亡 8 个方面 10 个维度成问题,但都不严重。

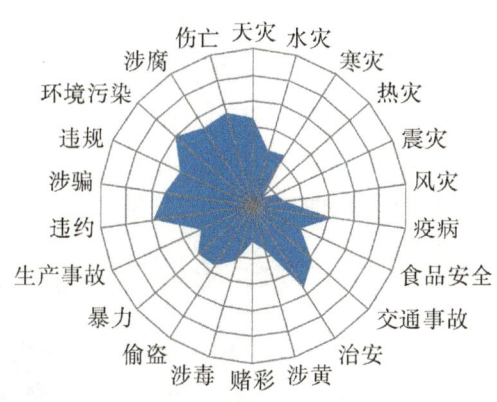

图 4-1-13　2015 年 12 月情况

【图 4-1-13 解读】2015 年 12 月,全国在食品安全和生产事故之外的 8 个方面 10 个维度(含涉骗和违规)成问题,其中环境污染达到严重级别。

2.各省(直辖市、自治区)

以下呈现的结果中,各省(直辖市、自治区)的先后次序,按拼音首字母顺序排列。

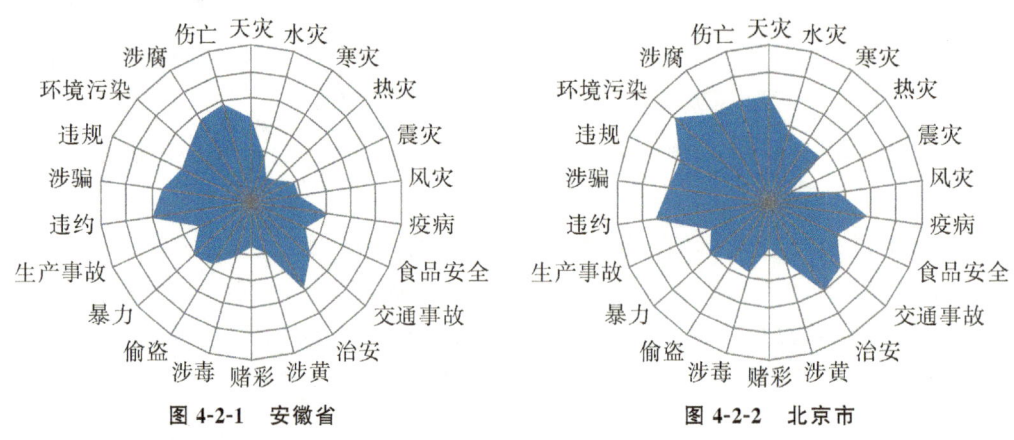

图 4-2-1　安徽省　　　　　　　图 4-2-2　北京市

【图 4-2-1 解读】安徽在食品安全和生产事故之外的 8 个方面 11 个维度(含暴力、涉骗和违规)成问题,但均未达到严重级别。

【图 4-2-2 解读】北京在食品安全和生产事故之外的 8 个方面 11 个维度(含暴力、涉骗和违规)成问题,且天灾、违约、环境污染、和伤亡 4 个方面达到严重级别。

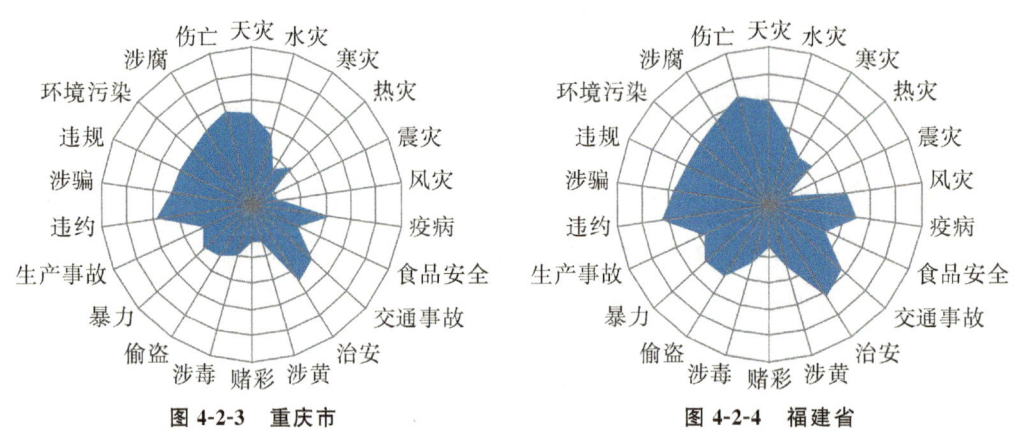

图 4-2-3　重庆市　　　　　　　图 4-2-4　福建省

【图 4-2-3 解读】重庆在食品安全和生产事故之外的 8 个方面 10 个维度(含涉骗和违规)成问题,但均未达到严重级别。

【图 4-2-4 解读】福建在食品安全和生产事故之外的 8 个方面 13 个维度(含风灾、偷盗、暴力、涉骗和违规)成问题,且治安、违约和伤亡 3 个方面达到严重级别。

四、研究结果——多维镜像

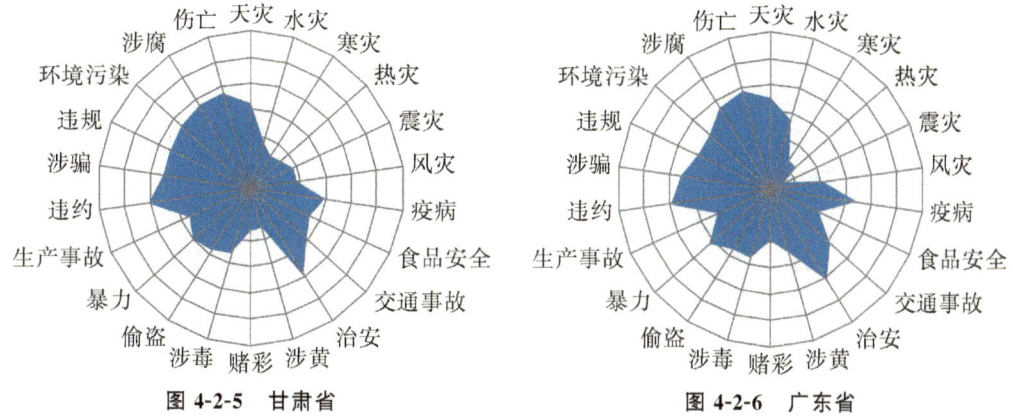

图 4-2-5　甘肃省　　　　　　　　图 4-2-6　广东省

【图 4-2-5 解读】甘肃在天灾、治安(含暴力)、违约(含涉骗和违规)、环境污染、涉腐和伤亡 6 个方面 9 个维度成问题,其中违约达到严重级别。

【图 4-2-6 解读】广东在食品安全和生产事故之外的 8 个方面 11 个维度(含暴力、涉骗和违规)成问题,其中治安达到严重级别。

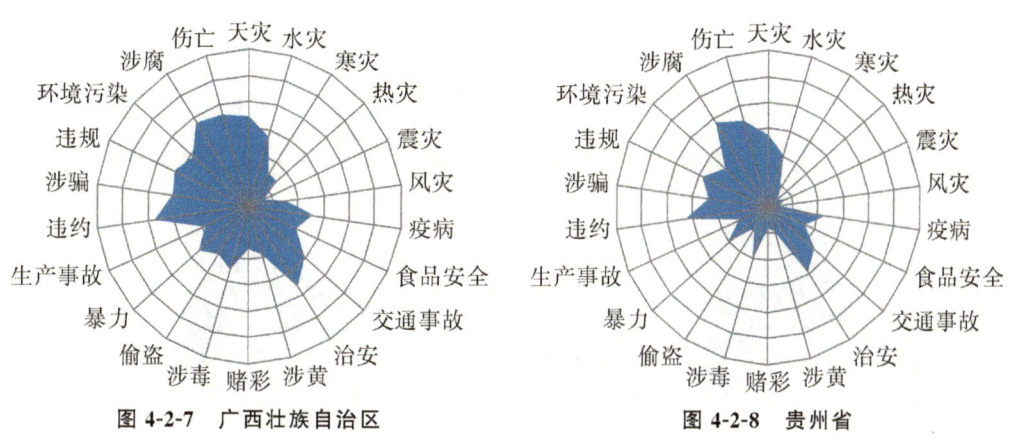

图 4-2-7　广西壮族自治区　　　　　图 4-2-8　贵州省

【图 4-2-7 解读】广西在天灾、治安、违约(含违规)、涉腐和伤亡 5 个方面 6 个维度成问题,但都不严重。

【图 4-2-8 解读】贵州各方面情况良好,仅在违约、涉腐和伤亡 3 个方面有一定问题,且不严重。

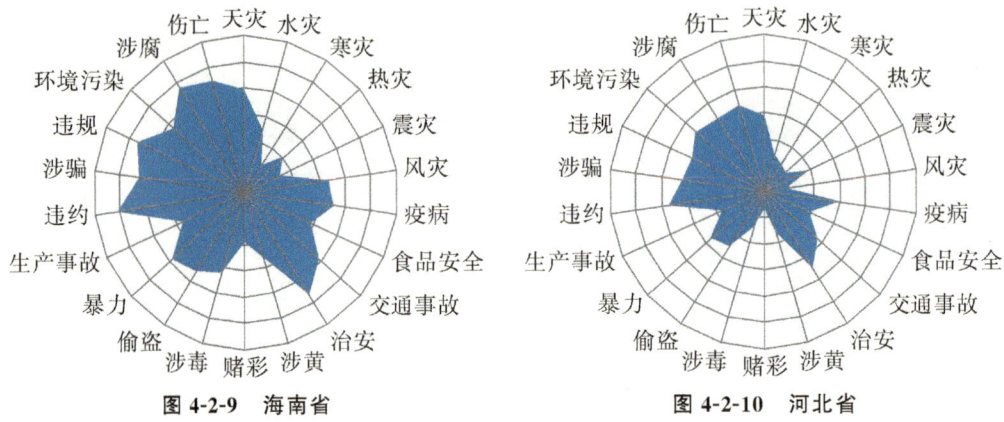

图 4-2-9　海南省　　　　　　图 4-2-10　河北省

【图 4-2-9 解读】海南在食品安全和生产事故之外的 8 个方面 14 个维度（含风灾、涉毒、偷盗、暴力、涉骗和违规）成问题,达到严重级别的有治安、违约（含涉骗和违规）、涉腐和伤亡 4 个方面 6 个维度,其中违约达到很严重的级别。

【图 4-2-10 解读】河北在治安、违约（含涉骗和违规）、环境污染、涉腐和伤亡 5 个方面 7 个维度成问题,但都不严重。环境污染没有达到严重或很严重级别,也许是媒体"视而不见"所致。

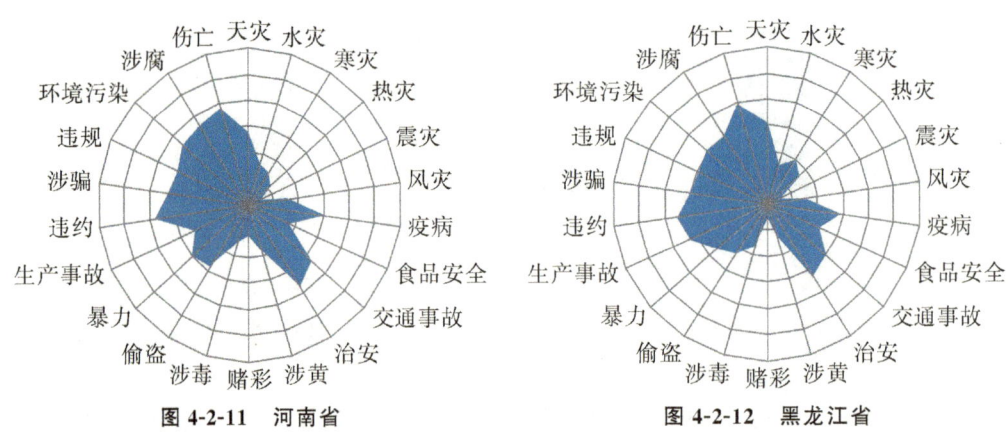

图 4-2-11　河南省　　　　　　图 4-2-12　黑龙江省

【图 4-2-11 解读】河南在交通事故、治安、违约（含涉骗和违规）、环境污染、涉腐和伤亡 6 个方面 8 个维度成问题,但均未达到严重级别。

【图 4-2-12 解读】黑龙江的疫病和食品安全问题不大,其他 8 个方面均成问题,但都不严重。

四、研究结果——多维镜像 | 75

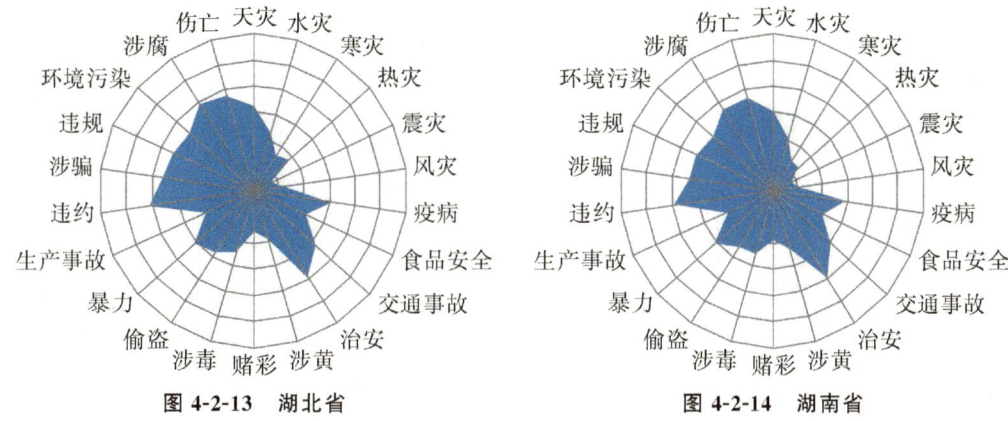

图 4-2-13 湖北省　　　　　图 4-2-14 湖南省

【图 4-2-13 解读】湖北在食品安全和生产事故之外的 8 个方面 11 个维度（含暴力、涉骗和违规）成问题，其中违约达到严重级别。

【图 4-2-14 解读】湖南在疫病、食品安全和生产事故之外的 7 个方面 10 个维度（含暴力、涉骗和违规）成问题，但均未达到严重级别。

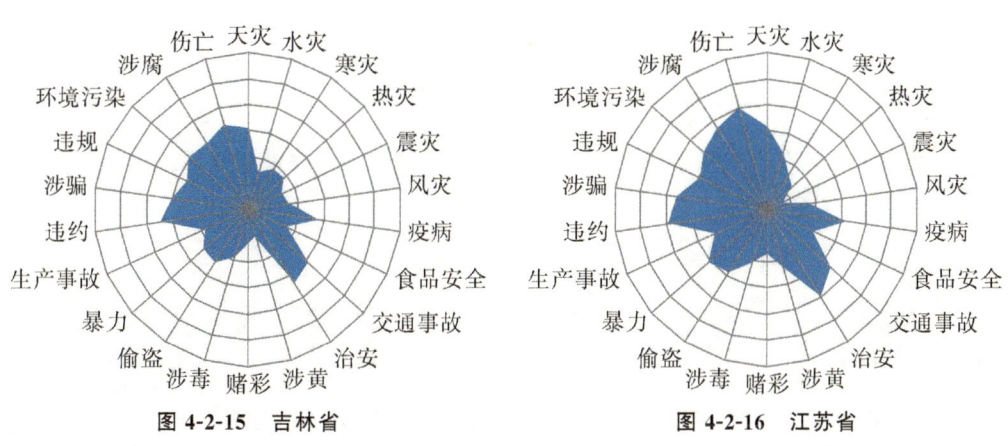

图 4-2-15 吉林省　　　　　图 4-2-16 江苏省

【图 4-2-15 解读】吉林在天灾、交通事故、治安、违约（含涉骗）、环境污染和伤亡 6 个方面 7 个维度成问题，但都不严重。

【图 4-2-16 解读】江苏在食品安全和生产事故之外的 8 个方面 10 个维度（含暴力和涉骗）成问题，但均未达到严重级别。

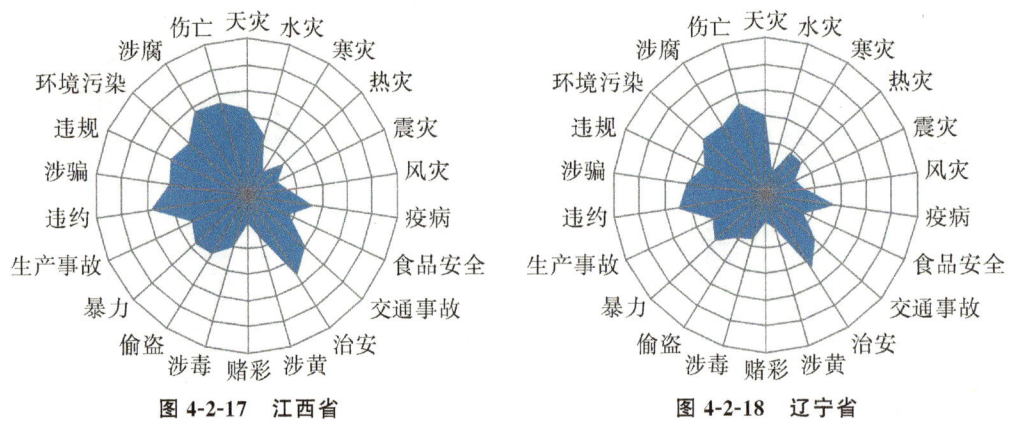

图 4-2-17　江西省　　　　　　　图 4-2-18　辽宁省

【图 4-2-17 解读】江西在疫病、食品安全和生产事故之外的 7 个方面 9 个维度（含涉骗和违规）成问题，但都不严重。

【图 4-2-18 解读】辽宁在天灾、治安、违约（含涉骗）、环境污染、涉腐和伤亡 6 个方面 7 个维度成问题，但均未达到严重级别。

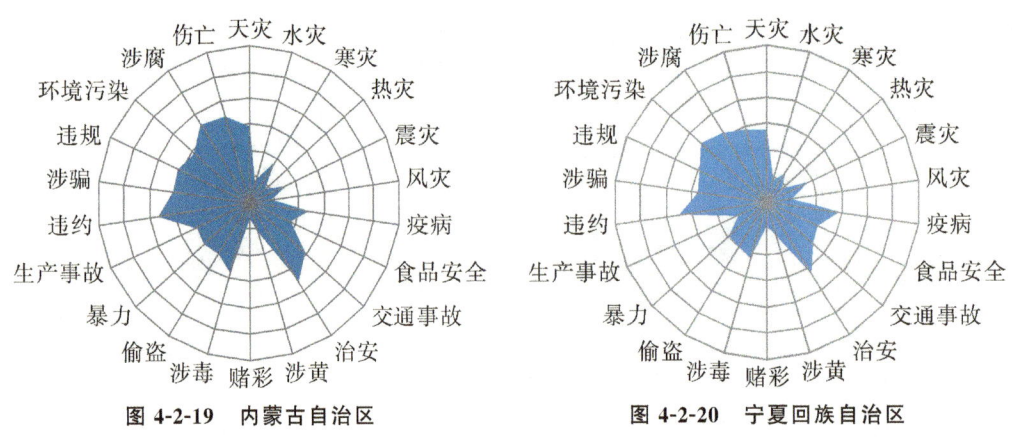

图 4-2-19　内蒙古自治区　　　　图 4-2-20　宁夏回族自治区

【图 4-2-19 解读】内蒙古在治安、违约（含涉骗和违规）、涉腐和伤亡 4 个方面 6 个维度成问题，但都不严重。

【图 4-2-20 解读】宁夏各方面情况良好，在治安、违约、环境污染和涉腐 4 个方面有一定问题，但不严重。

四、研究结果——多维镜像

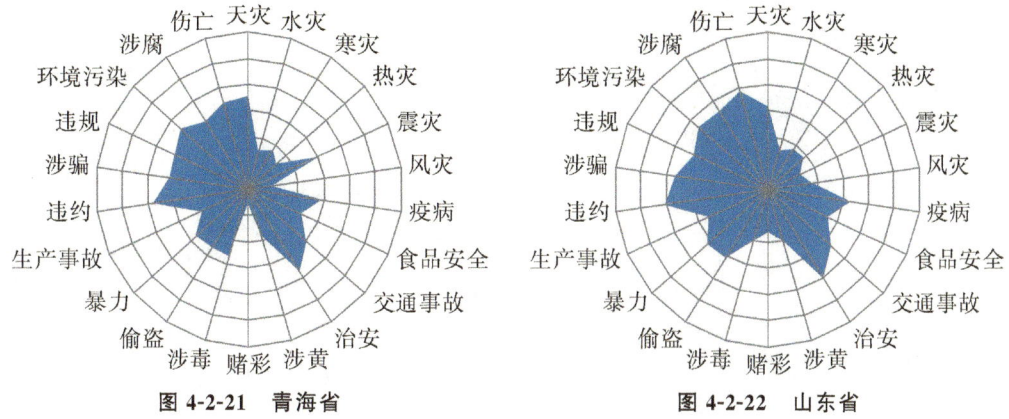

【图4-2-21解读】青海在疫病、食品安全和生产事故之外的7个方面9个维度(含涉骗和违规)成问题,但均未达到严重级别。

【图4-2-22解读】山东在食品安全和生产事故之外的8个方面12个维度(含偷盗、暴力、涉骗和违规)成问题,其中违约达到严重级别。

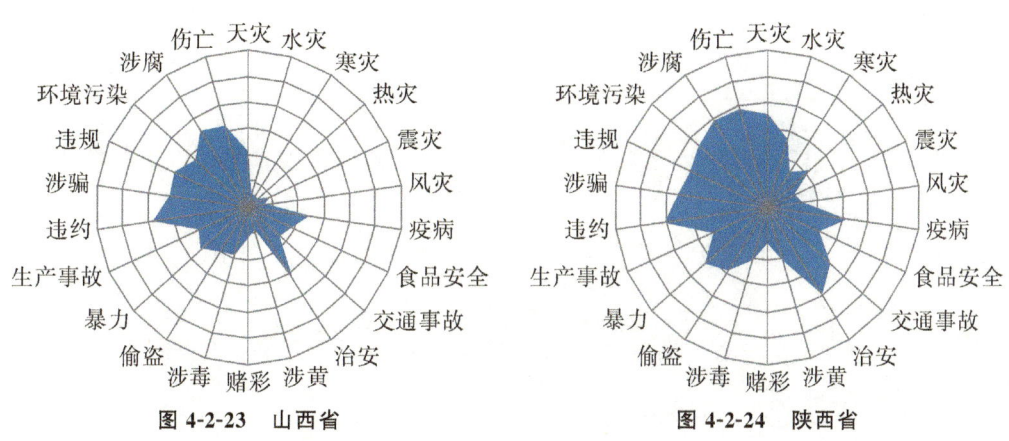

【图4-2-23解读】山西在治安、违约(含涉骗和违规)、涉腐和伤亡4个方面6个维度成问题,但都不严重。

【图4-2-24解读】陕西在食品安全和生产事故之外的8个方面11个维度(含暴力、涉骗和违规)成问题,其中违约达到严重级别。

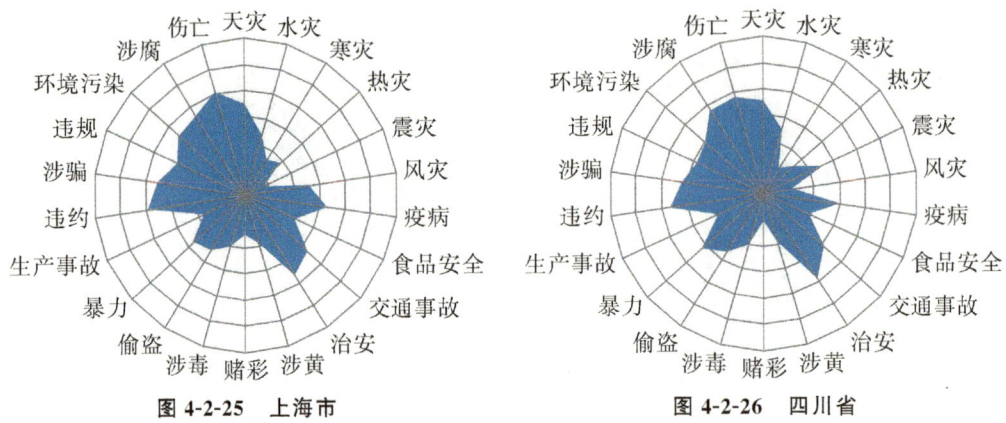

图 4-2-25　上海市　　　　　　　图 4-2-26　四川省

【图 4-2-25 解读】上海在食品安全和生产事故之外的 8 个方面 9 个维度（含涉骗）成问题，其中伤亡达到严重级别。

【图 4-2-26 解读】四川在天灾、交通事故、治安（含暴力）、违约（含涉骗）、涉腐和伤亡 6 个方面 8 个维度成问题，但都不严重。

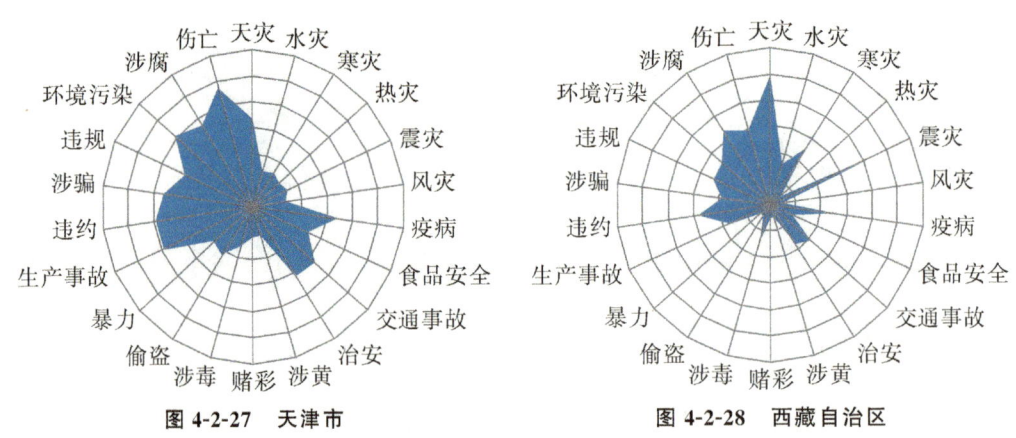

图 4-2-27　天津市　　　　　　　图 4-2-28　西藏自治区

【图 4-2-27 解读】天津在食品安全之外的 9 个方面 10 个维度（含涉骗）成问题，其中环境污染和伤亡达到严重级别。

【图 4-2-28 解读】西藏仅在天灾（含震灾）和涉腐 2 个方面 3 个维度成问题，但天灾（含震灾）均达到严重级别。

四、研究结果——多维镜像

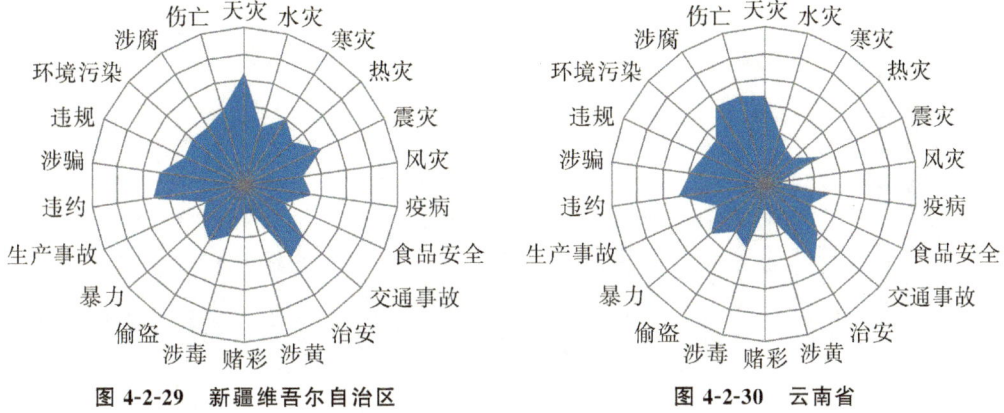

图 4-2-29 新疆维吾尔自治区　　图 4-2-30 云南省

【图 4-2-29 解读】新疆的问题在于天灾(含寒灾和震灾)、治安、违约(含涉骗)3 个方面 6 个维度,其中天灾达到严重级别。

【图 4-2-30 解读】云南的问题在于天灾、治安、违约、涉腐和伤亡 5 个方面,但都不严重。

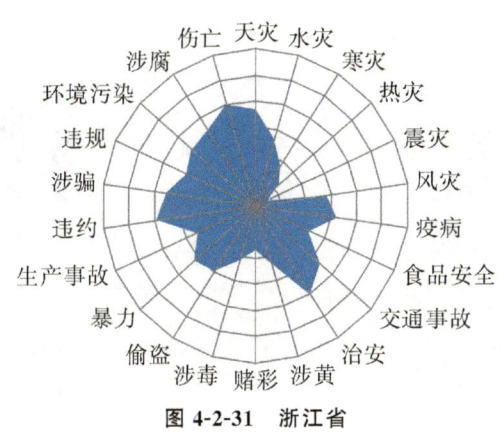

图 4-2-31 浙江省

【图 4-2-31 解读】浙江在食品安全和生产事故之外的 8 个方面 10 个维度(含暴力和涉骗)成问题,其中治安和伤亡达到严重级别。

图 4-2-1 至图 4-2-31 分别描述了各省(直辖市、自治区)的状况,展示了各省(直辖市、自治区)存在的问题及其严重程度,但未能对其中存在的问题进行总体比较。为此,我们将 10 个方面的特征新闻量求和,来计算各省(直辖市、自治区)的总特征指数和总特征级别,用来对总体情况进行比较,结果见图 4-2-32。图中数据显示,总体上说,海南省的问题最严重,其次是北京市、福建省;总体情况最好的是贵州省,其次是山西省和宁夏回族自治区。

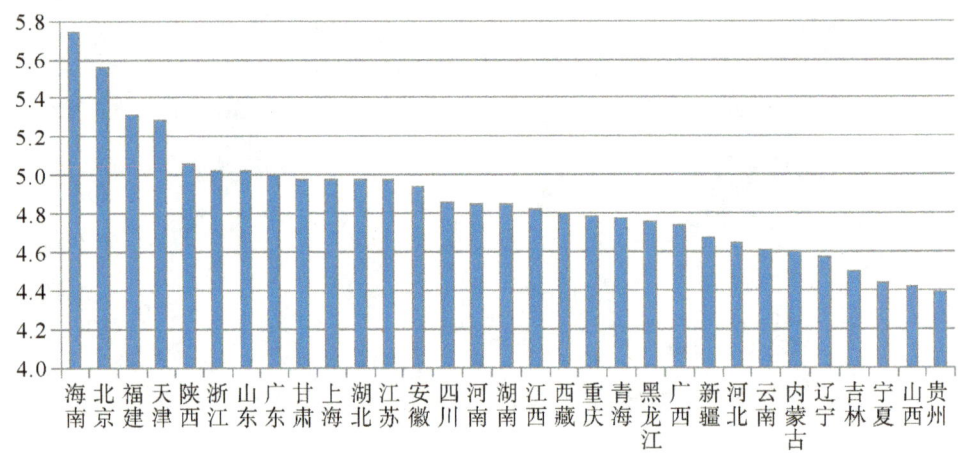

图 4-2-32 各省(直辖市、自治区)镜像综合排名

3.省城和单列市

以下呈现的结果中,各省城和单列市的先后次序,按拼音首字母顺序排列。

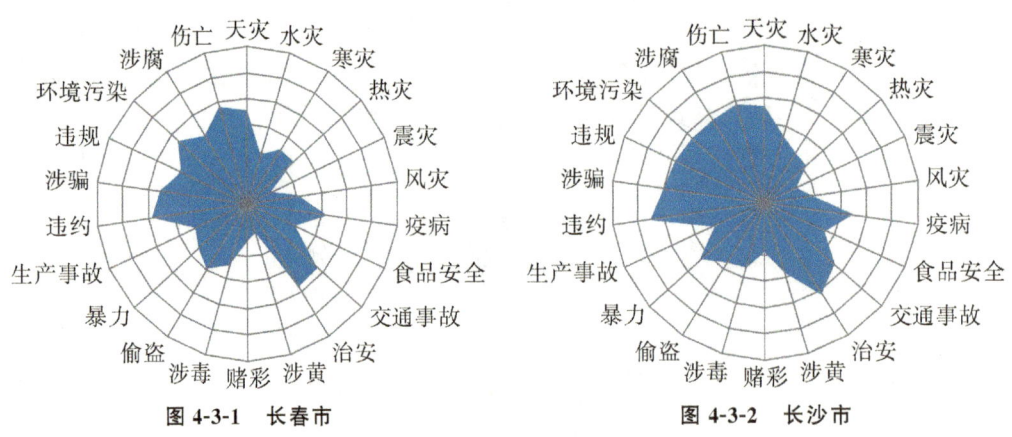

图 4-3-1 长春市　　　　　　　　图 4-3-2 长沙市

【图 4-3-1 解读】长春在食品安全和生产事故之外的 8 个方面 9 个维度(含涉骗)成问题,但都不严重。

【图 4-3-2 解读】长沙在食品安全和生产事故之外的 8 个方面 11 个维度(含暴力、涉骗和违规)成问题,其中治安和违约达到严重级别。

四、研究结果——多维镜像

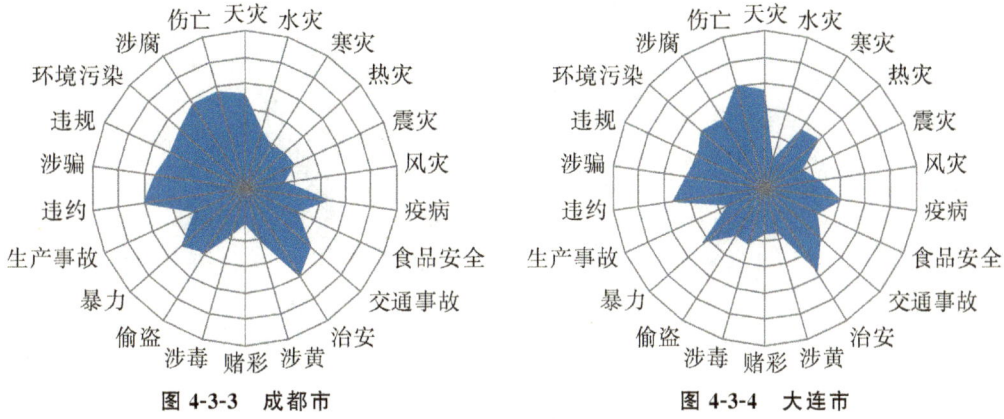

图 4-3-3 成都市　　　　　图 4-3-4 大连市

【图 4-3-3 解读】成都在食品安全和生产事故之外的 8 个方面 11 个维度(含暴力、涉骗和违规)成问题,其中违约达到严重级别。

【图 4-3-4 解读】大连在食品安全、交通事故和生产事故之外的 7 个方面 9 个维度(含暴力和涉骗)成问题,其中伤亡达到严重级别。

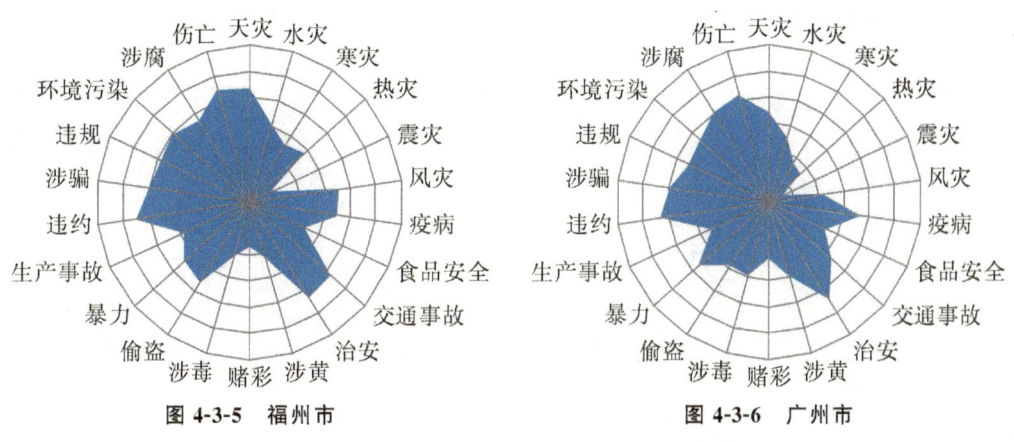

图 4-3-5 福州市　　　　　图 4-3-6 广州市

【图 4-3-5 解读】福州在食品安全和生产事故之外的 8 个方面 14 个维度(含水灾、风灾、偷盗、暴力、涉骗和违规)成问题,且天灾、交通事故、治安、违约和伤亡 5 个方面达到严重级别。

【图 4-3-6 解读】广州在食品安全和生产事故之外的 8 个方面 11 个维度(含暴力、涉骗和违规)成问题,且治安、违约、涉腐和伤亡 4 个方面达到严重级别。

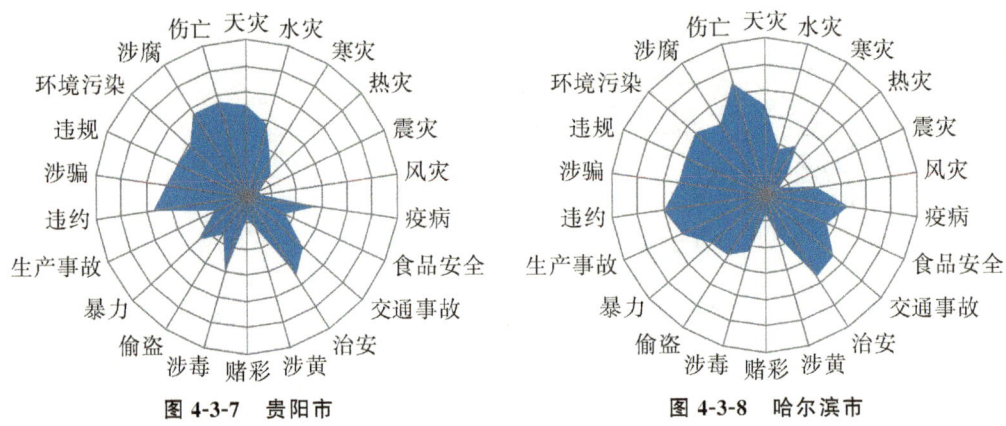

图 4-3-7　贵阳市　　　　　　　图 4-3-8　哈尔滨市

【图 4-3-7 解读】贵阳在天灾、治安、违约（含涉骗）、涉腐和伤亡 5 个方面 6 个维度成问题，但都不严重。

【图 4-3-8 解读】哈尔滨在食品安全之外的 9 个方面 11 个维度（含涉骗和违规）成问题，其中伤亡达到严重级别。

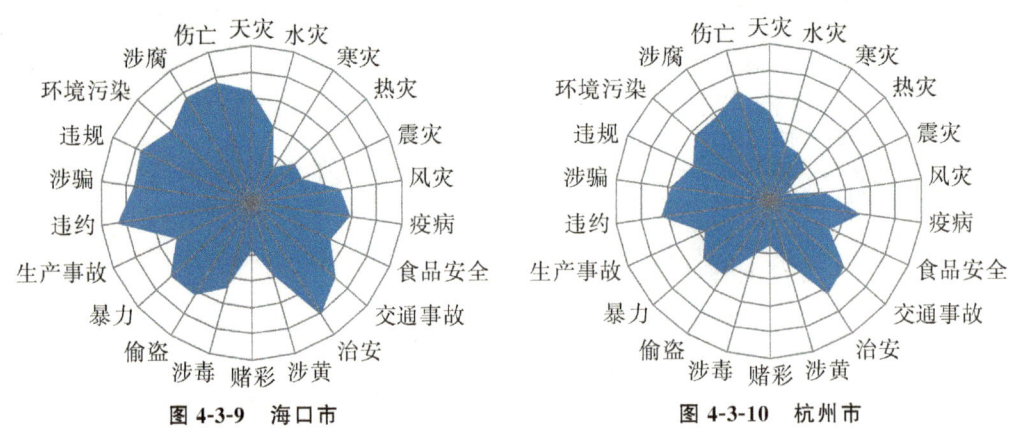

图 4-3-9　海口市　　　　　　　图 4-3-10　杭州市

【图 4-3-9 解读】海口在 10 个方面 16 个维度（含风灾、涉毒、偷盗、暴力、涉骗和违规）成问题，达到严重级别的有天灾、交通事故、治安（含偷盗和暴力）、违约（含涉骗和违规）、环境污染、涉腐和伤亡 7 个方面 11 个维度，其中治安和违约甚至达到很严重的级别。

【图 4-3-10 解读】杭州在食品安全和生产事故之外的 8 个方面 12 个维度（含偷盗、暴力、涉骗和违规）成问题，且治安、违约和伤亡 3 个方面达到严重级别。

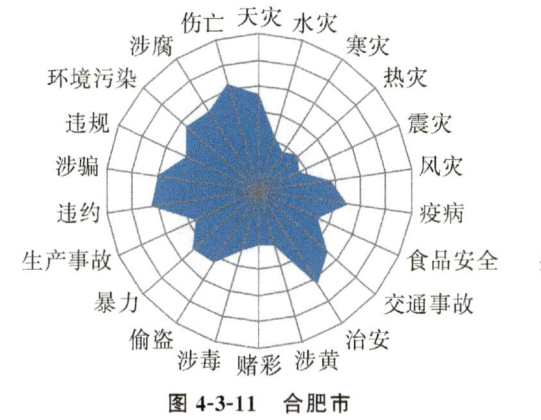

图 4-3-11　合肥市

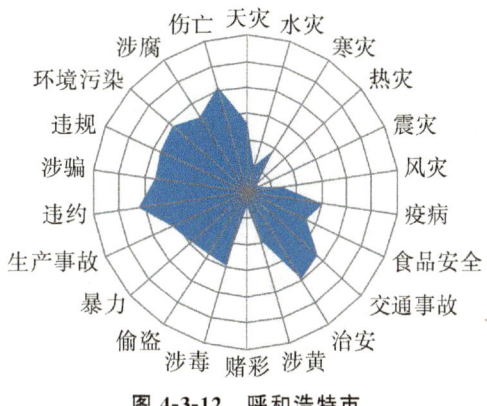

图 4-3-12　呼和浩特市

【图 4-3-11 解读】合肥在食品安全和生产事故之外的 8 个方面 12 个维度（含偷盗、暴力、涉骗和违规）成问题，且治安、违约和伤亡 3 个方面达到严重级别。

【图 4-3-12 解读】呼和浩特风调雨顺，但在天灾和食品安全之外的 8 个方面 10 个维度（含涉骗和违规）成问题，其中违约和伤亡达到严重级别。

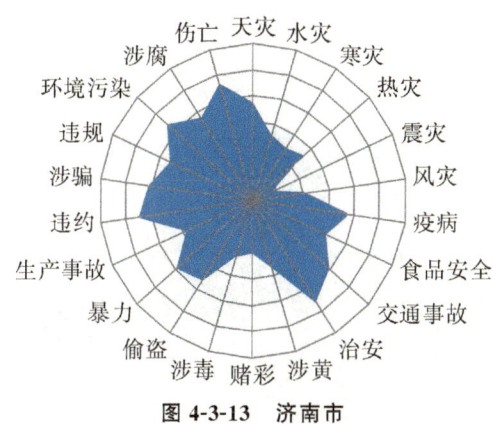

图 4-3-13　济南市

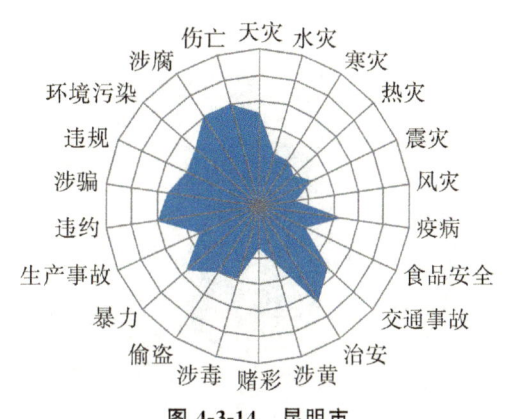

图 4-3-14　昆明市

【图 4-3-13 解读】济南在生产事故之外的 9 个方面 13 个维度（含偷盗、暴力、涉骗和违规）成问题，达到严重级别的有治安、违约（含涉骗）、环境污染和伤亡 4 个方面 5 个维度。

【图 4-3-14 解读】昆明在食品安全和生产事故之外的 8 个方面 11 个维度（含暴力、涉骗和违规）成问题，且治安、涉腐和伤亡 3 个方面达到严重级别。

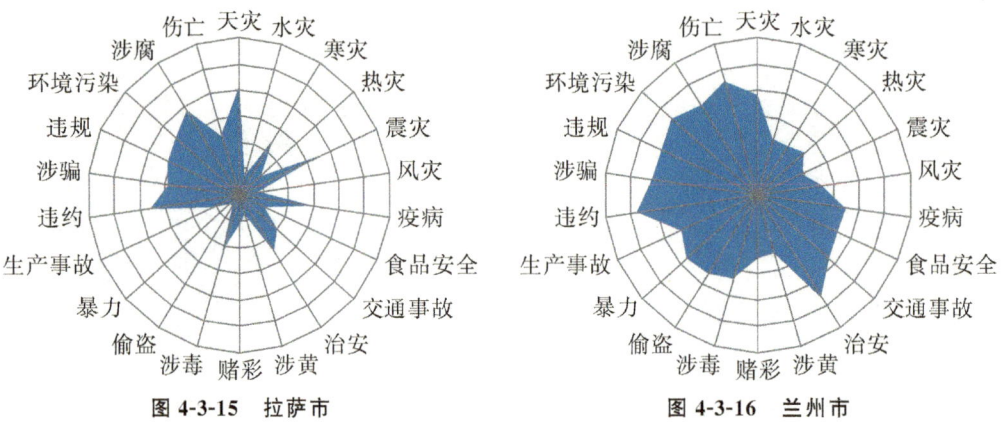

图 4-3-15　拉萨市　　　　　　　图 4-3-16　兰州市

【图 4-3-15 解读】拉萨在天灾(含震灾)、违约(含违规)、环境污染和涉腐 4 个方面 6 个维度成问题,其中天灾达到严重级别。

【图 4-3-16 解读】兰州在 10 个方面 15 个维度(含涉毒、偷盗、暴力、涉骗和违规)成问题,且治安、违约(含涉骗和违规)、环境污染、涉腐和伤亡 5 个方面 7 个维度达到严重级别。

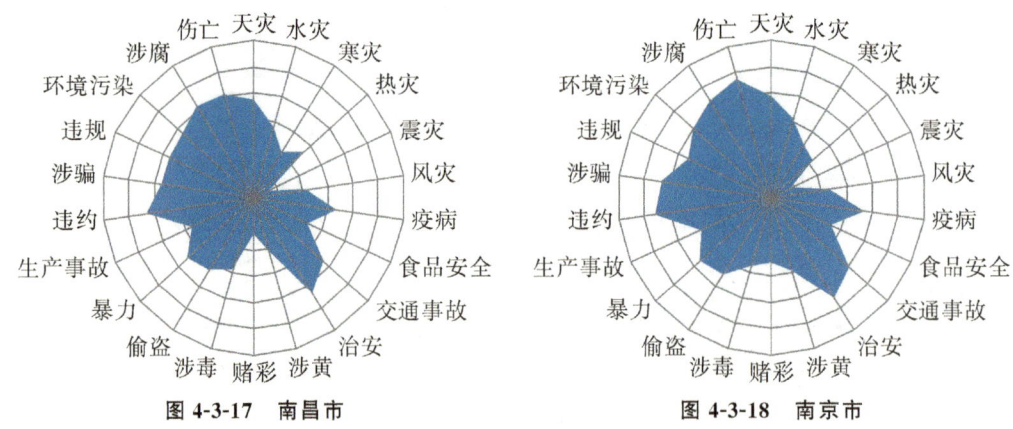

图 4-3-17　南昌市　　　　　　　图 4-3-18　南京市

【图 4-3-17 解读】南昌在食品安全和生产事故之外的 8 个方面 12 个维度(含偷盗、暴力、涉骗和违规)成问题,且治安、违约、涉腐和伤亡 4 个方面达到严重级别。

【图 4-3-18 解读】南京在食品安全和生产事故之外的 8 个方面 13 个维度(含水灾、偷盗、暴力、涉骗和违规)成问题,达到严重级别的有交通事故、治安、违约(含涉骗)、环境污染、涉腐和伤亡 6 个方面 7 个维度。

四、研究结果——多维镜像

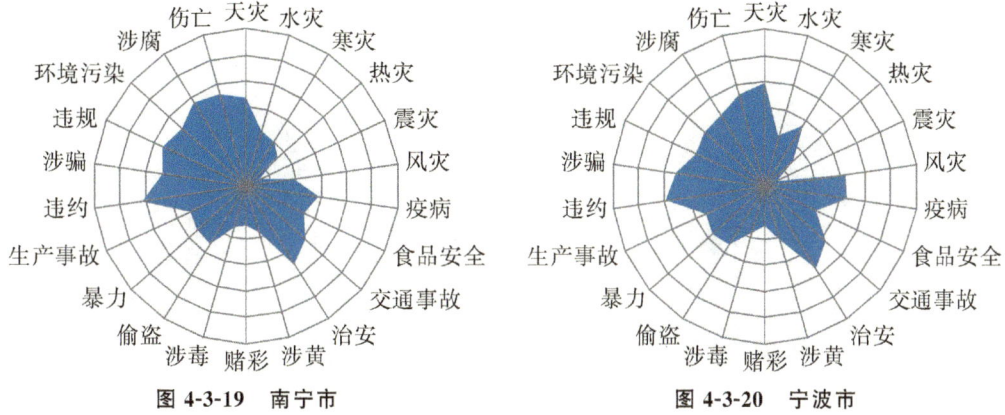

图 4-3-19　南宁市　　　　　　　图 4-3-20　宁波市

【图 4-3-19 解读】南宁在疫病、食品安全和生产事故之外的 7 个方面 9 个维度(含涉骗和违规)成问题,其中违约达到严重级别。

【图 4-3-20 解读】宁波在食品安全和生产事故之外的 8 个方面 10 个维度(含风灾和涉骗)成问题,但均未达到严重级别。

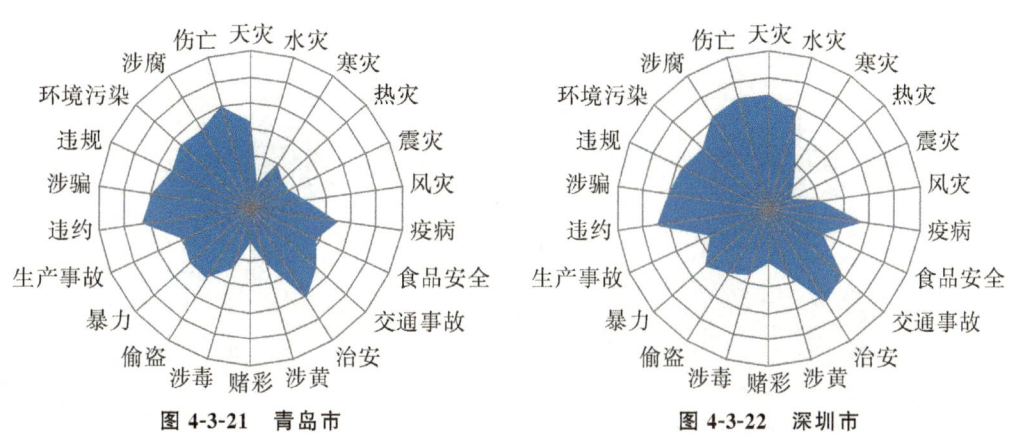

图 4-3-21　青岛市　　　　　　　图 4-3-22　深圳市

【图 4-3-21 解读】青岛在食品安全和生产事故之外的 8 个方面 12 个维度(含偷盗、暴力、涉骗和违规)成问题,且治安、违约和伤亡 3 个方面达到严重级别。

【图 4-3-22 解读】深圳在食品安全和生产事故之外的 8 个方面 12 个维度(含水灾、暴力、涉骗和违规)成问题,且天灾、治安、违约、涉腐和伤亡 5 个方面达到严重级别。

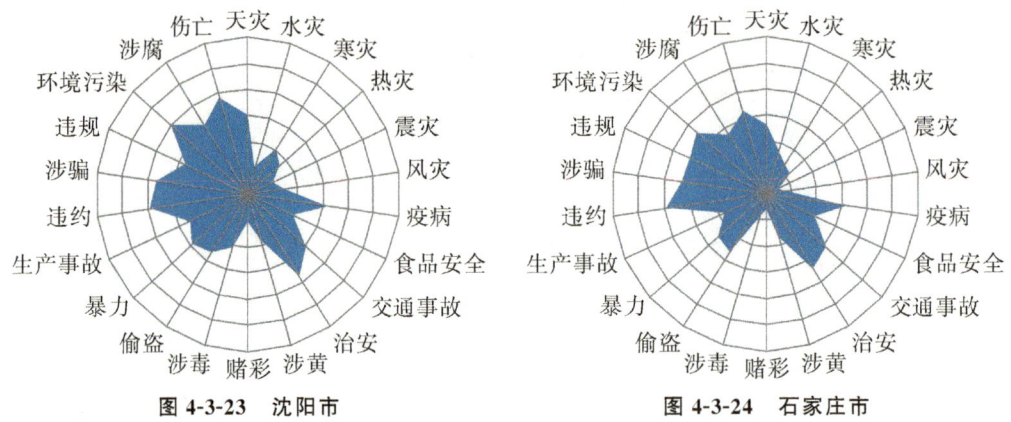

图 4-3-23　沈阳市　　　　　　　　图 4-3-24　石家庄市

【图 4-3-23 解读】沈阳在食品安全和生产事故之外的 8 个方面 9 个维度（含涉骗）成问题，但都不严重。

【图 4-3-24 解读】石家庄在疫病、交通事故、治安、违约（含涉骗和违规）、环境污染和伤亡 6 个方面 8 个维度成问题，但均未达到严重级别。

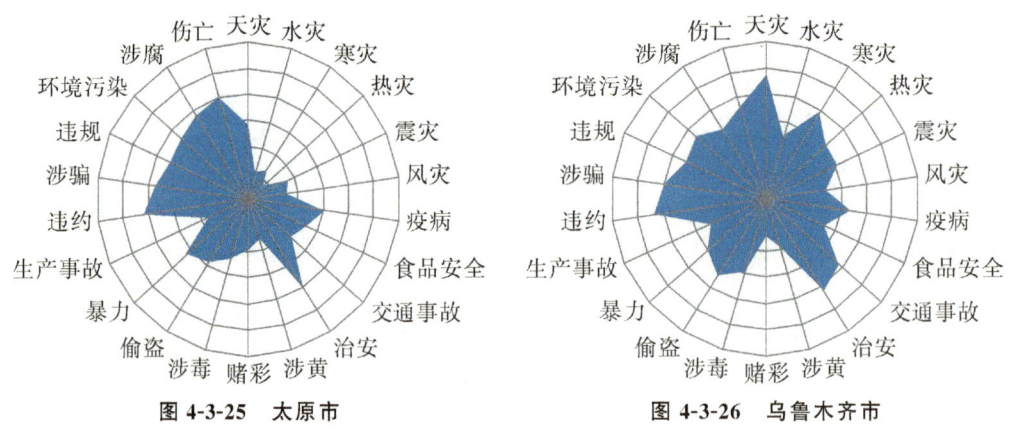

图 4-3-25　太原市　　　　　　　　图 4-3-26　乌鲁木齐市

【图 4-3-25 解读】太原在疫病、治安（含暴力）、违约（含涉骗和违规）、环境污染、涉腐和伤亡 6 个方面 9 个维度成问题，其中，违约和伤亡达到严重级别。

【图 4-3-26 解读】乌鲁木齐在食品安全和生产事故之外的 8 个方面 14 个维度（含寒灾、热灾、震灾、偷盗、涉骗和违规）成问题，达到严重级别的有天灾、治安和违约 3 个方面。

四、研究结果——多维镜像

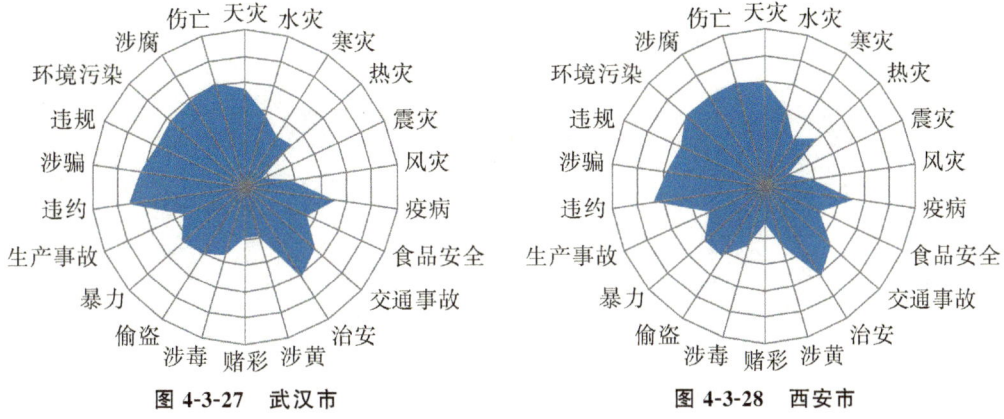

图 4-3-27 武汉市　　　　　　图 4-3-28 西安市

【图 4-3-27 解读】武汉在食品安全和生产事故之外的 8 个方面 12 个维度（含偷盗、暴力、涉骗和违规）成问题，且治安、违约（含涉骗）和伤亡 3 个方面 4 个维度达到严重级别。

【图 4-3-28 解读】西安在食品安全和生产事故之外的 8 个方面 13 个维度（含水灾、偷盗、暴力、涉骗和违规）成问题，且治安、违约、环境污染、涉腐和伤亡 5 个方面达到严重级别。

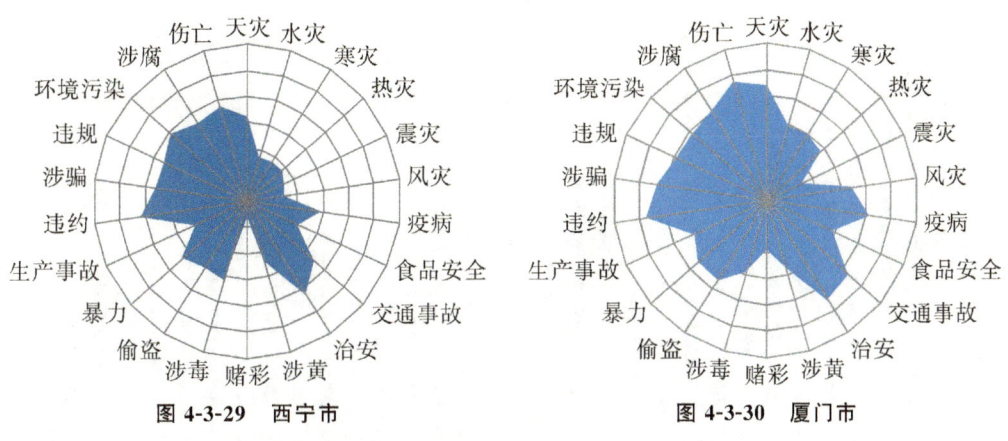

图 4-3-29 西宁市　　　　　　图 4-3-30 厦门市

【图 4-3-29 解读】西宁在疫病、食品安全和生产事故之外的 7 个方面 11 个维度（含涉毒、暴力、涉骗和违规）成问题，其中治安和违约达到严重级别。

【图 4-3-30 解读】厦门在食品安全之外的 9 个方面 14 个维度（含风灾、偷盗、暴力、涉骗和违规）成问题，且天灾、疫病、交通事故、治安、违约（含涉骗）、涉腐和伤亡 7 个方面 8 个维度达到严重级别。

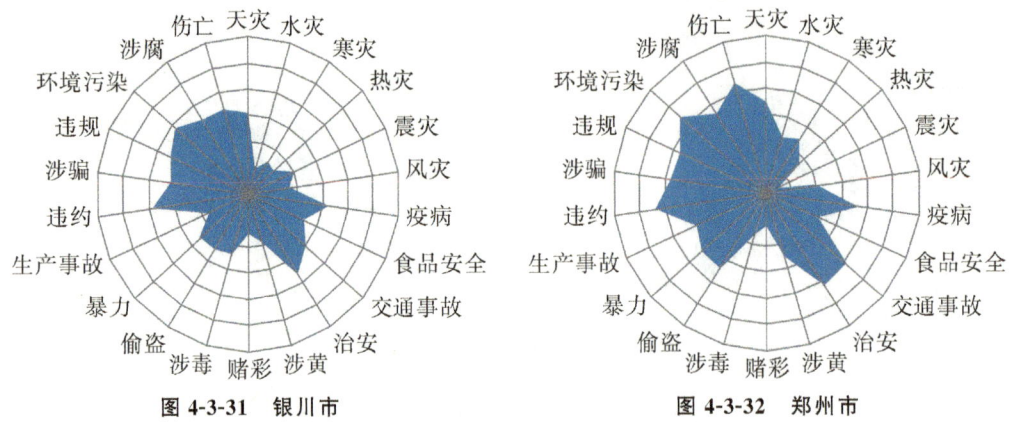

图 4-3-31 银川市　　　　　图 4-3-32 郑州市

【图 4-3-31 解读】银川在食品安全、交通事故和生产事故之外的 7 个方面 9 个维度（含涉骗和违规）成问题，但均未达到严重级别。

【图 4-3-32 解读】郑州在食品安全之外的 9 个方面 13 个维度（含偷盗、暴力、涉骗和违规）成问题，且交通事故、治安、违约、环境污染和伤亡 5 个方面达到严重级别。

为了比较省会城市和单列市的总体情况，我们以各市 10 个方面的总特征新闻量，来计算各市的总特征指数和总特征级别，用来对总体情况进行比较，结果见图 4-3-33。图中数据显示，海口市的问题最严重，其次是厦门市、兰州市；问题最轻的是石家庄市，其次是拉萨市和贵阳市。

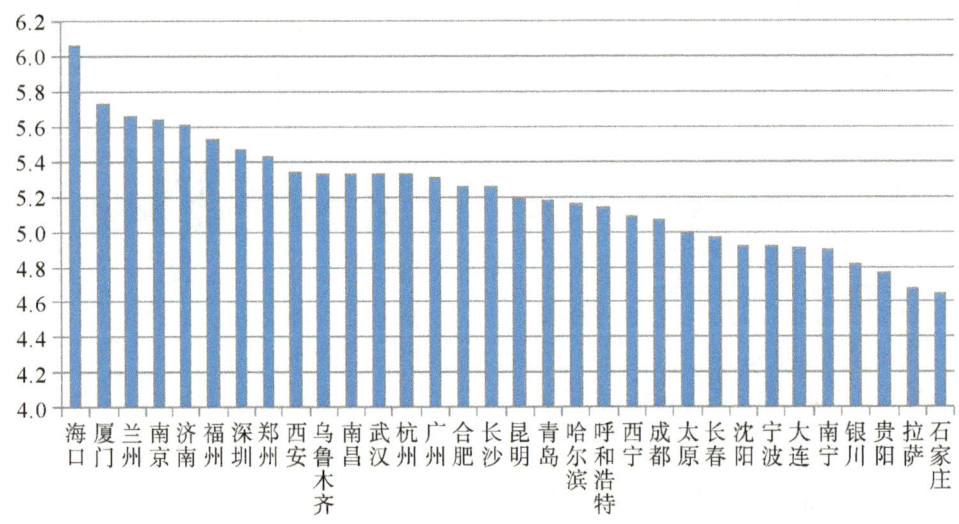

图 4-3-33　省城和单列市镜像综合排名

4. 其他地级行政区

以下呈现的结果中,各行政区的先后次序,按拼音首字母顺序排列。

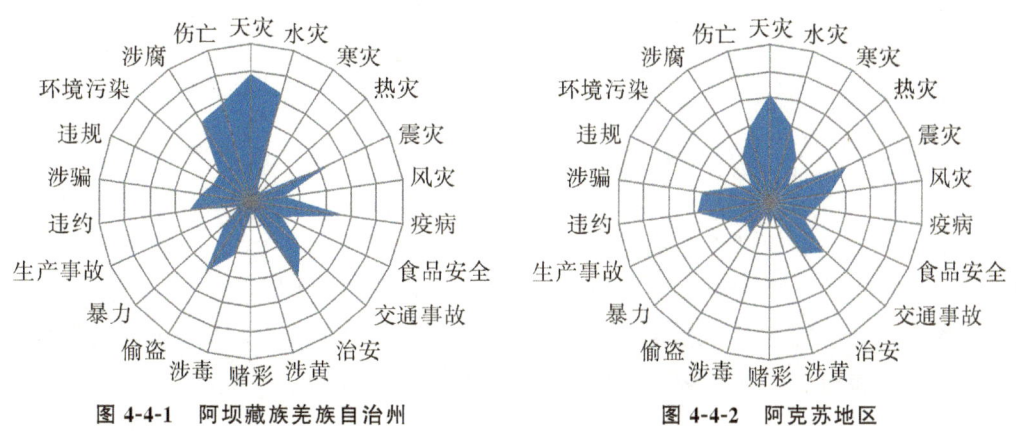

图 4-4-1　阿坝藏族羌族自治州　　　　图 4-4-2　阿克苏地区

【图 4-4-1 解读】阿坝在天灾(含水灾和震灾)、疫病、治安(含偷盗)、涉腐和伤亡 5 个方面 8 个维度成问题,其中天灾(含水灾)均达到严重级别。

【图 4-4-2 解读】阿克苏的问题在于天灾(含水灾和震灾)1 个方面 3 个维度,其中天灾达到严重级别。

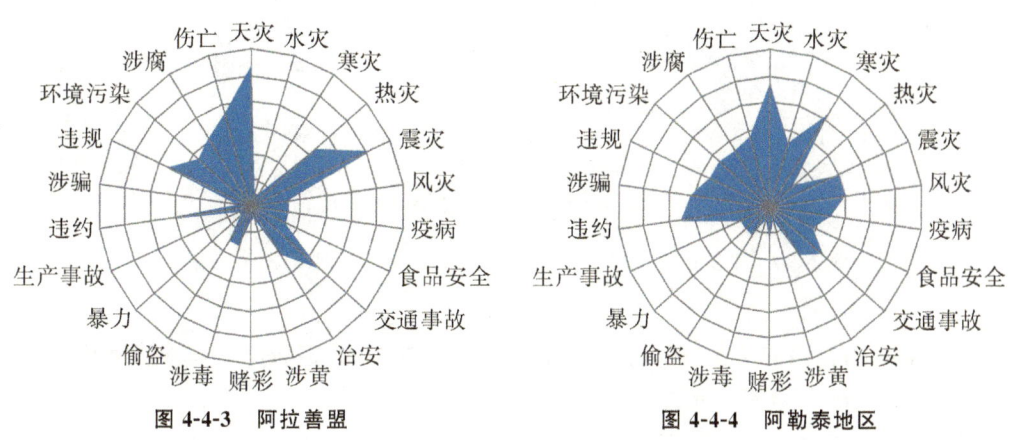

图 4-4-3　阿拉善盟　　　　　　　　图 4-4-4　阿勒泰地区

【图 4-4-3 解读】阿拉善盟在天灾(含热灾和震灾)、交通事故、违约(含违规)、涉腐和伤亡 5 个方面 8 个维度成问题,其中天灾(含震灾)均达到很严重级别。

【图 4-4-4 解读】阿勒泰的问题在于天灾(含寒灾和风灾)和违约(含涉骗)2 个方面 5 个维度,其中天灾(含寒灾)均达到严重级别。

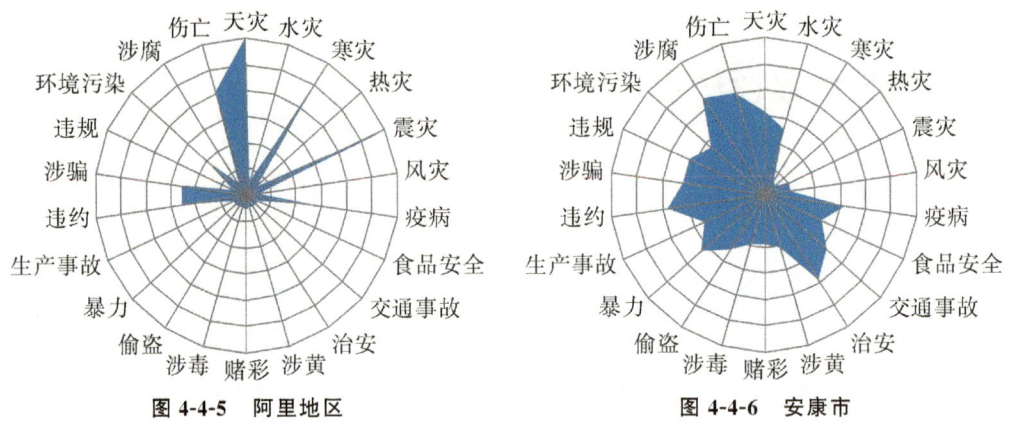

图 4-4-5　阿里地区　　　　　　图 4-4-6　安康市

【图 4-4-5 解读】阿里的问题在于天灾（含寒灾和震灾）和伤亡 2 个方面 4 个维度，其中，寒灾和伤亡达到严重级别，天灾（含震灾）均达到很严重的级别。

【图 4-4-6 解读】安康在食品安全、生产事故和环境污染之外的 7 个方面 10 个维度（含暴力、涉骗和违约）成问题，其中涉腐和伤亡达到严重级别。

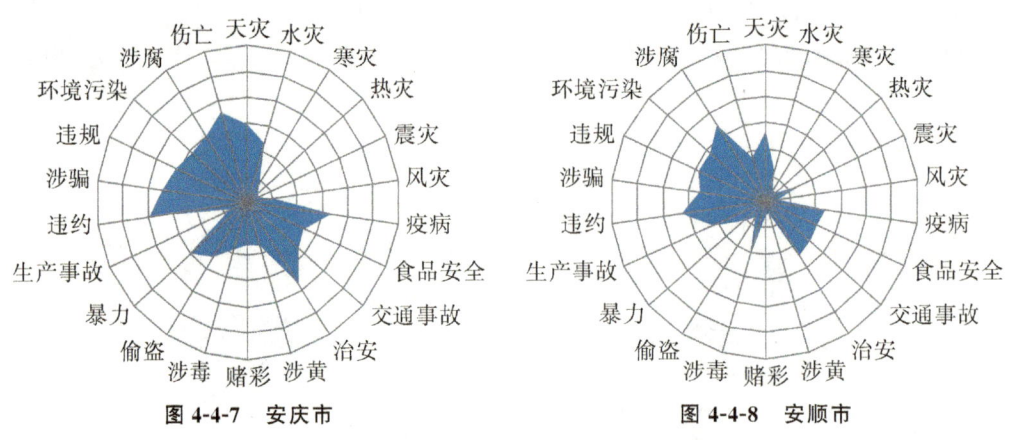

图 4-4-7　安庆市　　　　　　图 4-4-8　安顺市

【图 4-4-7 解读】安庆在疫病、治安（含暴力）、违约（含涉骗和违规）、涉腐和伤亡 5 个方面 8 个维度成问题，但都不严重。

【图 4-4-8 解读】安顺仅在违约和涉腐 2 个方面有一定问题，但不严重。

四、研究结果——多维镜像

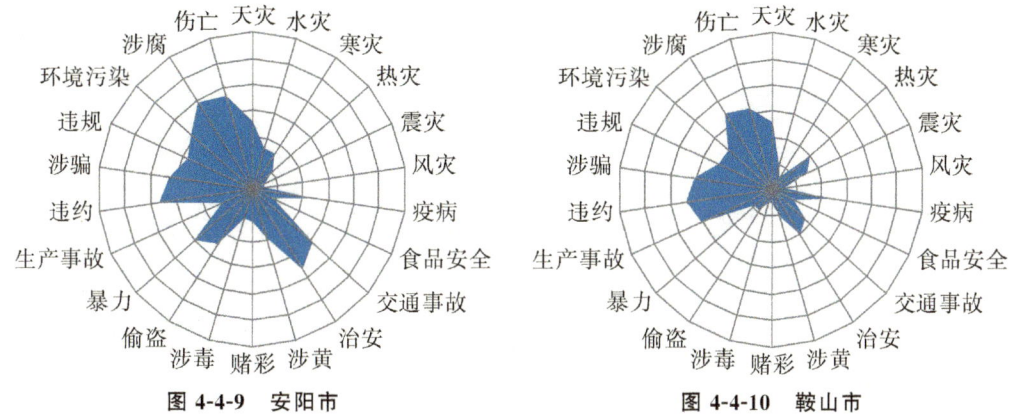

图 4-4-9　安阳市　　　　　　　图 4-4-10　鞍山市

【图 4-4-9 解读】安阳在交通事故、治安、违约（含涉骗）、环境污染、涉腐和伤亡 6 个方面 7 个维度成问题，但均未达到严重级别。

【图 4-4-10 解读】鞍山在生产事故、违约（含涉骗）、涉腐和伤亡 4 个方面 5 个维度成问题，但都不严重。

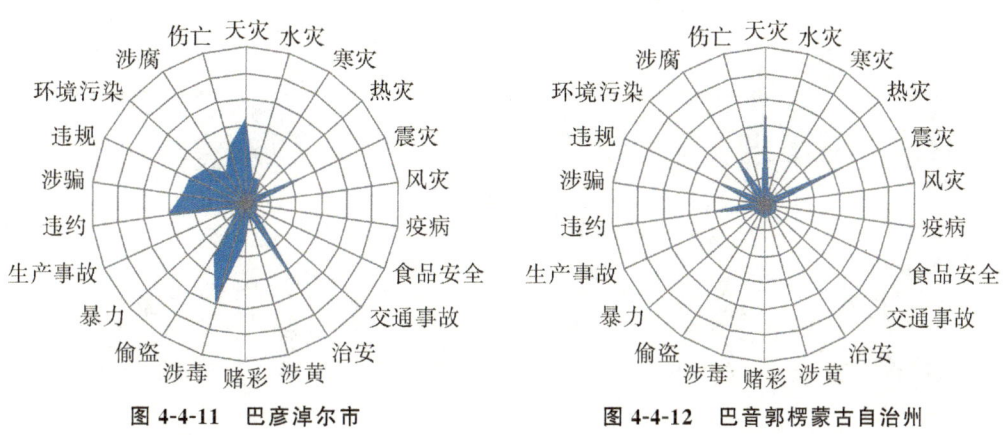

图 4-4-11　巴彦淖尔市　　　　图 4-4-12　巴音郭楞蒙古自治州

【图 4-4-11 解读】巴彦淖尔在天灾、治安（含涉毒）和违约 3 个方面 4 个维度成问题，其中治安达到严重级别。

【图 4-4-12 解读】巴音郭楞仅存在震灾为主的天灾问题，且不严重。

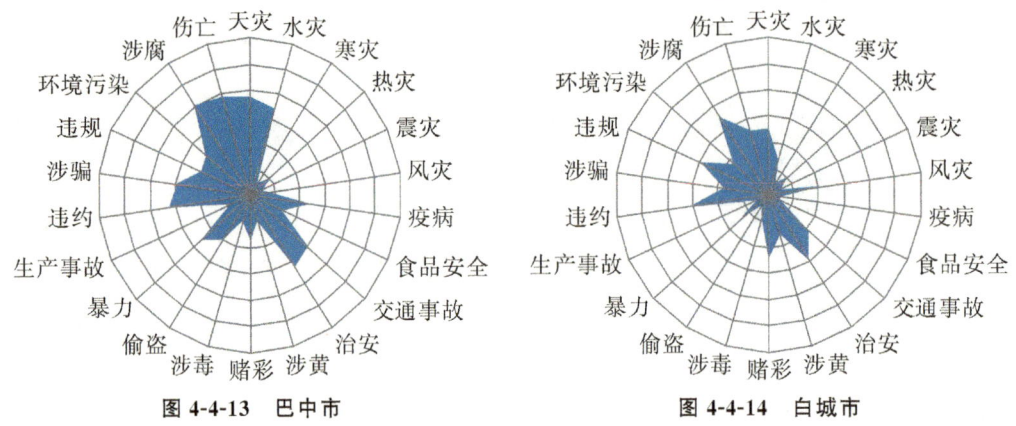

图 4-4-13　巴中市　　　　　　　　图 4-4-14　白城市

【图 4-4-13 解读】巴中在天灾(含水灾)、交通事故、治安、违约、涉腐和伤亡 6 个方面 7 个维度成问题,其中涉腐达到严重级别。

【图 4-4-14 解读】白城仅在违约和涉腐 2 个方面有一定问题,且不严重。

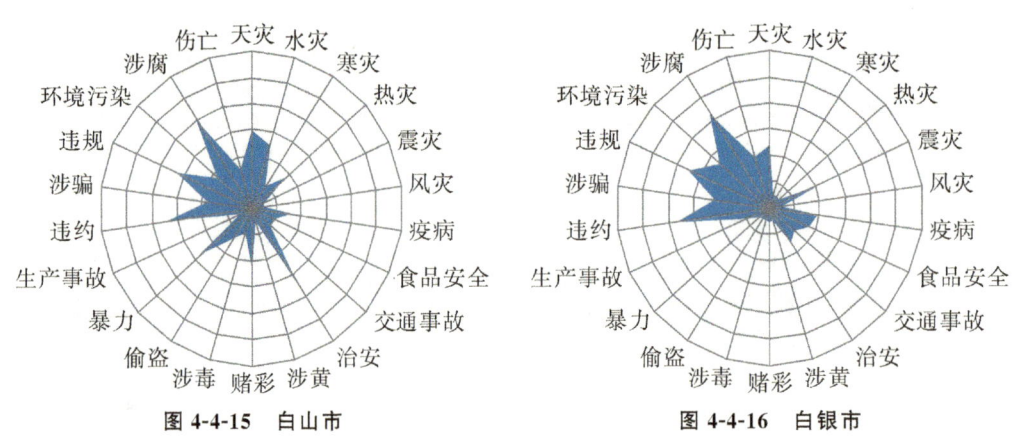

图 4-4-15　白山市　　　　　　　　图 4-4-16　白银市

【图 4-4-15 解读】白山在治安、违约(含违规)和涉腐 3 个方面 4 个维度有一定问题,但不严重。

【图 4-4-16 解读】白银仅在违约(含违规)和涉腐 2 个方面 3 个维度成问题,但涉腐达到严重级别。

四、研究结果——多维镜像

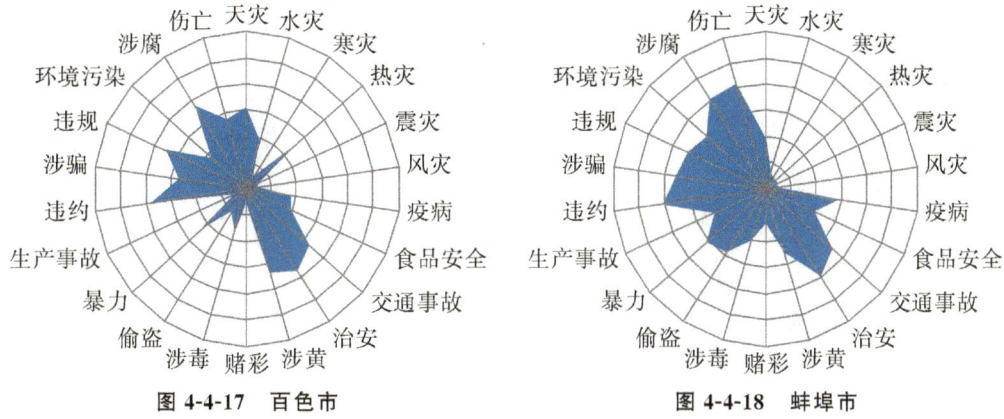

图 4-4-17　百色市　　　　　　　图 4-4-18　蚌埠市

【图 4-4-17 解读】百色在天灾、交通事故、治安(含涉黄)、违约(含违规)和涉腐 5 个方面 7 个维度成问题,但都不严重。

【图 4-4-18 解读】蚌埠在交通事故、治安(含暴力)、违约(含涉骗和违规)、环境污染、涉腐和伤亡 6 个方面 9 个维度成问题,且违约、涉腐和伤亡 3 个方面达到严重级别。

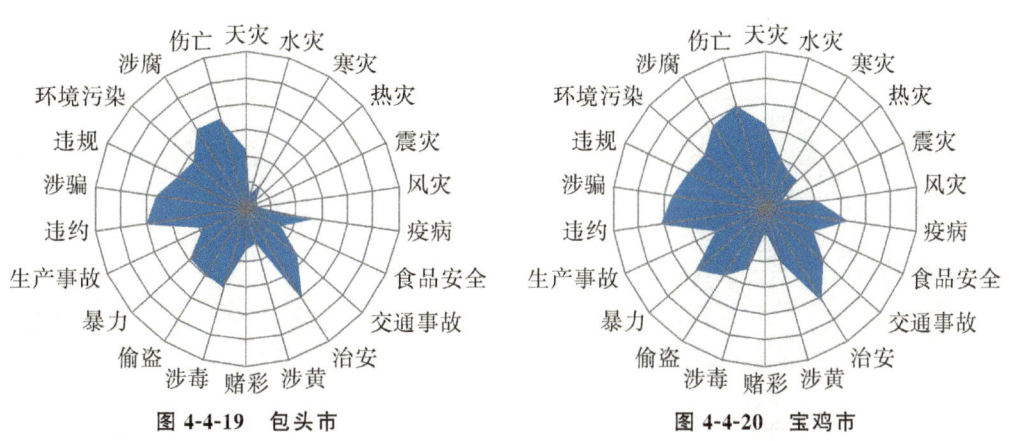

图 4-4-19　包头市　　　　　　　图 4-4-20　宝鸡市

【图 4-4-19 解读】包头在治安(含涉毒)、违约(含涉骗)、涉腐和伤亡 4 个方面 6 个维度成问题,其中治安达到严重级别。

【图 4-4-20 解读】宝鸡在食品安全和生产事故之外的 8 个方面 11 个维度(含暴力、涉骗和违约)成问题,达到严重级别的有治安、违约和伤亡 3 个方面。

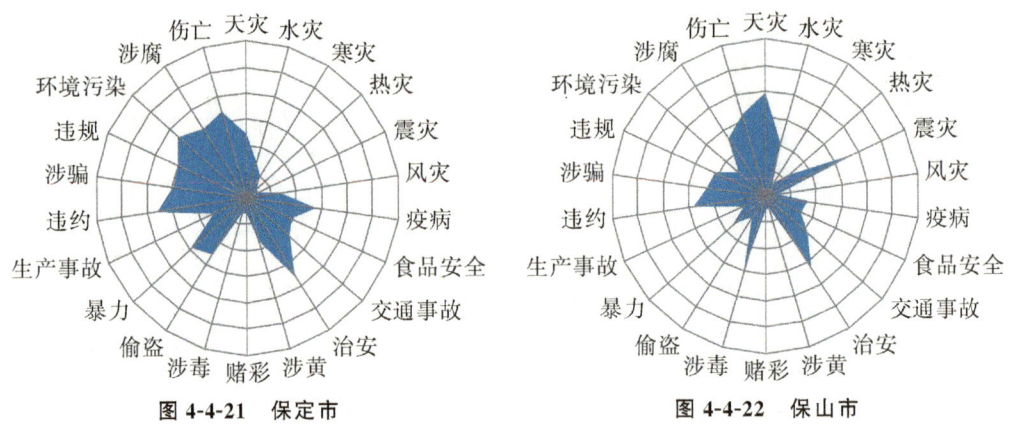

图 4-4-21　保定市　　　　　　　　图 4-4-22　保山市

【图 4-4-21 解读】保定的问题在于治安、违约、环境污染、涉腐和伤亡 5 个方面，但都不严重。

【图 4-4-22 解读】保山在天灾（含震灾）、治安和伤亡 3 个方面 4 个维度有一定问题，但不严重。

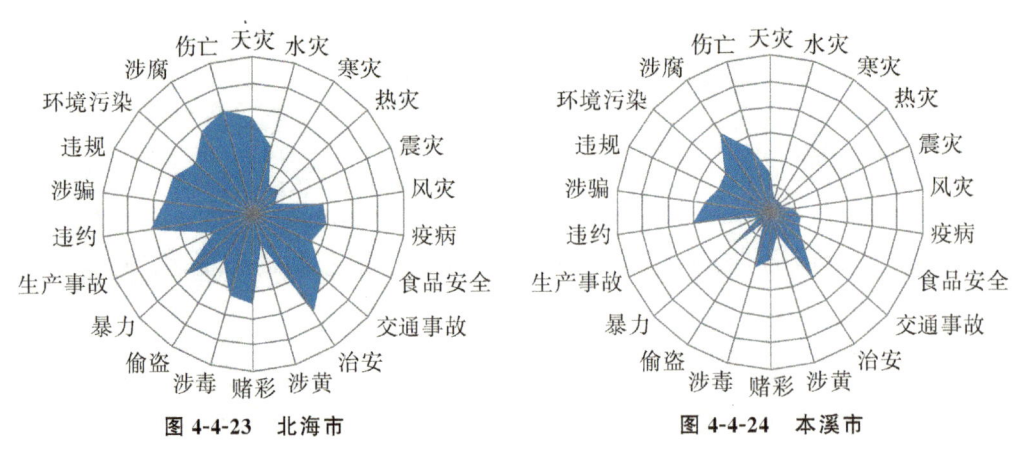

图 4-4-23　北海市　　　　　　　　图 4-4-24　本溪市

【图 4-4-23 解读】北海在天灾、交通事故、治安（含赌彩、涉毒和暴力）、违约（含涉骗和违约）、涉腐和伤亡 6 个方面 11 个维度成问题，且治安、违约和伤亡 3 个方面达到严重级别。

【图 4-4-24 解读】本溪仅在治安和涉腐 2 个方面有一定问题，但不严重。

四、研究结果——多维镜像

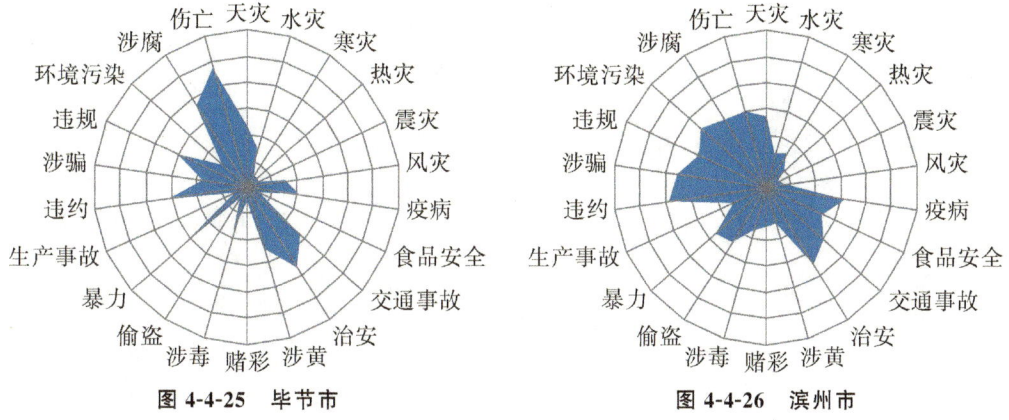

图 4-4-25　毕节市　　　　　　　图 4-4-26　滨州市

【图 4-4-25 解读】毕节在治安(含暴力)、违约、涉腐和伤亡 4 个方面 5 个维度成问题,其中伤亡达到严重级别。

【图 4-4-26 解读】滨州在天灾、食品安全和生产事故之外的 7 个方面 8 个维度(含涉骗)成问题,但都不严重。

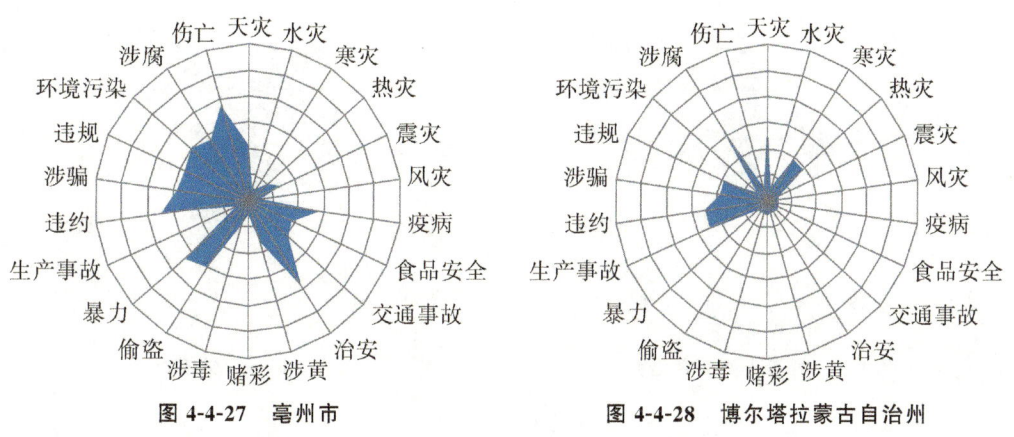

图 4-4-27　亳州市　　　　　　　图 4-4-28　博尔塔拉蒙古自治州

【图 4-4-27 解读】亳州在治安(含暴力)、违约、环境污染和伤亡 4 个方面 5 个维度成问题,但都不严重。

【图 4-4-28 解读】博尔塔拉仅存在不严重的涉腐问题。

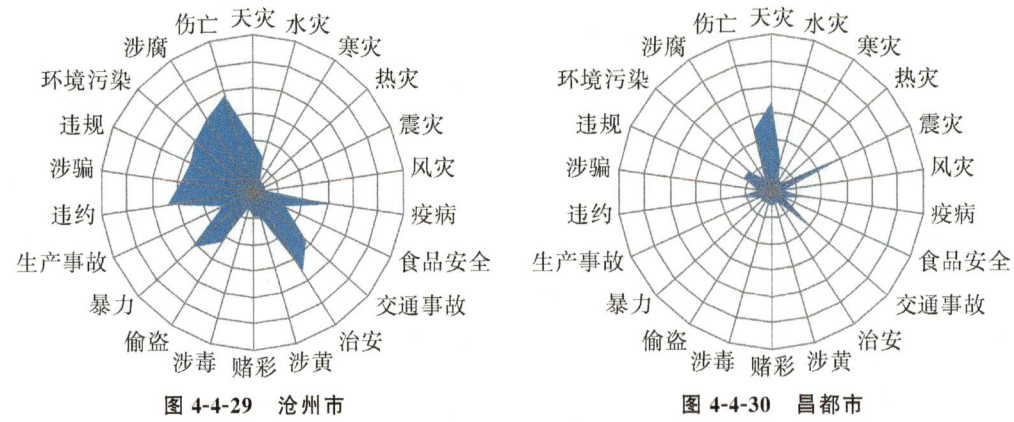

图 4-4-29　沧州市　　　　　　图 4-4-30　昌都市

【图 4-4-29 解读】沧州在疫病、治安（含暴力）、违约、涉腐和伤亡 5 个方面 6 个维度成问题，但均未达到严重级别。

【图 4-4-30 解读】昌都仅存在震灾为主的天灾问题，且不严重。

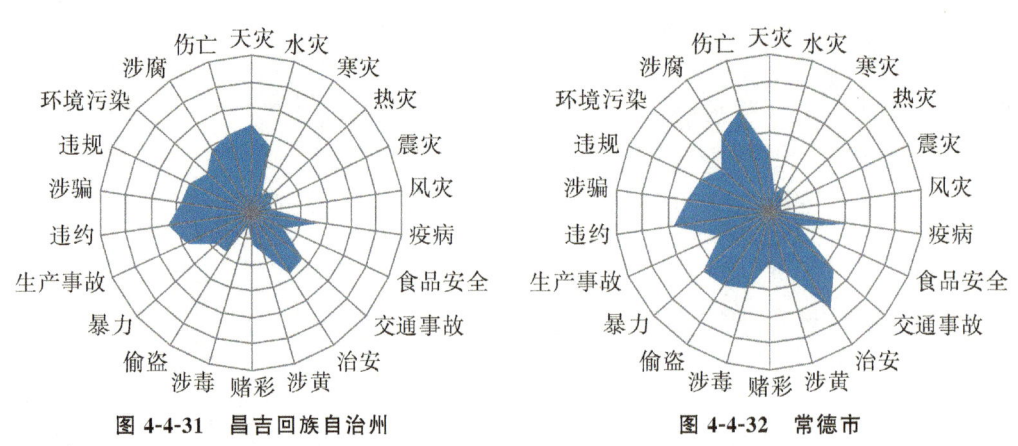

图 4-4-31　昌吉回族自治州　　　　　　图 4-4-32　常德市

【图 4-4-31 解读】昌吉仅在天灾、违约和伤亡 3 个方面有一定问题，且不严重。

【图 4-4-32 解读】常德在疫病、交通事故、治安（含涉毒、偷盗和暴力）、违约（含涉骗）、涉腐和伤亡 6 个方面 10 个维度成问题，其中治安和伤亡达到严重级别。

四、研究结果——多维镜像

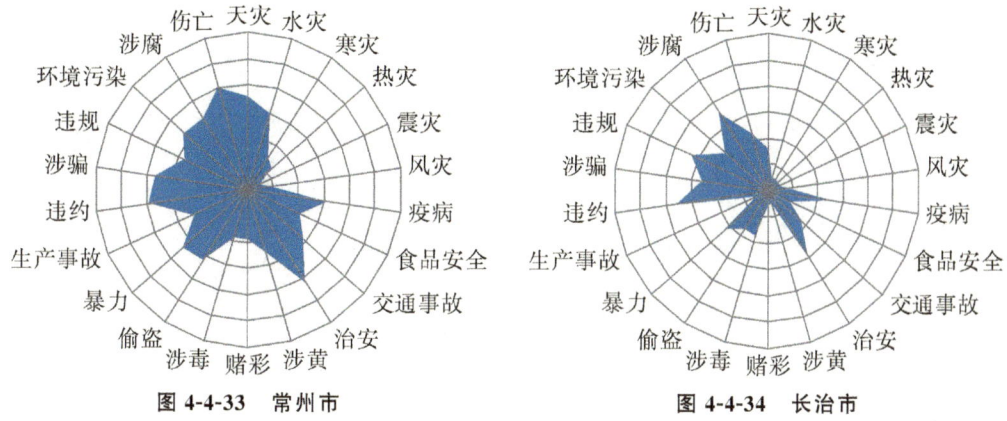

图 4-4-33 常州市　　　　　　　图 4-4-34 长治市

【图 4-4-33 解读】常州在食品安全、交通事故和生产事故之外的 7 个方面 11 个维度（含偷盗、暴力和涉骗）成问题,其中治安和伤亡达到严重级别。

【图 4-4-34 解读】长治仅在违约(含违规)和涉腐 2 个方面 3 个维度有一定问题,且不严重。

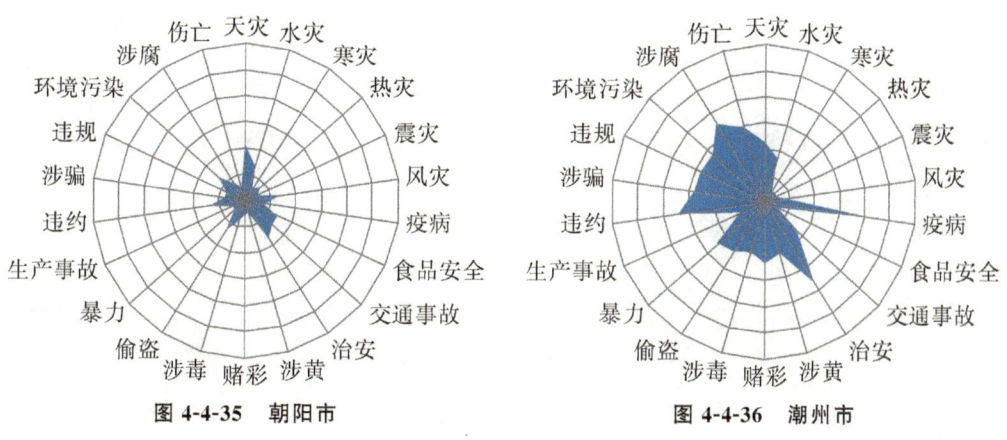

图 4-4-35 朝阳市　　　　　　　图 4-4-36 潮州市

【图 4-4-35 解读】朝阳市似乎是一个无灾、无祸、无疾、平安祥和的城市,一切皆无问题。

【图 4-4-36 解读】潮州在疫病、治安、违约和涉腐 4 个方面成问题,其中疫病达到严重级别。

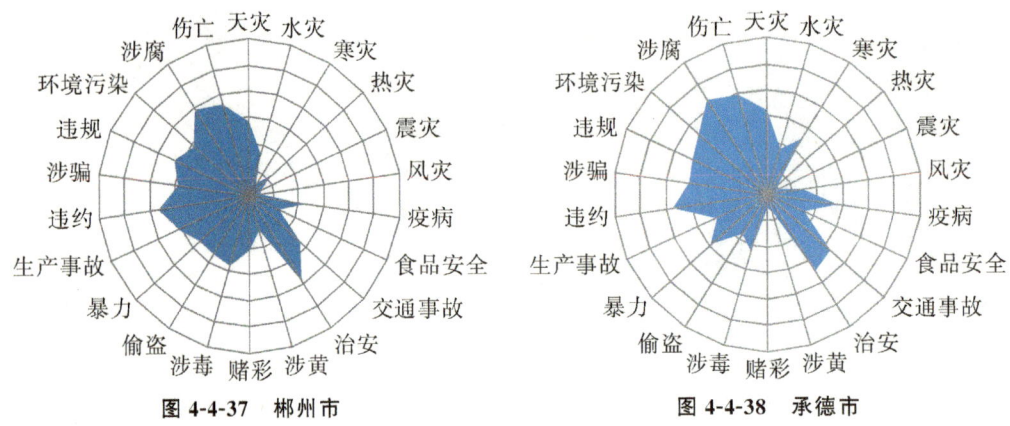

图 4-4-37　郴州市　　　　　　图 4-4-38　承德市

【图 4-4-37 解读】郴州在治安、生产事故、违约(含违规)、涉腐和伤亡 5 个方面 6 个维度成问题,但均未达到严重级别。

【图 4-4-38 解读】承德在疫病、食品安全和生产事故之外的 7 个方面 9 个维度(含涉骗和违约)成问题,其中涉腐达到严重级别。

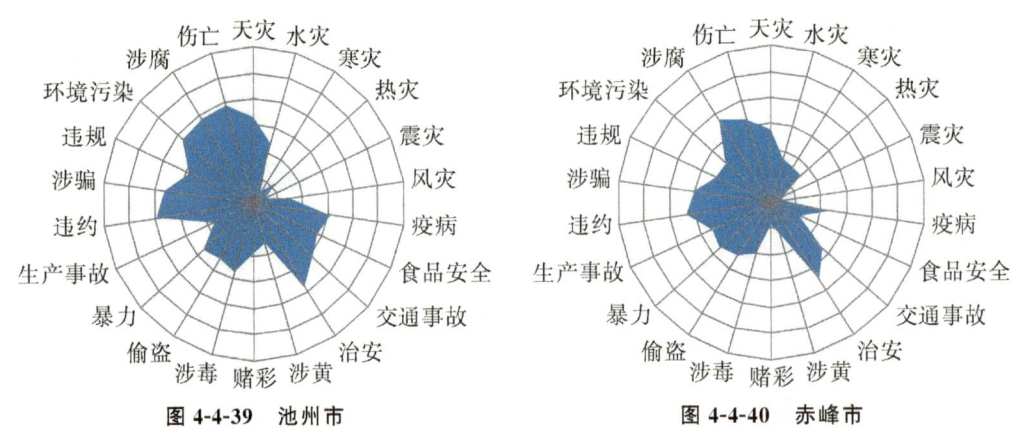

图 4-4-39　池州市　　　　　　图 4-4-40　赤峰市

【图 4-4-39 解读】池州在食品安全和生产事故之外的 8 个方面 9 个维度(含涉骗)成问题,但都不严重。

【图 4-4-40 解读】赤峰在治安、违约(含涉骗)、涉腐和伤亡 4 个方面 5 个维度成问题,但都不严重。

四、研究结果——多维镜像

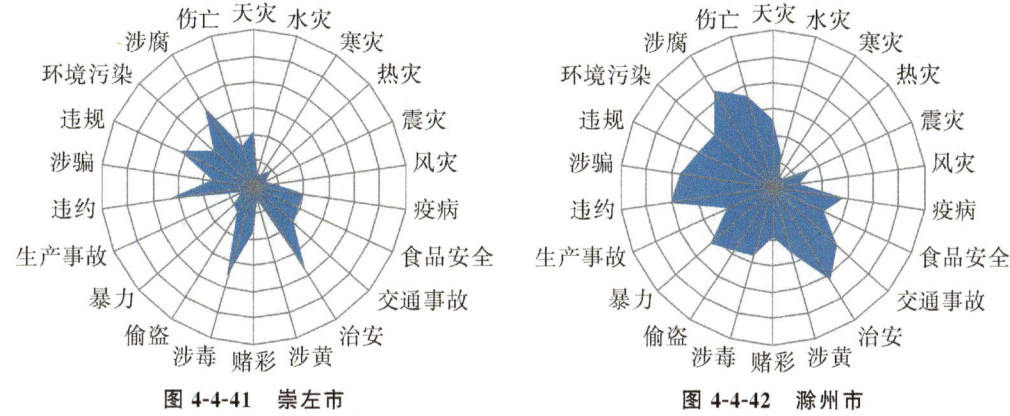

图 4-4-41　崇左市　　　　　　　　　图 4-4-42　滁州市

【图 4-4-41 解读】崇左的问题在于治安(含涉毒)、违约(含违规)和涉腐 3 个方面 5 个维度,但均未达到严重级别。

【图 4-4-42 解读】滁州在交通事故、治安(含暴力)、违约(含涉骗和违规)、环境污染、涉腐和伤亡 6 个方面 9 个维度成问题,且治安、违约和涉腐 3 个方面达到严重级别。

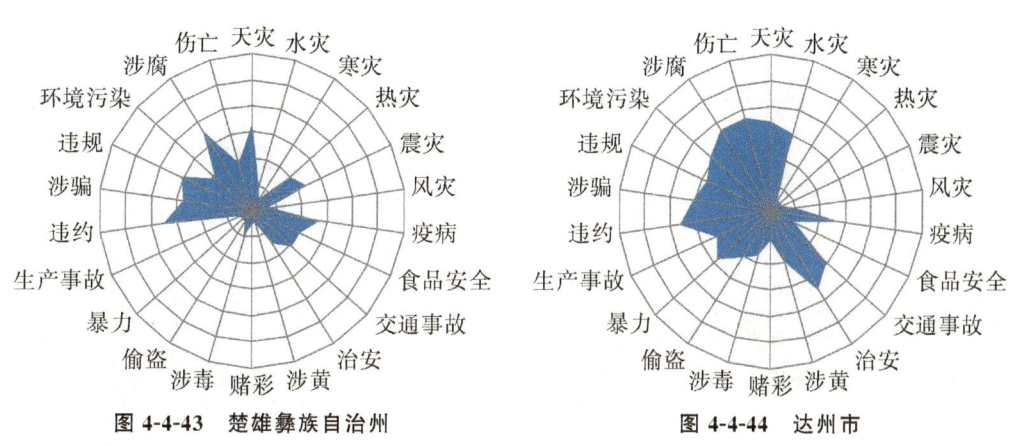

图 4-4-43　楚雄彝族自治州　　　　　　图 4-4-44　达州市

【图 4-4-43 解读】楚雄在天灾、违约(含违规)和涉腐 3 个方面 4 个维度有一定问题,但不严重。

【图 4-4-44 解读】达州在天灾(含水灾)、治安、违约(含涉骗)、环境污染、涉腐和伤亡 6 个方面 8 个维度成问题,但均未达到严重级别。

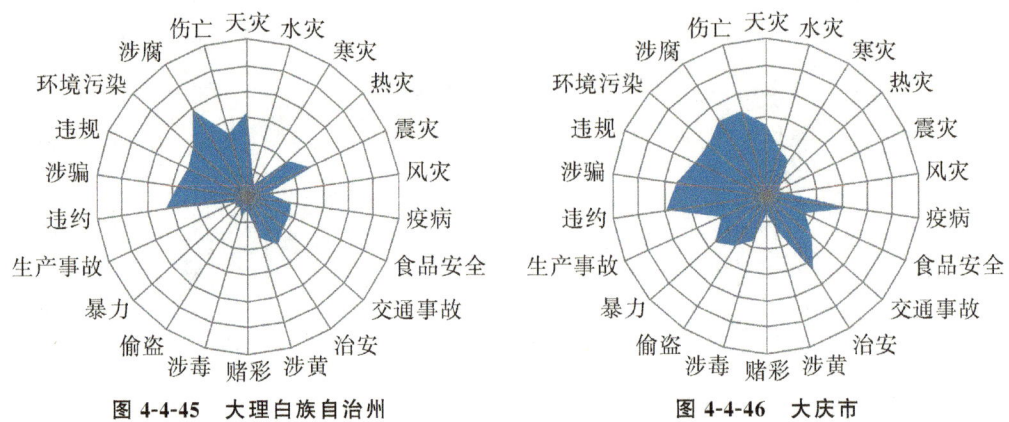

图 4-4-45　大理白族自治州　　　　　图 4-4-46　大庆市

【图 4-4-45 解读】大理仅在天灾、违约和涉腐 3 个方面有一定问题,且不严重。

【图 4-4-46 解读】大庆在疫病、治安、违约(含涉骗和违规)、涉腐和伤亡 5 个方面 7 个维度成问题,但均未达到严重级别。

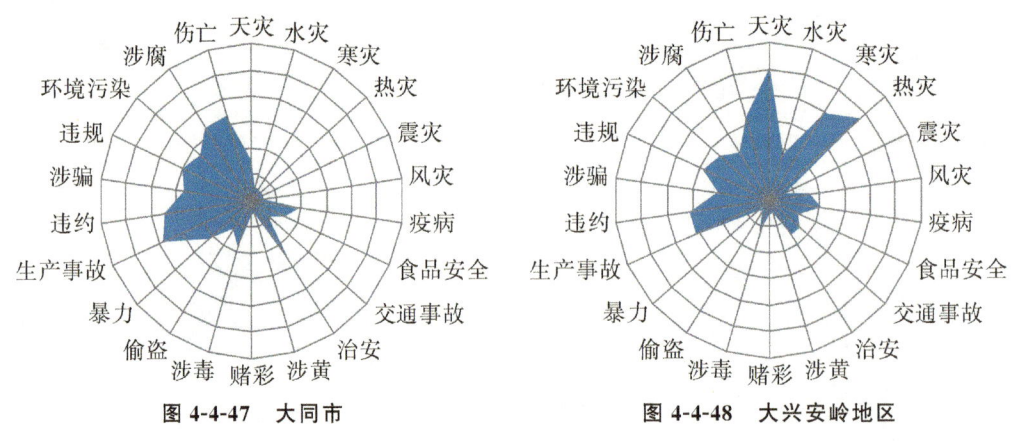

图 4-4-47　大同市　　　　　图 4-4-48　大兴安岭地区

【图 4-4-47 解读】大同在生产事故、违约、涉腐和伤亡 4 个方面有一定问题,但不严重。

【图 4-4-48 解读】大兴安岭在天灾(含寒灾和热灾)、生产事故、违约和伤亡 4 个方面 6 个维度成问题,其中天灾达到很严重的级别,其子维度热灾也达到严重级别。

四、研究结果——多维镜像

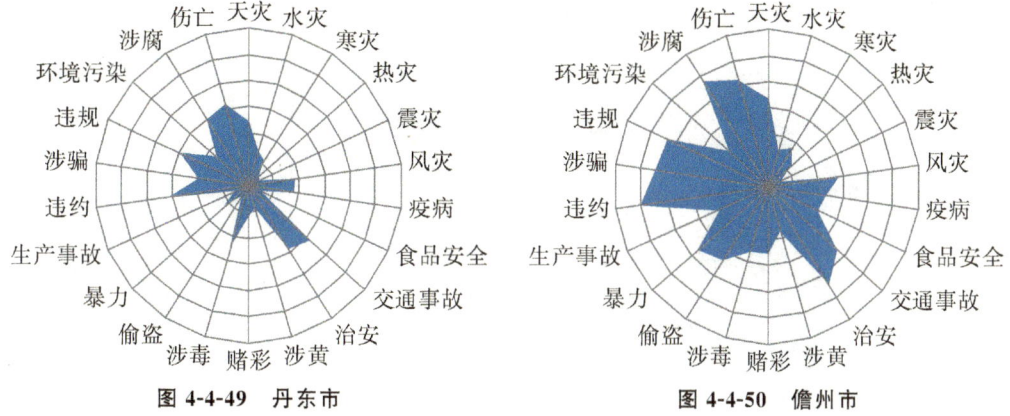

图 4-4-49 丹东市　　　　　图 4-4-50 儋州市

【图 4-4-49 解读】丹东在交通事故、违约、涉腐和伤亡 4 个方面有一定问题,但不严重。

【图 4-4-50 解读】儋州在天灾、交通事故、治安(含偷盗和暴力)、违约(含涉骗和违规)、涉腐和伤亡 6 个方面 10 个维度成问题,且治安、违约(含涉骗和违规)、涉腐和伤亡 4 个方面 6 个维度达到严重级别。

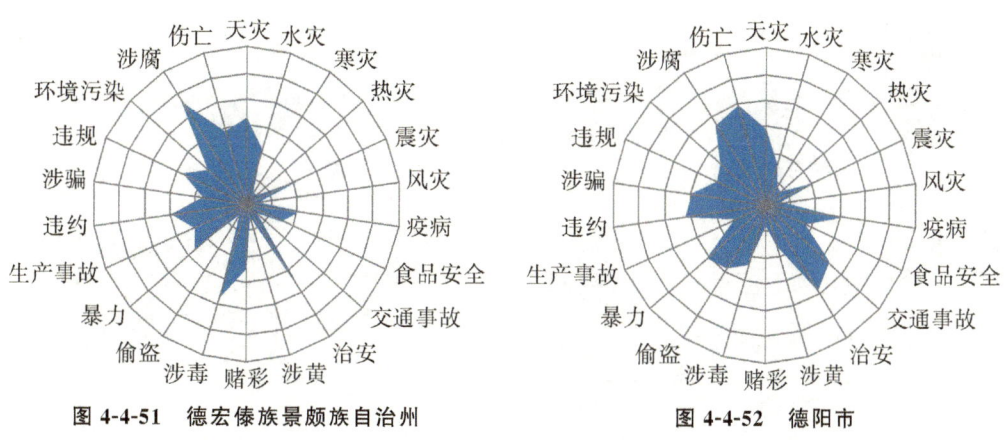

图 4-4-51 德宏傣族景颇族自治州　　　　　图 4-4-52 德阳市

【图 4-4-51 解读】德宏在天灾、治安(含涉毒)和涉腐 3 个方面 4 个维度成问题,其中治安和涉腐达到严重级别。

【图 4-4-52 解读】德阳在疫病、交通事故、治安(含暴力)、违约、涉腐和伤亡 6 个方面 7 个维度成问题,但都不严重。

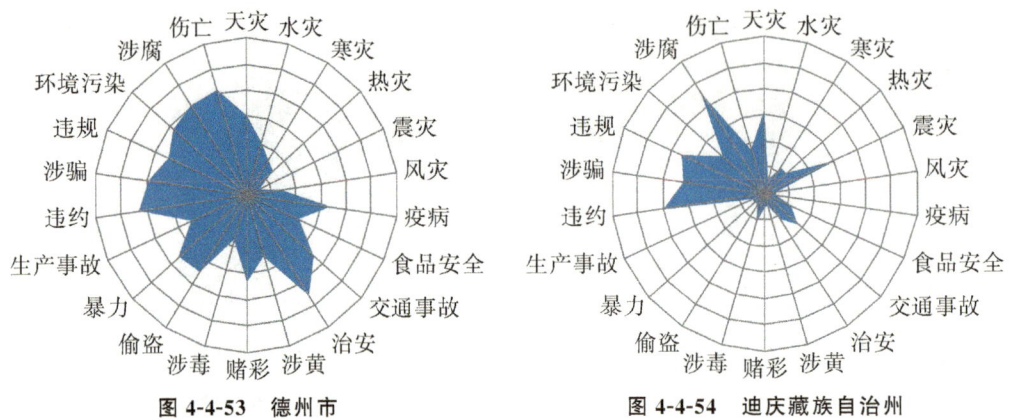

图 4-4-53　德州市　　　　　　图 4-4-54　迪庆藏族自治州

【图 4-4-53 解读】德州在食品安全和生产事故之外的 8 个方面 13 个维度（含赌彩、偷盗、暴力、涉骗和违约）成问题，且治安、违约、涉腐和伤亡 4 个方面达到严重级别。

【图 4-4-54 解读】迪庆的问题在于天灾、违约（含涉骗和违规）和涉腐 3 个方面 5 个维度，其中涉腐达到严重级别。

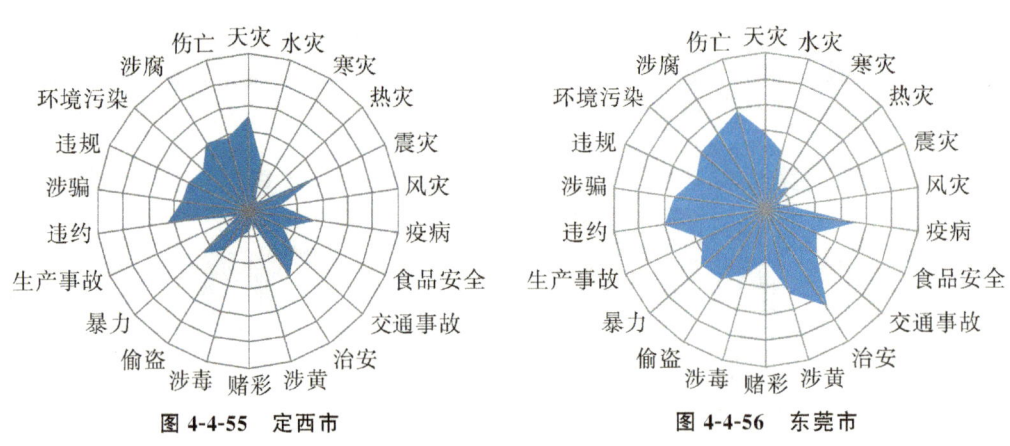

图 4-4-55　定西市　　　　　　图 4-4-56　东莞市

【图 4-4-55 解读】定西在天灾（含震灾）、治安、违约和涉腐 4 个方面 5 个维度成问题，但都不严重。

【图 4-4-56 解读】东莞在疫病、治安（含涉黄、偷盗和暴力）、违约（含涉骗）、环境污染、涉腐和伤亡 6 个方面 10 个维度成问题，其中治安达到严重级别。

四、研究结果——多维镜像

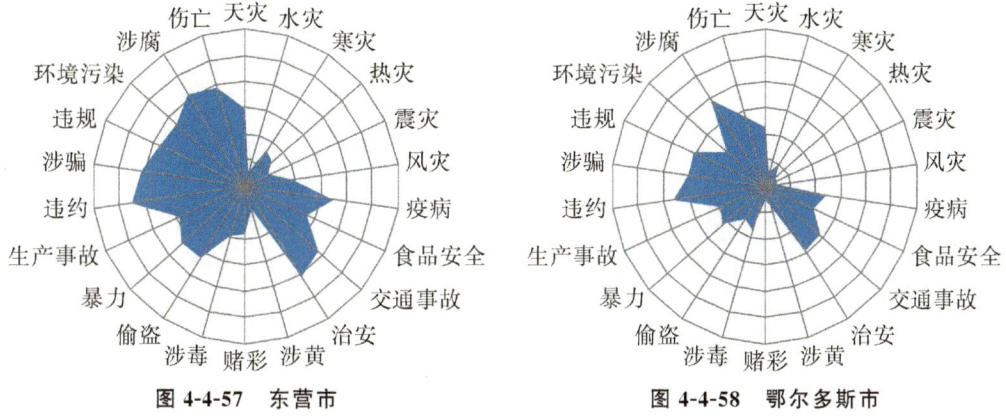

图 4-4-57　东营市　　　　　　　　图 4-4-58　鄂尔多斯市

【图 4-4-57 解读】东营在天灾、食品安全和生产事故之外的 7 个方面 11 个维度(含偷盗、暴力、涉骗和违约)成问题,达到严重级别的有治安、违约(含涉骗)和涉腐 3 个方面 4 个维度。

【图 4-4-58 解读】鄂尔多斯仅在违约(含违规)和涉腐 2 个方面 3 个维度有一定问题,且不严重。

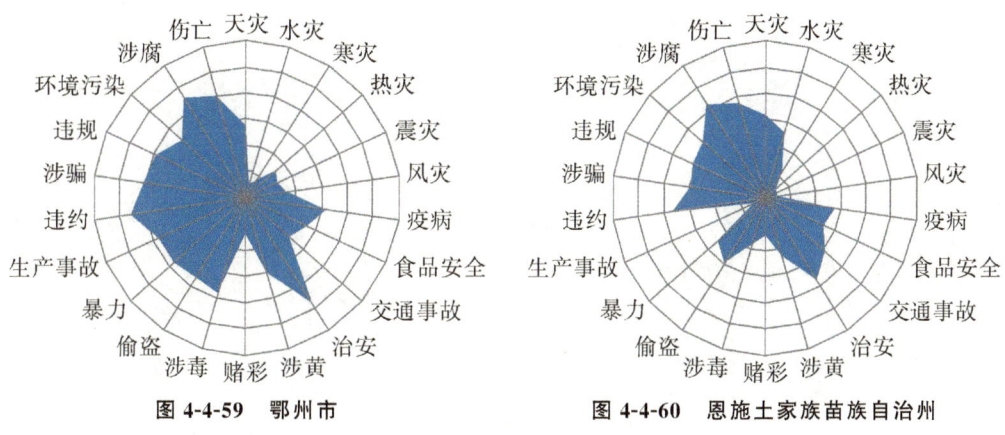

图 4-4-59　鄂州市　　　　　　　　图 4-4-60　恩施土家族苗族自治州

【图 4-4-59 解读】鄂州在天灾、食品安全和交通事故之外的 7 个方面 12 个维度(含涉毒、偷盗、暴力、涉骗和违约)成问题,且治安、违约(含涉骗)、涉腐和伤亡 4 个方面 5 个维度达到严重级别。

【图 4-4-60 解读】恩施在疫病、食品安全和生产事故之外的 7 个方面 8 个维度(含违规)成问题,其中涉腐达到严重级别。

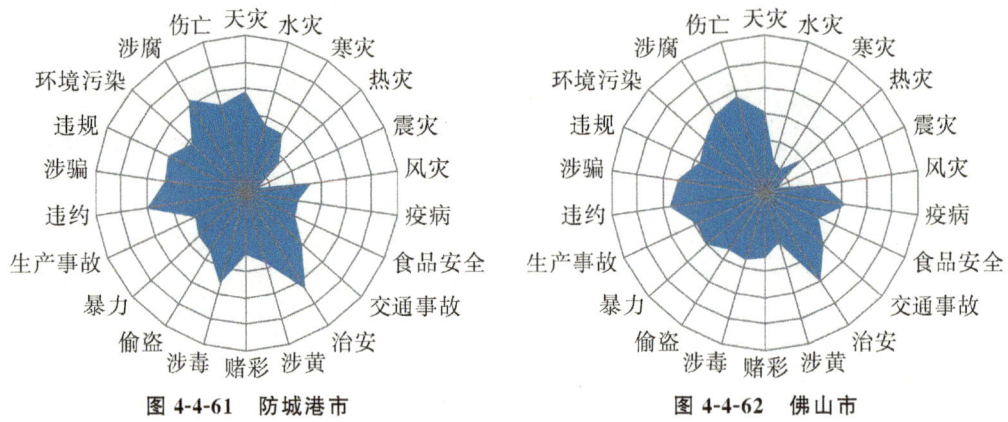

图 4-4-61　防城港市　　　　　　　图 4-4-62　佛山市

【图 4-4-61 解读】防城港在天灾、治安（含涉毒）、违约（含涉骗和违规）、涉腐和伤亡 5 个方面 8 个维度成问题，其中治安和涉腐达到严重级别。

【图 4-4-62 解读】佛山在食品安全、交通事故和生产事故之外的 7 个方面 8 个维度（含涉骗）成问题，但都不严重。

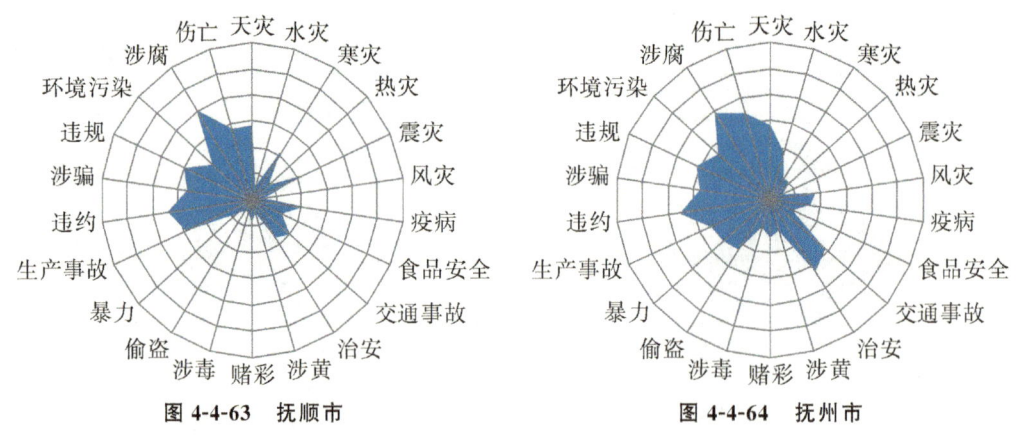

图 4-4-63　抚顺市　　　　　　　图 4-4-64　抚州市

【图 4-4-63 解读】抚顺仅在违约和涉腐 2 个方面成问题，但涉腐达到严重级别。

【图 4-4-64 解读】抚州在治安、违约（含违规）、涉腐和伤亡 4 个方面 5 个维度成问题，但都不严重。

四、研究结果——多维镜像 | 105

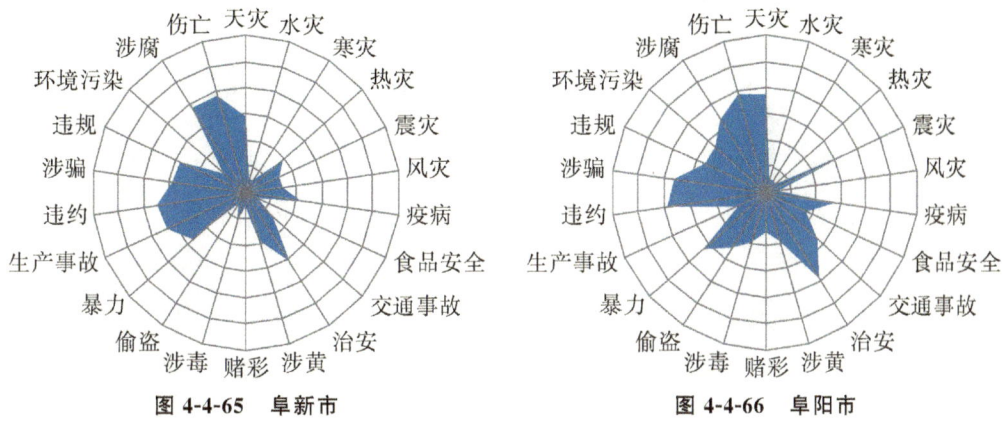

图 4-4-65　阜新市　　　　　　　　图 4-4-66　阜阳市

【图 4-4-65 解读】阜新的问题在于治安、生产事故、违约、涉腐和伤亡 5 个方面,但均未达到严重级别。

【图 4-4-66 解读】阜阳在天灾(含震灾)、治安(含暴力)、违约(含涉骗)、涉腐和伤亡 5 个方面 8 个维度成问题,但均未达到严重级别。

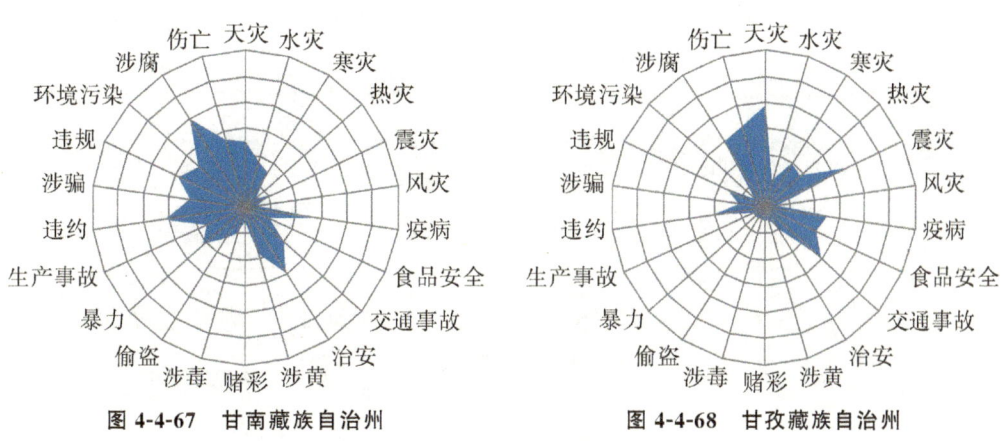

图 4-4-67　甘南藏族自治州　　　　　图 4-4-68　甘孜藏族自治州

【图 4-4-67 解读】甘南仅在违约和涉腐 2 个方面有一定问题,且不严重。

【图 4-4-68 解读】甘孜仅在天灾(含震灾)和伤亡 2 个方面 3 个维度有一定问题,且不严重。

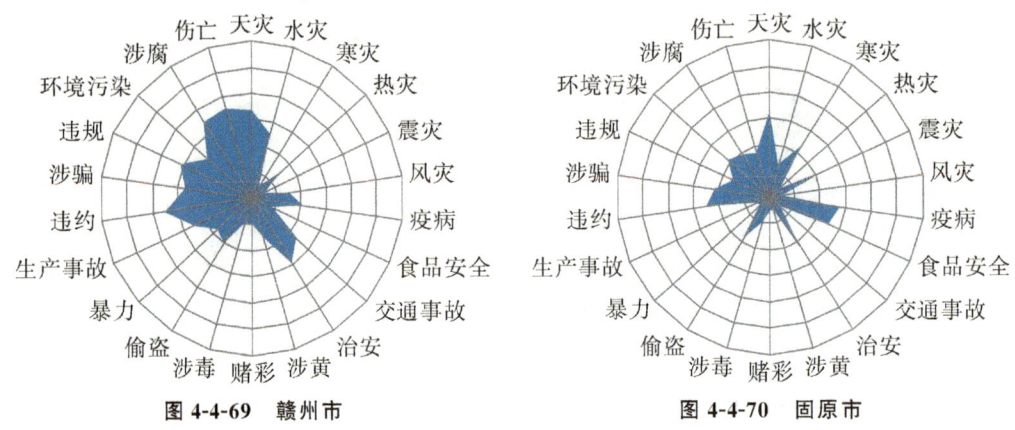

图 4-4-69　赣州市　　　　　　　　图 4-4-70　固原市

【图 4-4-69 解读】赣州在天灾、违约(含违规)、涉腐和伤亡 4 个方面 5 个维度成问题，但都不严重。

【图 4-4-70 解读】固原仅存在不严重的天灾问题。

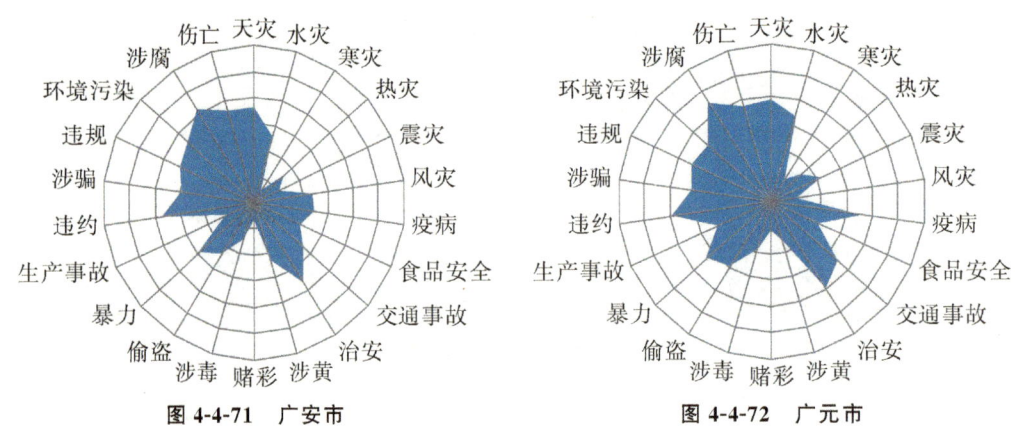

图 4-4-71　广安市　　　　　　　　图 4-4-72　广元市

【图 4-4-71 解读】广安在天灾、治安、违约(含违规)、环境污染、涉腐和伤亡 6 个方面 7 个维度成问题，其中涉腐达到严重级别。

【图 4-4-72 解读】广元在食品安全和生产事故之外的 8 个方面 12 个维度(含水灾、暴力、涉骗和违约)成问题，其中涉腐达到严重级别。

四、研究结果——多维镜像

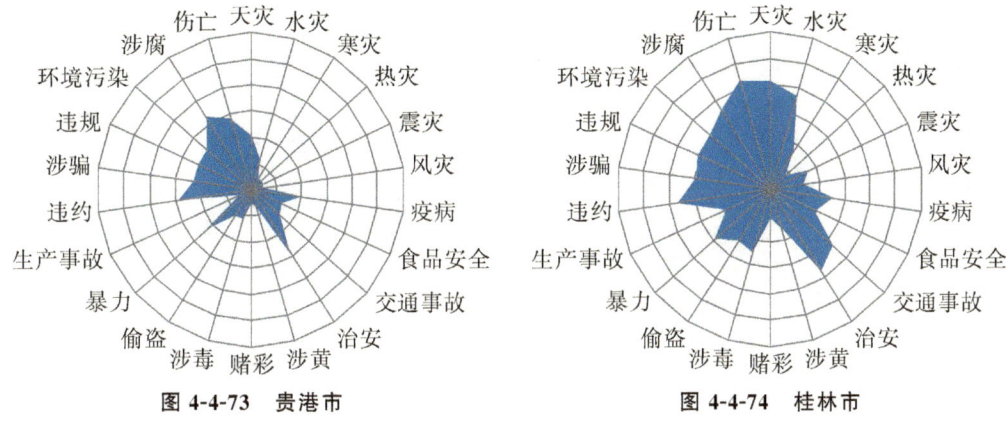

图 4-4-73　贵港市　　　　　　　　图 4-4-74　桂林市

【图 4-4-73 解读】贵港仅存在不严重的涉腐问题。

【图 4-4-74 解读】桂林在疫病、食品安全和生产事故之外的 7 个方面 9 个维度（含水灾和违规）成问题，其中天灾和伤亡达到严重级别。

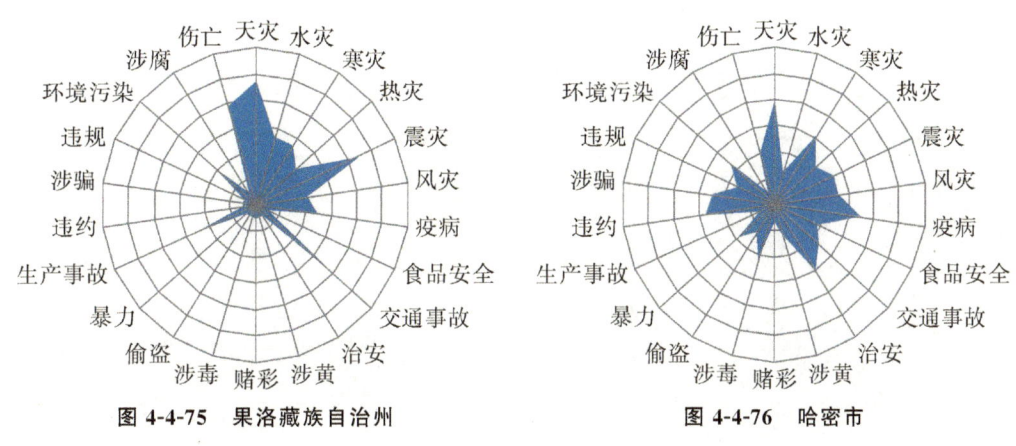

图 4-4-75　果洛藏族自治州　　　　　图 4-4-76　哈密市

【图 4-4-75 解读】果洛在天灾（含震灾）、交通事故和伤亡 3 个方面 4 个维度成问题，其中天灾（含震灾）均达到严重级别。

【图 4-4-76 解读】哈密仅在天灾（含寒灾）和疫病 2 个方面 3 个维度有一定问题，且不严重。

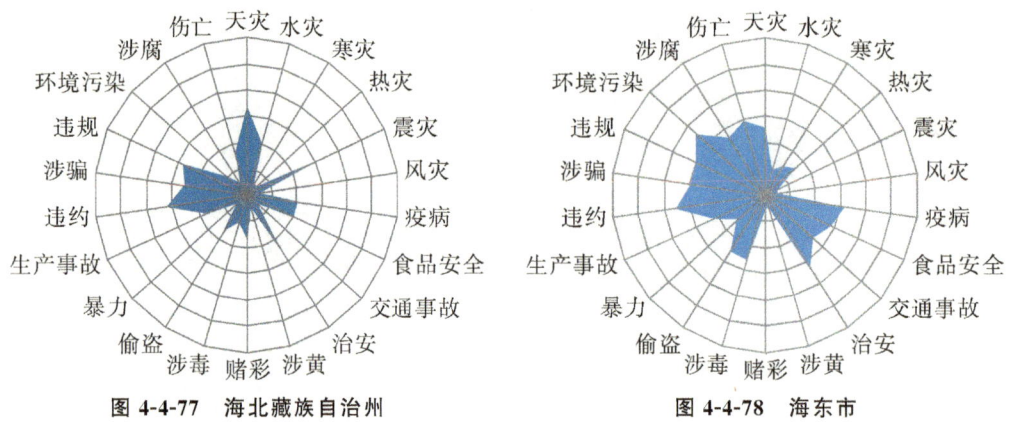

图 4-4-77　海北藏族自治州　　　　　图 4-4-78　海东市

【图 4-4-77 解读】海北仅在天灾（含震灾）和违约 2 个方面 3 个维度有一定问题，且不严重。

【图 4-4-78 解读】海东在疫病、治安、违约和环境污染 4 个方面有一定问题，但不严重。

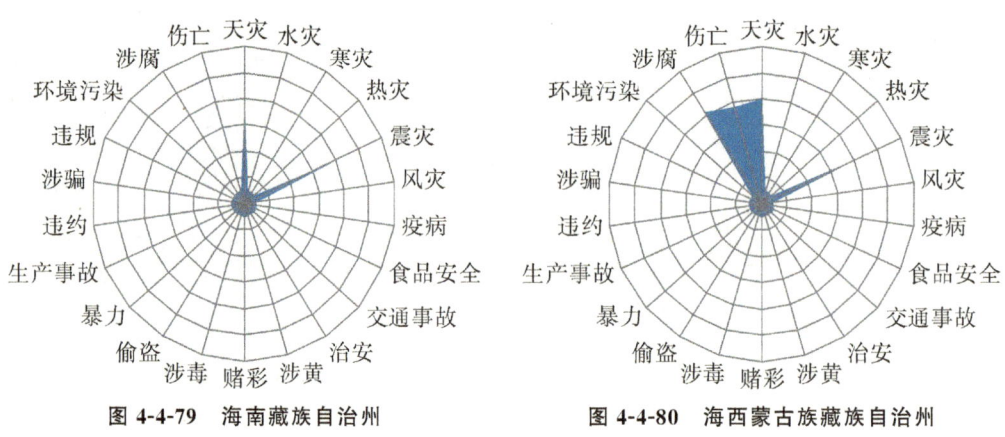

图 4-4-79　海南藏族自治州　　　　　图 4-4-80　海西蒙古族藏族自治州

【图 4-4-79 解读】海南州仅存在震灾为主的天灾问题，且不严重。

【图 4-4-80 解读】海西州在天灾（含震灾）、涉腐和伤亡 3 个方面 4 个维度成问题，其中涉腐达到严重级别。

四、研究结果——多维镜像

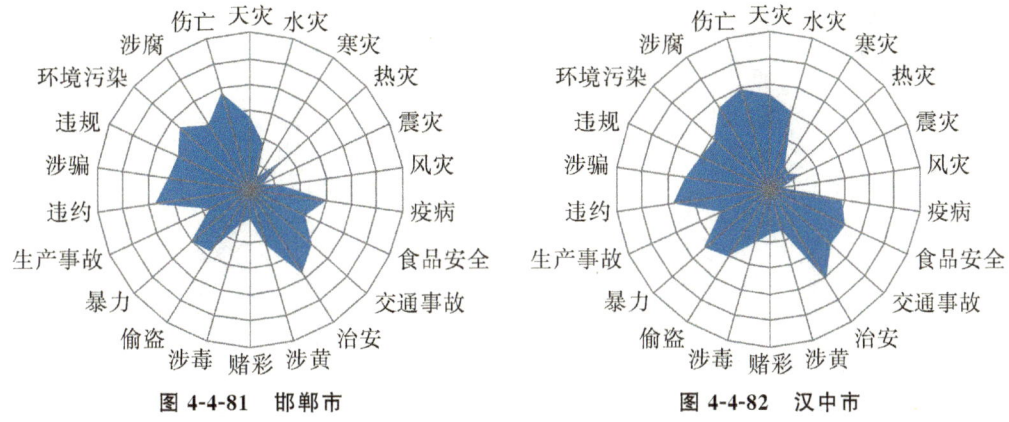

图 4-4-81　邯郸市　　　　　　　图 4-4-82　汉中市

【图 4-4-81 解读】邯郸在交通事故、治安、违约(含涉骗和违规)、环境污染和伤亡 5 个方面 7 个维度成问题,但都不严重。

【图 4-4-82 解读】汉中在疫病、生产事故和环境污染之外的 7 个方面 11 个维度(含水灾、偷盗、暴力和涉骗)成问题,其中治安达到严重级别。

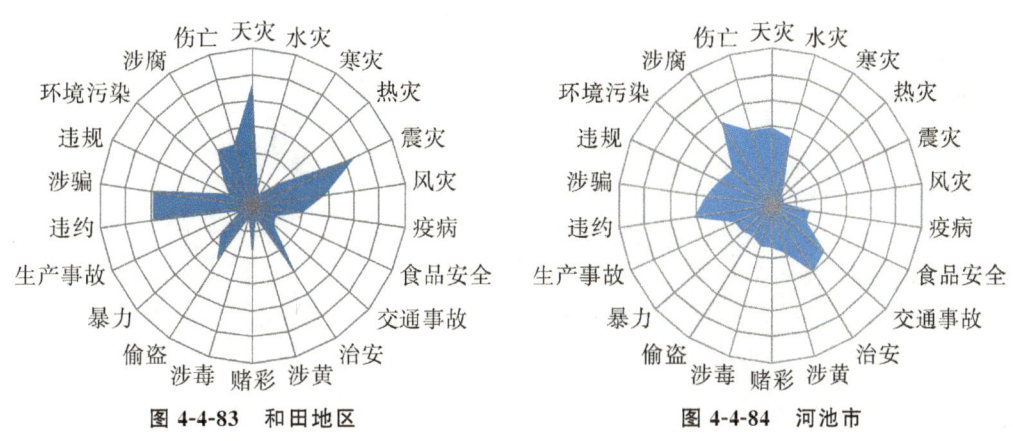

图 4-4-83　和田地区　　　　　　图 4-4-84　河池市

【图 4-4-83 解读】和田的问题在于天灾(含震灾)、治安和违约(含涉骗)3 个方面 5 个维度,其中天灾(含震灾)均达到严重级别。

【图 4-4-84 解读】河池仅在治安、违约和涉腐 3 个方面有一定问题,但不严重。

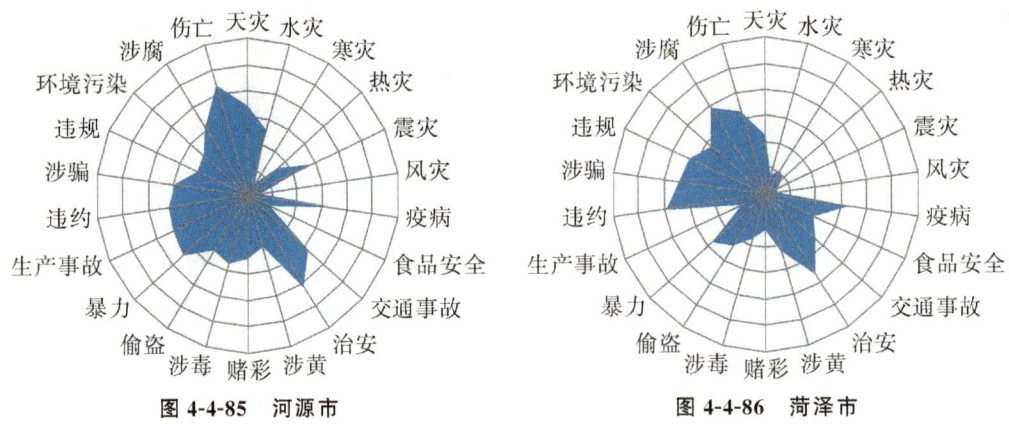

图 4-4-85　河源市　　　　　　　　　　　图 4-4-86　菏泽市

【图 4-4-85 解读】河源在食品安全和环境污染之外的 8 个方面 9 个维度(含暴力)成问题,其中治安和伤亡达到严重级别。

【图 4-4-86 解读】菏泽在疫病、治安、违约(含涉骗和违规)、涉腐和伤亡 5 个方面 7 个维度成问题,但都不严重。

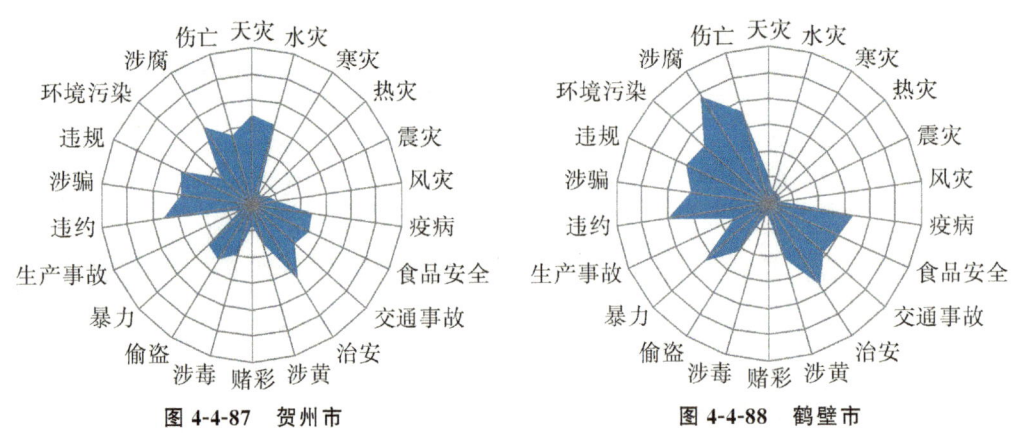

图 4-4-87　贺州市　　　　　　　　　　　图 4-4-88　鹤壁市

【图 4-4-87 解读】贺州在天灾(含水灾)、治安、违约(含违规)和涉腐 4 个方面 6 个维度成问题,但均未达到严重级别。

【图 4-4-88 解读】鹤壁在疫病、治安(含暴力)、违约(含涉骗和违规)、环境污染、涉腐和伤亡 6 个方面 9 个维度成问题,其中涉腐达到严重级别。该市突出之处是没有天灾。

四、研究结果——多维镜像

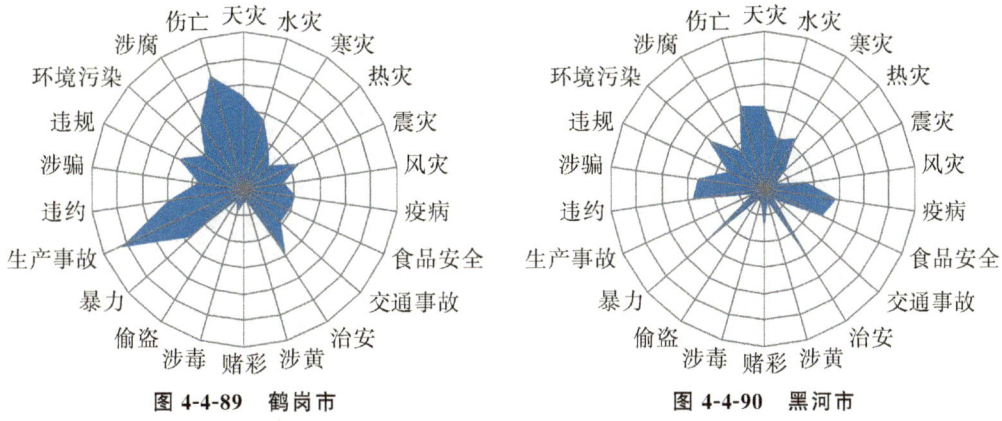

图 4-4-89　鹤岗市　　　　　　　　图 4-4-90　黑河市

【图 4-4-89 解读】鹤岗的问题在于天灾、治安、生产事故、违约、涉腐和伤亡 6 个方面，其中生产事故和伤亡分别达到很严重和严重的级别。

【图 4-4-90 解读】黑河在天灾、治安（含暴力）和伤亡 3 个方面 4 个维度有一定问题，但不严重。

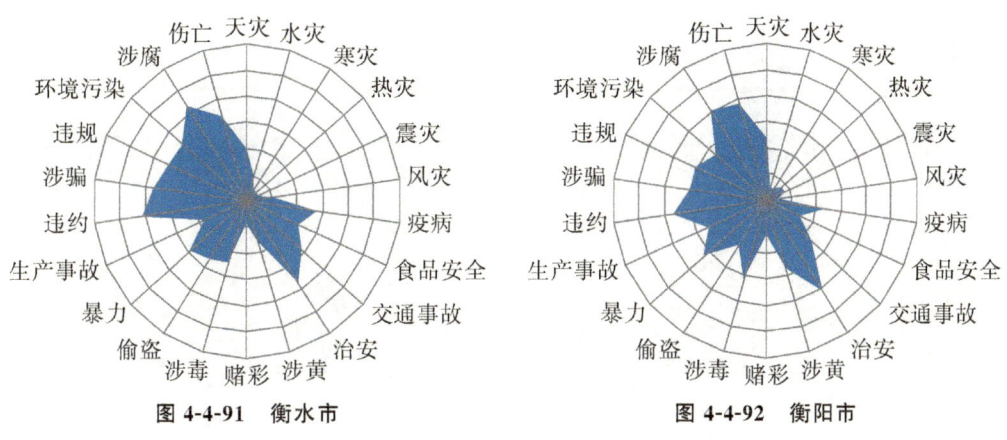

图 4-4-91　衡水市　　　　　　　　图 4-4-92　衡阳市

【图 4-4-91 解读】衡水在治安、违约（含涉骗和违规）、环境污染、涉腐和伤亡 5 个方面 7 个维度成问题，其中违约和涉腐达到严重级别。

【图 4-4-92 解读】衡阳在治安（含涉毒和暴力）、违约（含涉骗和违规）、涉腐和伤亡 4 个方面 8 个维度成问题，其中治安和涉腐达到严重级别。

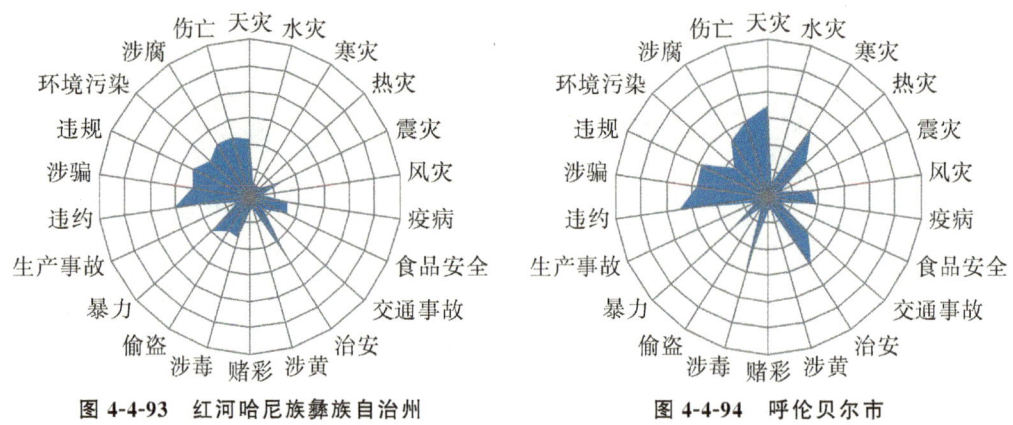

图 4-4-93　红河哈尼族彝族自治州　　　　图 4-4-94　呼伦贝尔市

【图 4-4-93 解读】红河在各个方面均未构成问题,风调雨顺,平安祥和。

【图 4-4-94 解读】呼伦贝尔在天灾(含寒灾)、治安和违约 3 个方面 4 个维度有一定问题,但不严重。

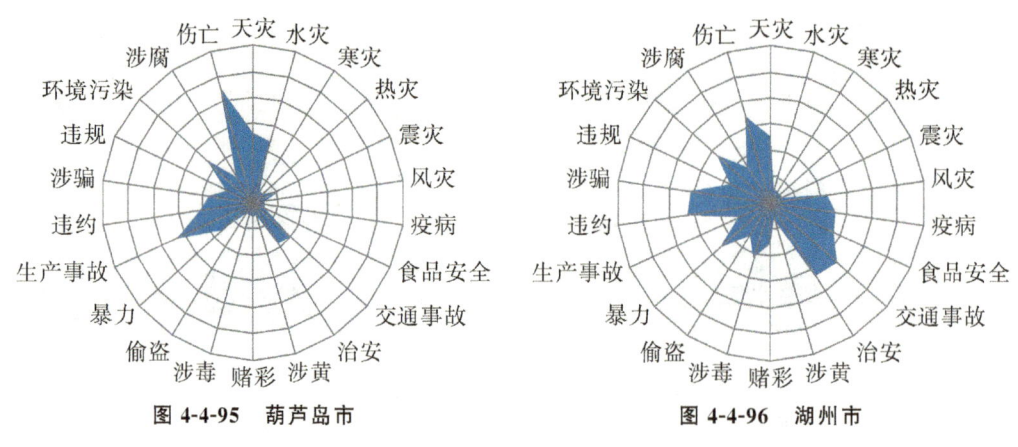

图 4-4-95　葫芦岛市　　　　图 4-4-96　湖州市

【图 4-4-95 解读】葫芦岛仅在生产事故和伤亡 2 个方面成问题,但伤亡达到严重级别。

【图 4-4-96 解读】湖州的问题在于交通事故、治安、违约(含涉骗)和伤亡 4 个方面 5 个维度,但均未达到严重级别。

四、研究结果——多维镜像

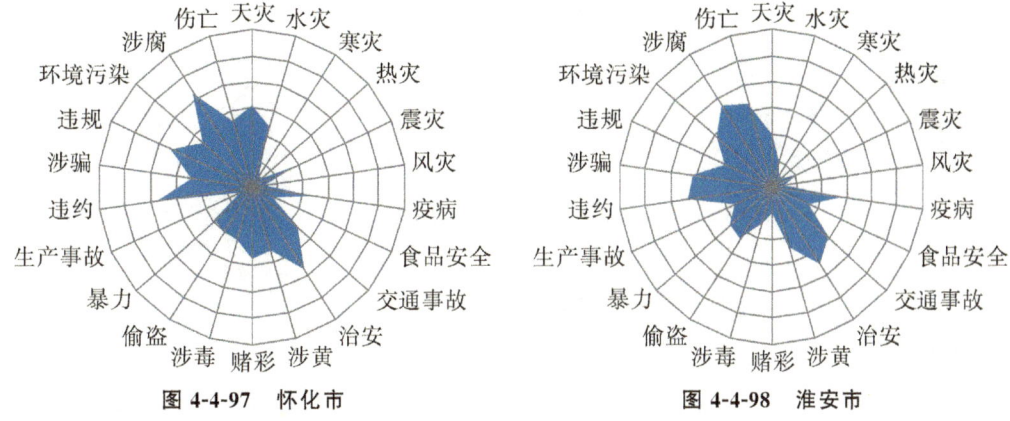

图 4-4-97　怀化市　　　　　　　　　图 4-4-98　淮安市

【图 4-4-97 解读】怀化在天灾、治安、违约(含违规)和涉腐 4 个方面 5 个维度成问题,其中涉腐达到严重级别。

【图 4-4-98 解读】淮安在治安、违约(含涉骗)、涉腐和伤亡 4 个方面 5 个维度成问题,但都不严重。

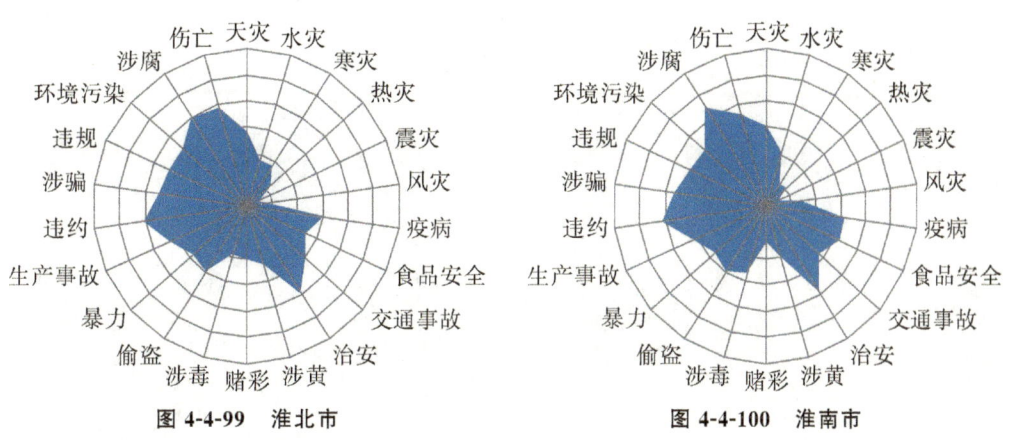

图 4-4-99　淮北市　　　　　　　　　图 4-4-100　淮南市

【图 4-4-99 解读】淮北在天灾、食品安全和交通事故之外的 7 个方面 9 个维度(含涉骗和违规)成问题,其中违约和涉腐达到严重级别。

【图 4-4-100 解读】淮南在交通事故之外的 9 个方面 11 个维度(含涉骗和违约)成问题,其中违约和涉腐达到严重级别。

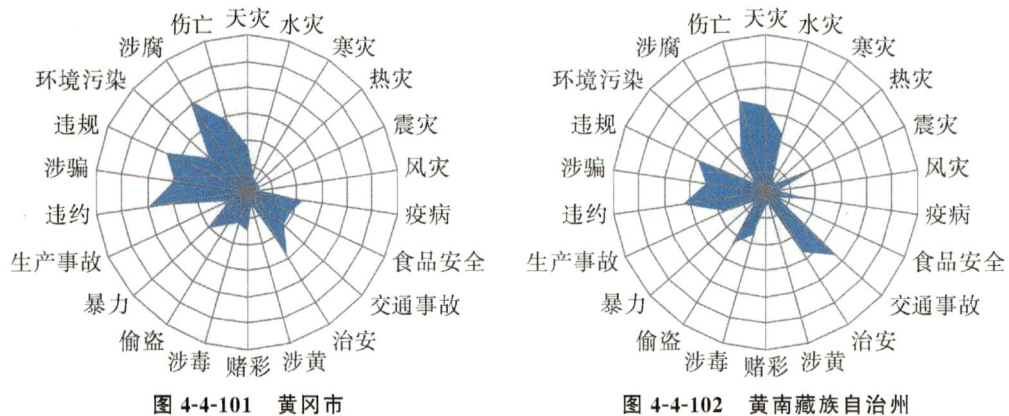

图 4-4-101　黄冈市　　　　　　　　图 4-4-102　黄南藏族自治州

【图 4-4-101 解读】黄冈仅在违约(含违规)和涉腐 2 个方面 3 个维度成问题,但涉腐达到严重级别。

【图 4-4-102 解读】黄南在天灾、交通事故、违约和伤亡 4 个方面有一定问题,但不严重。

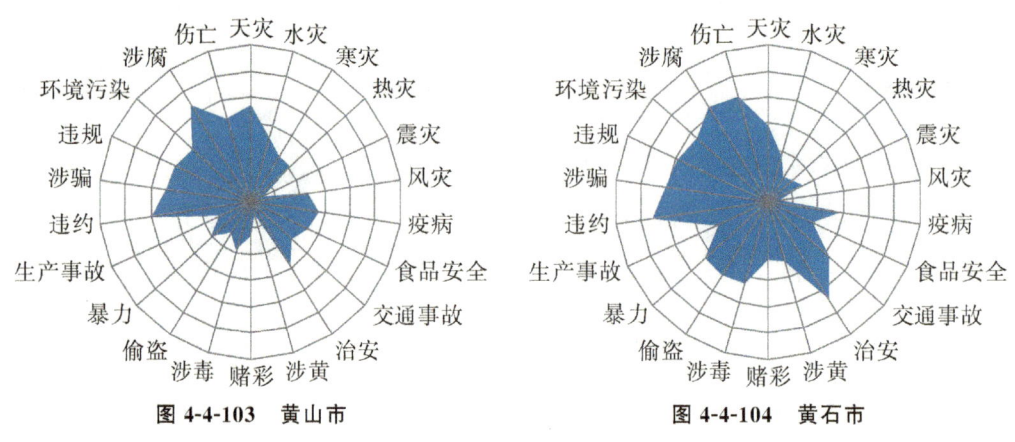

图 4-4-103　黄山市　　　　　　　　图 4-4-104　黄石市

【图 4-4-103 解读】黄山在天灾、违约(含涉骗和违规)、环境污染、涉腐和伤亡 5 个方面 7 个维度成问题,其中涉腐达到严重级别。

【图 4-4-104 解读】黄石在交通事故、治安(含涉毒、偷盗和暴力)、违约(含涉骗和违规)、环境污染、涉腐和伤亡 6 个方面 11 个维度成问题,且治安、违约(含涉骗)、涉腐和伤亡 4 个方面 5 个维度达到严重级别。

四、研究结果——多维镜像 | 115

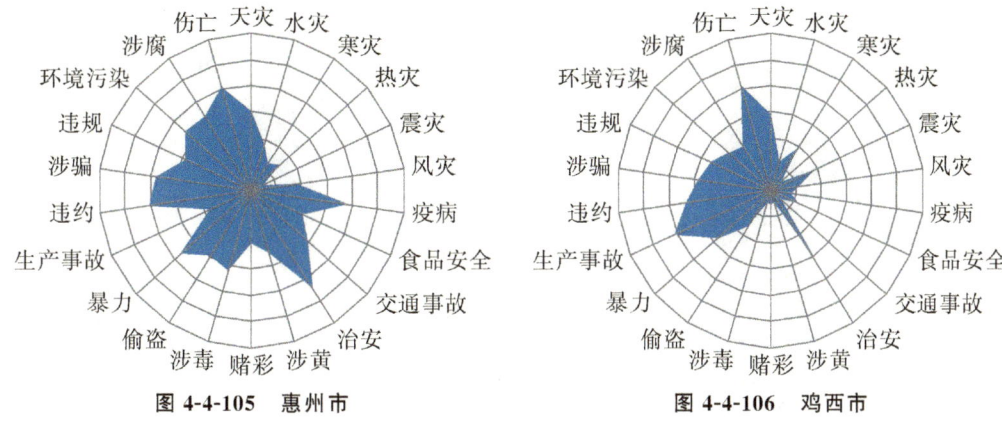

图 4-4-105　惠州市　　　　　　　图 4-4-106　鸡西市

【图 4-4-105 解读】惠州在食品安全、交通事故和生产事故之外的 7 个方面 10 个维度（含涉毒、暴力和涉骗）成问题,且治安、违约和伤亡 3 个方面达到严重级别。

【图 4-4-106 解读】鸡西仅在生产事故、违约和伤亡 3 个方面成问题,但生产事故和伤亡达到严重级别。

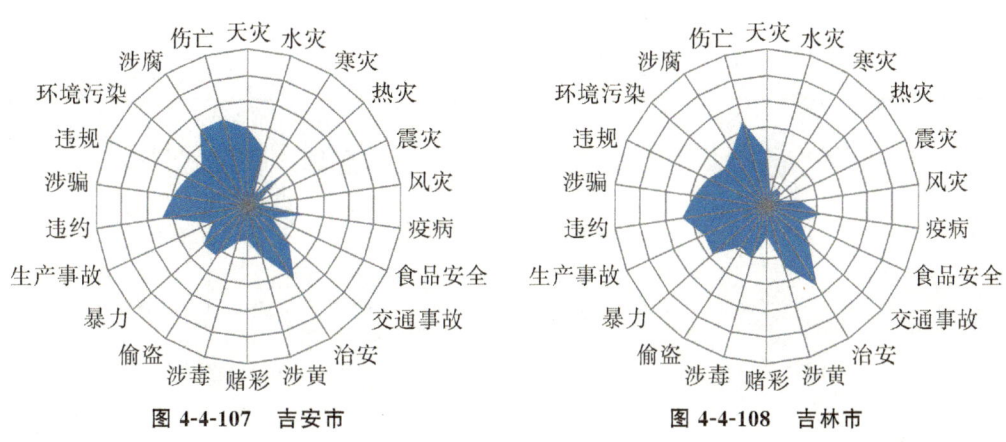

图 4-4-107　吉安市　　　　　　　图 4-4-108　吉林市

【图 4-4-107 解读】吉安在治安、违约、涉腐和伤亡 4 个方面有一定问题,但不严重。

【图 4-4-108 解读】吉林市仅在治安、违约和伤亡 3 个方面有一定问题,且不严重。

116 全国各省市的媒体镜像——基于网络新闻大数据

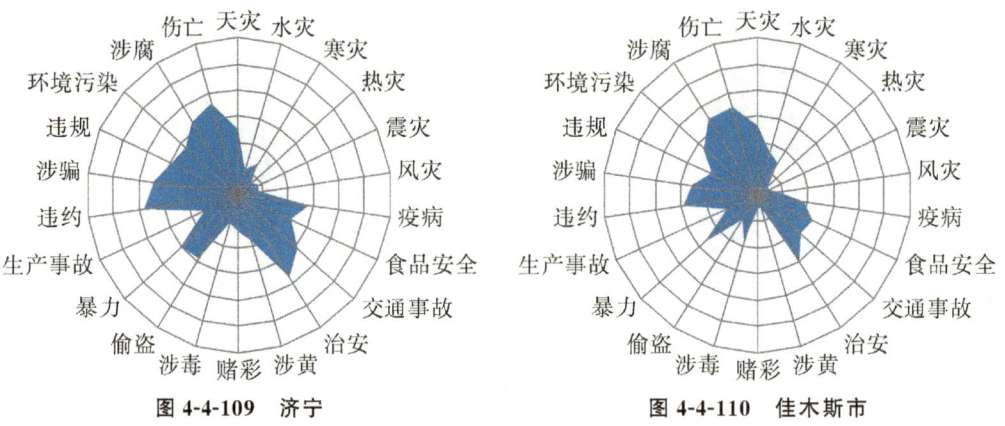

图 4-4-109　济宁　　　　　　　图 4-4-110　佳木斯市

【图 4-4-109 解读】济宁在交通事故、治安、违约（含涉骗）、涉腐和伤亡 5 个方面 6 个维度成问题，但均未达到严重级别。

【图 4-4-110 解读】佳木斯仅在治安、涉腐和伤亡 3 个方面有一定问题，且不严重。

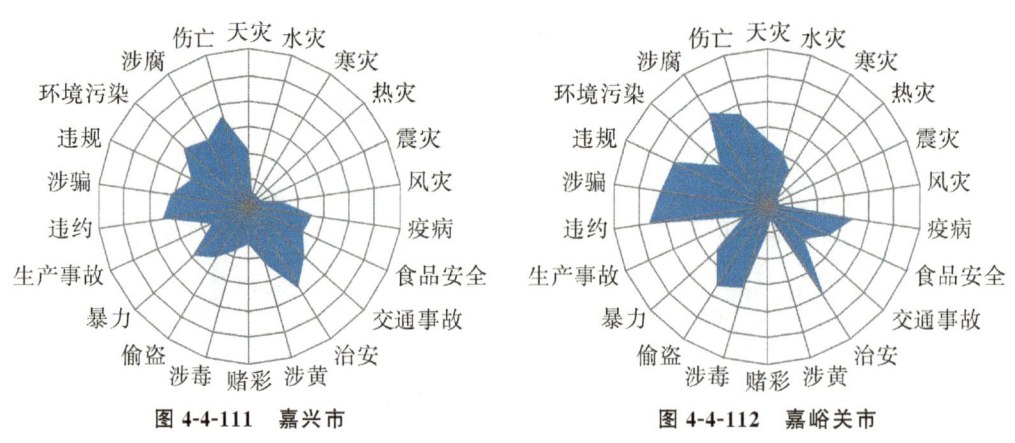

图 4-4-111　嘉兴市　　　　　　图 4-4-112　嘉峪关市

【图 4-4-111 解读】嘉兴在治安、违约（含涉骗）、环境污染、和伤亡 4 个方面 5 个维度成问题，但均未达到严重级别。

【图 4-4-112 解读】嘉峪关在疫病、治安（含涉毒和偷盗）、违约（含涉骗和违规）、涉腐和伤亡 5 个方面 9 个维度成问题，且治安、违约（含涉骗）和涉腐 3 个方面 4 个维度达到严重级别。

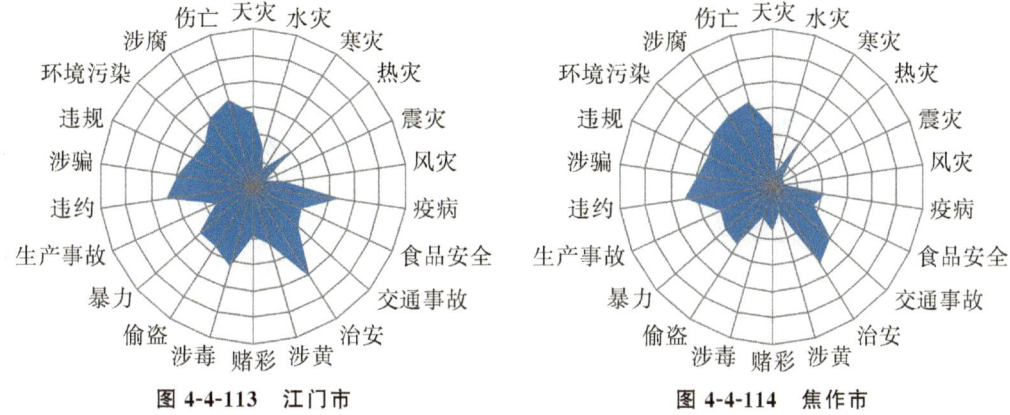

图 4-4-113　江门市　　　　　　　　图 4-4-114　焦作市

【图 4-4-113 解读】江门在疫病、治安(含涉毒)、违约、涉腐和伤亡 5 个方面 6 个维度成问题,其中治安达到严重级别。

【图 4-4-114 解读】焦作的问题在于治安、违约、环境污染、涉腐和伤亡 5 个方面,但都不严重。

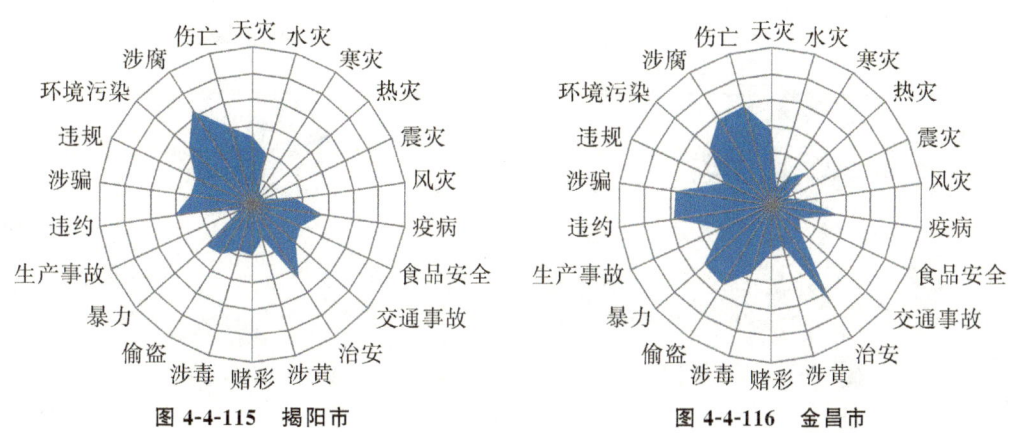

图 4-4-115　揭阳市　　　　　　　　图 4-4-116　金昌市

【图 4-4-115 解读】揭阳的问题在于治安、违约、环境污染、涉腐和伤亡 5 个方面,其中涉腐达到严重级别。

【图 4-4-116 解读】金昌在治安(含偷盗和暴力)、违约(含涉骗)、环境污染、涉腐和伤亡 5 个方面 8 个维度成问题,其中治安达到严重级别。

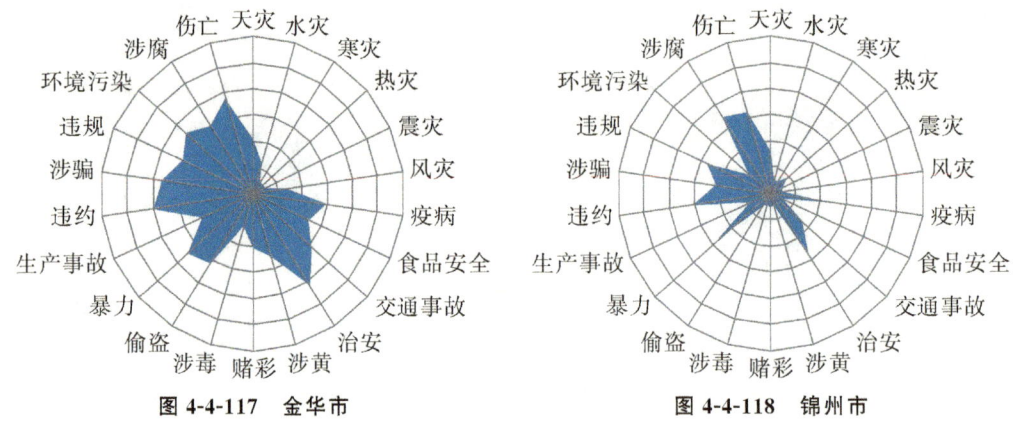

图 4-4-117　金华市　　　　　　　　图 4-4-118　锦州市

【图 4-4-117 解读】金华在交通事故、治安（含偷盗和暴力）、违约（含涉骗和违规）、环境污染、涉腐和伤亡 6 个方面 10 个维度成问题，其中治安达到严重级别。

【图 4-4-118 解读】锦州仅在违约、涉腐和伤亡 3 个方面有一定问题，且不严重。

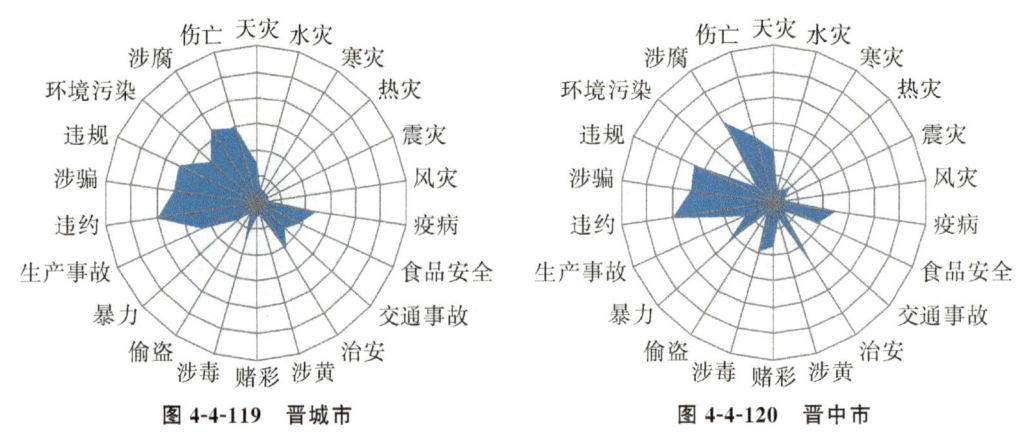

图 4-4-119　晋城市　　　　　　　　图 4-4-120　晋中市

【图 4-4-119 解读】晋城的问题在于违约（含涉骗和违规）和涉腐 2 个方面 4 个维度，但都不严重。

【图 4-4-120 解读】晋中在治安、违约（含涉骗和违规）和涉腐 3 个方面 5 个维度成问题，但都不严重。

四、研究结果——多维镜像

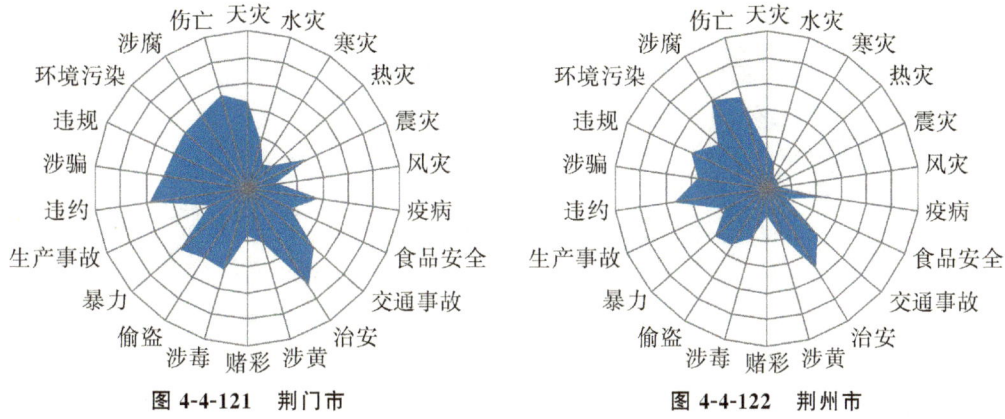

图 4-4-121　荆门市　　　　　　　图 4-4-122　荆州市

【图 4-4-121 解读】荆门在疫病、食品安全和生产事故之外的 7 个方面 12 个维度(含涉毒、偷盗、暴力、涉骗和违约)成问题,其中治安达到严重级别。

【图 4-4-122 解读】荆州在治安、违约(含违规)、涉腐和伤亡 4 个方面 5 个维度成问题,其中涉腐达到严重级别。

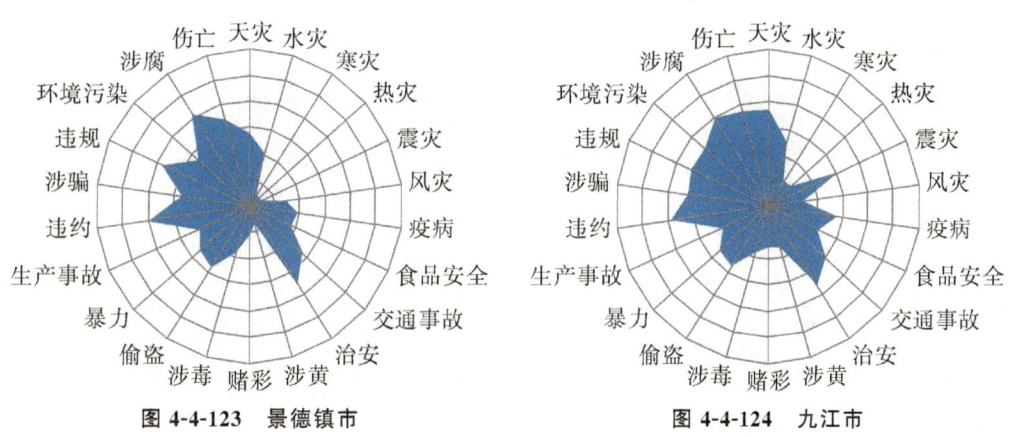

图 4-4-123　景德镇市　　　　　　图 4-4-124　九江市

【图 4-4-123 解读】景德镇的问题在于治安、违约(含违规)、涉腐和伤亡 4 个方面 5 个维度,其中涉腐达到严重级别。

【图 4-4-124 解读】九江在天灾(含震灾)、治安、违约(含涉骗和违规)、环境污染、涉腐和伤亡 6 个方面 9 个维度成问题,但都不严重。

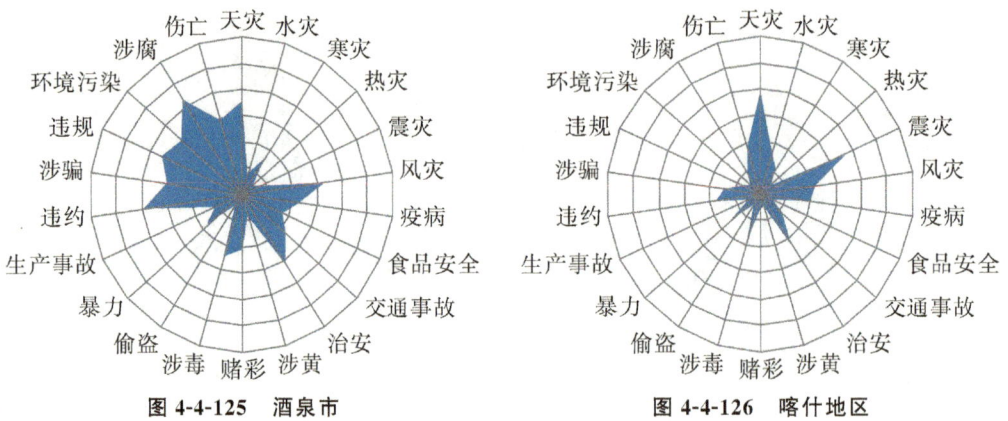

图 4-4-125　酒泉市　　　　　　图 4-4-126　喀什地区

【图 4-4-125 解读】酒泉在天灾（含风灾）、治安、违约（含违规）、环境污染和涉腐 5 个方面 7 个维度成问题，其中涉腐达到严重级别。

【图 4-4-126 解读】喀什仅存在震灾为主的天灾问题，且不严重。

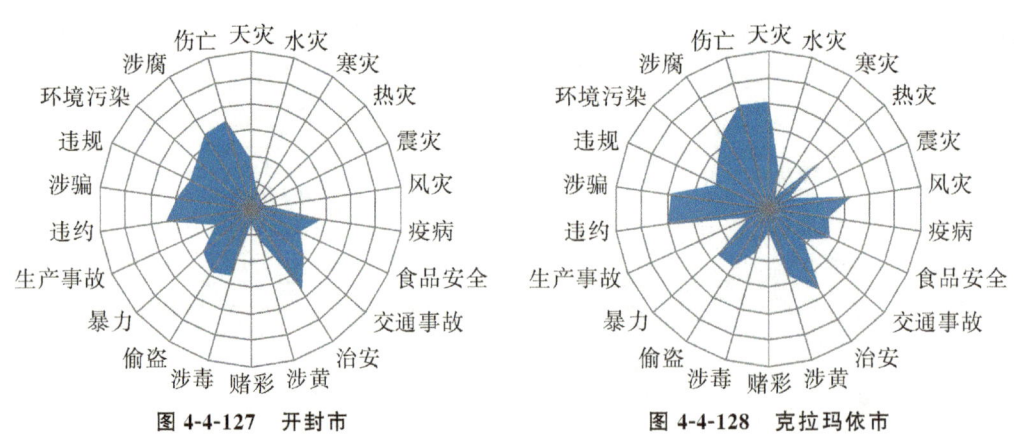

图 4-4-127　开封市　　　　　　图 4-4-128　克拉玛依市

【图 4-4-127 解读】开封在治安、违约、涉腐和伤亡 4 个方面有一定问题，但不严重。

【图 4-4-128 解读】克拉玛依在天灾（含风灾）、治安、违约（含涉骗）、涉腐和伤亡 5 个方面 7 个维度成问题，其中天灾和伤亡达到严重级别。

四、研究结果——多维镜像 | 121

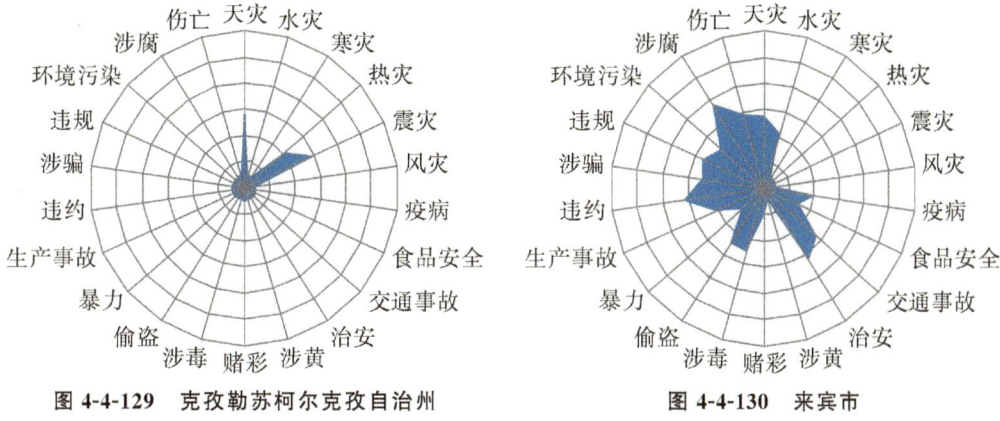

图 4-4-129　克孜勒苏柯尔克孜自治州　　　　图 4-4-130　来宾市

【图 4-4-129 解读】克孜勒苏仅存在震灾为主的天灾问题,且不严重。

【图 4-4-130 解读】来宾仅在治安、违约和涉腐 3 个方面有一定问题,且不严重。

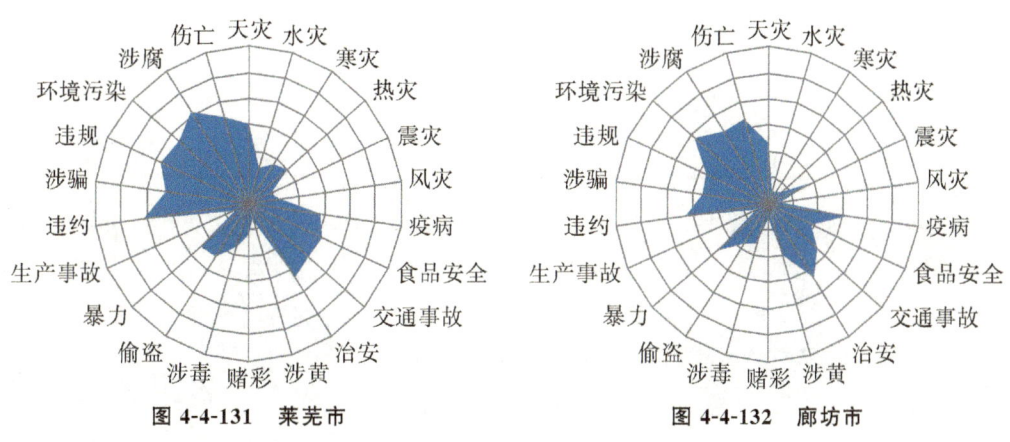

图 4-4-131　莱芜市　　　　图 4-4-132　廊坊市

【图 4-4-131 解读】莱芜在疫病和生产事故之外的 8 个方面 10 个维度(含涉骗和违约)成问题,其中违约和涉腐达到严重级别。

【图 4-4-132 解读】廊坊的问题在于疫病、治安、违约、环境污染、涉腐和伤亡 6 个方面,但都不严重。

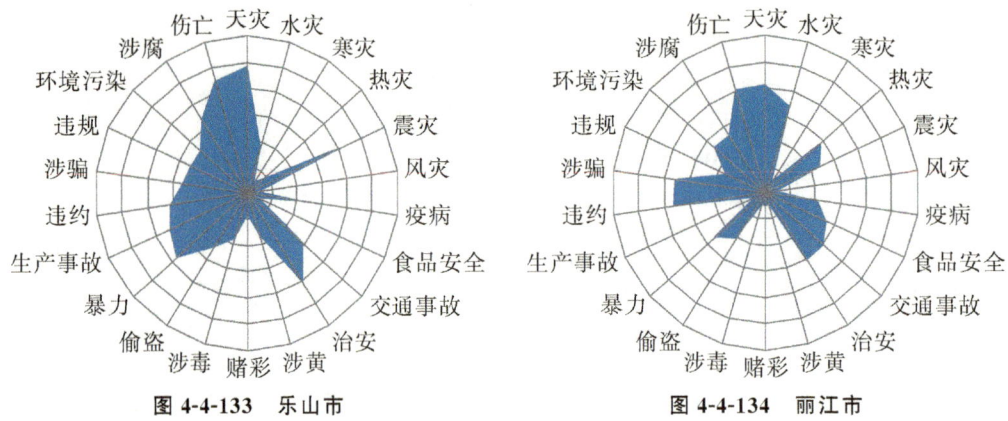

图 4-4-133　乐山市　　　　　　　图 4-4-134　丽江市

【图 4-4-133 解读】乐山在天灾(含震灾)、治安(含暴力)、生产事故、违约、涉腐和伤亡 6 个方面 8 个维度成问题,且天灾(含震灾)、治安和伤亡 3 个方面 4 个维度达到严重级别。

【图 4-4-134 解读】丽江在天灾(含水灾)、交通事故、治安、违约(含涉骗)和伤亡 5 个方面 7 个维度成问题,其中天灾和伤亡达到严重级别。

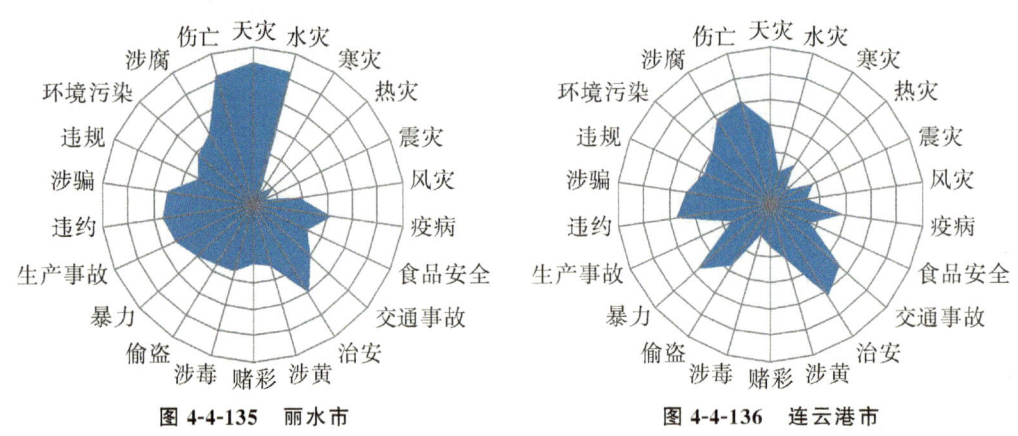

图 4-4-135　丽水市　　　　　　　图 4-4-136　连云港市

【图 4-4-135 解读】丽水在食品安全和环境污染之外的 8 个方面 10 个维度(含水灾和涉骗)成问题,其中治安达到严重级别,天灾(含水灾)和伤亡 2 个方面 3 个维度达到很严重级别。

【图 4-4-136 解读】连云港在疫病、食品安全和生产事故之外的 7 个方面 9 个维度(含暴力和涉骗)成问题,其中治安和伤亡达到严重级别。

四、研究结果——多维镜像 123

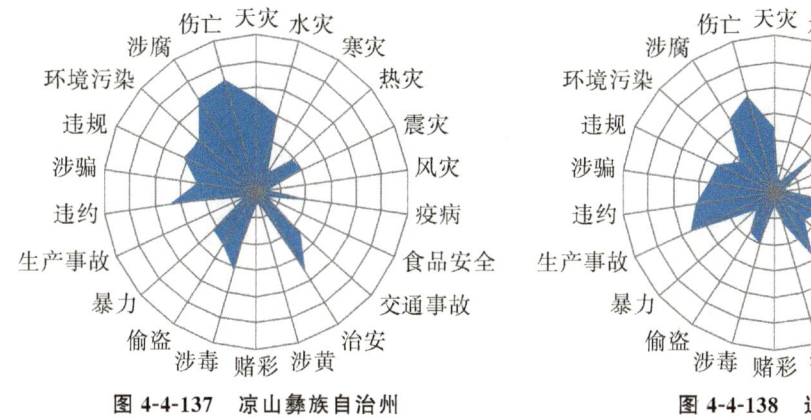

图 4-4-137　凉山彝族自治州　　　　　图 4-4-138　辽阳市

【图 4-4-137 解读】凉山在天灾(含水灾)、治安(含涉毒)、违约(含违规)、涉腐和伤亡 5 个方面 8 个维度成问题,其中涉腐和伤亡达到严重级别。

【图 4-4-138 解读】辽阳在生产事故、违约、涉腐和伤亡 4 个方面有一定问题,但不严重。

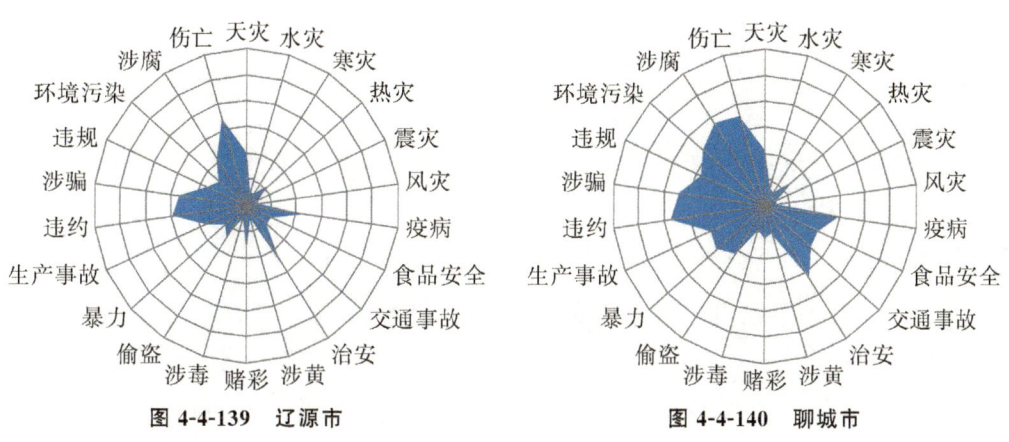

图 4-4-139　辽源市　　　　　图 4-4-140　聊城市

【图 4-4-139 解读】辽源仅存在不严重的伤亡问题。

【图 4-4-140 解读】聊城在治安、违约(含涉骗)、环境污染、涉腐和伤亡 5 个方面 6 个维度成问题,但均未达到严重级别。

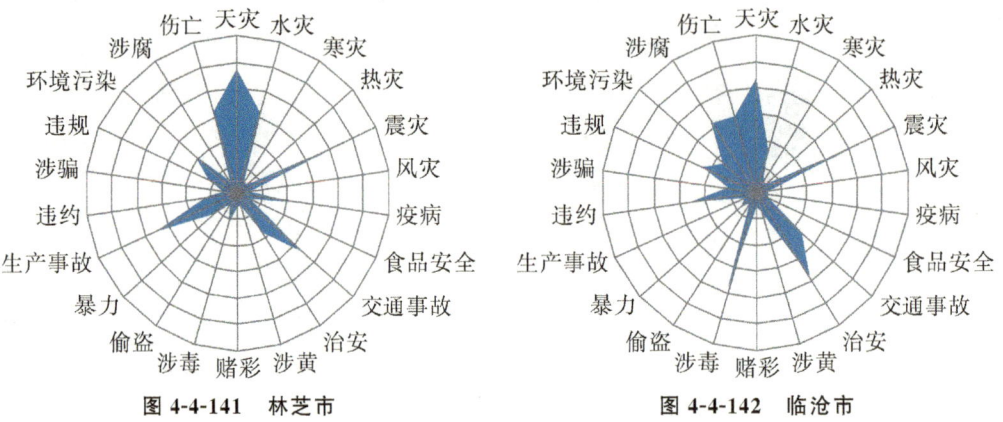

图 4-4-141　林芝市　　　　　图 4-4-142　临沧市

【图 4-4-141 解读】林芝在天灾(含水灾和震灾)、交通事故、生产事故和伤亡 4 个方面 6 个维度成问题,其中天灾(含震灾)均达到严重级别。

【图 4-4-142 解读】临沧在天灾(含震灾)、治安(含涉毒)、涉腐和伤亡 4 个方面 6 个维度成问题,其中天灾(含震灾)均达到严重级别。

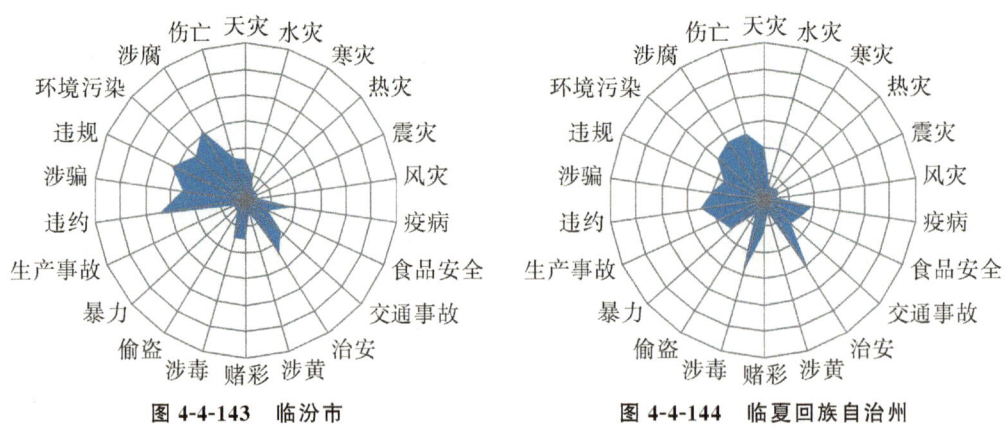

图 4-4-143　临汾市　　　　　图 4-4-144　临夏回族自治州

【图 4-4-143 解读】临汾仅在违约(含违规)和涉腐 2 个方面 3 个维度有一定问题,且不严重。

【图 4-4-144 解读】临夏仅存在不严重的治安问题。

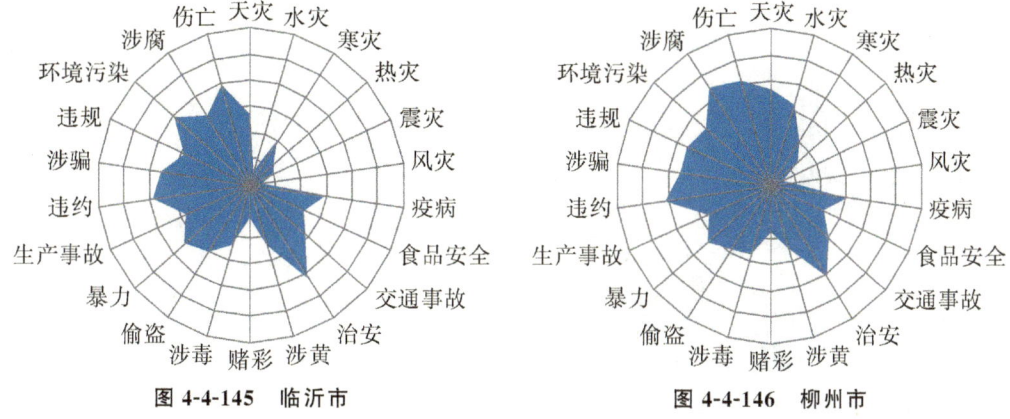

图 4-4-145　临沂市　　　　　　　　图 4-4-146　柳州市

【图4-4-145解读】临沂在治安(含偷盗和暴力)、违约(含涉骗)、环境污染、涉腐和伤亡5个方面8个维度成问题,其中治安达到严重级别。

【图4-4-146解读】柳州在食品安全、交通事故和生产事故之外的7个方面11个维度(含水灾、暴力、涉骗和违规)成问题,达到严重级别的有治安、违约、涉腐和伤亡4个方面。

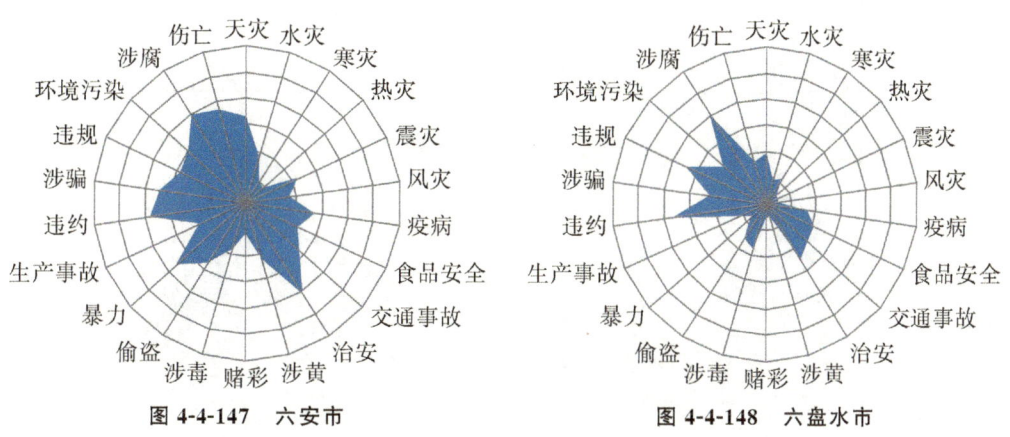

图 4-4-147　六安市　　　　　　　　图 4-4-148　六盘水市

【图4-4-147解读】六安在天灾、治安(含暴力)、违约(含涉骗)、涉腐和伤亡5个方面7个维度成问题,其中治安达到严重级别。

【图4-4-148解读】六盘水仅在违约(含违规)和涉腐2个方面3个维度有一定问题,且不严重。

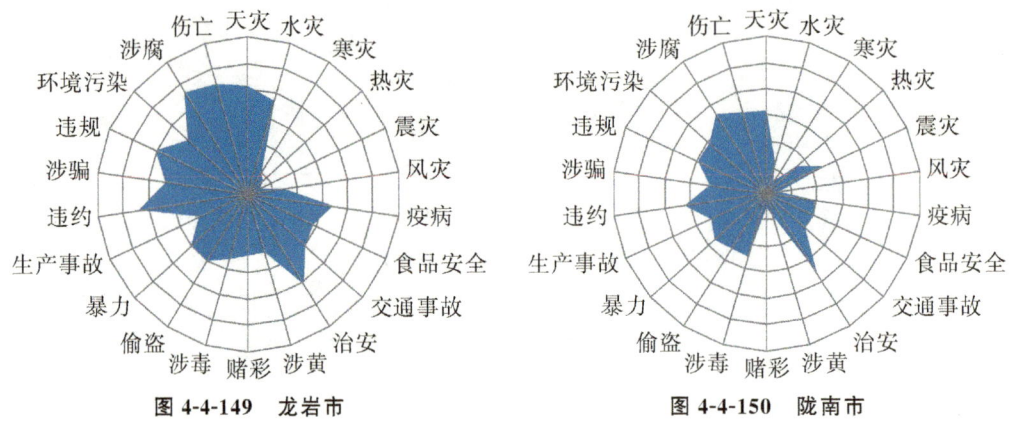

图 4-4-149　龙岩市　　　　　　　图 4-4-150　陇南市

【图 4-4-149 解读】龙岩在食品安全、交通事故和生产事故之外的 7 个方面 10 个维度（含水灾、涉骗和违约）成问题，且天灾、治安、违约（含违规）、涉腐和伤亡 5 个方面 6 个维度达到严重级别。

【图 4-4-150 解读】陇南的问题在于天灾、治安、违约、涉腐和伤亡 5 个方面，但都不严重。

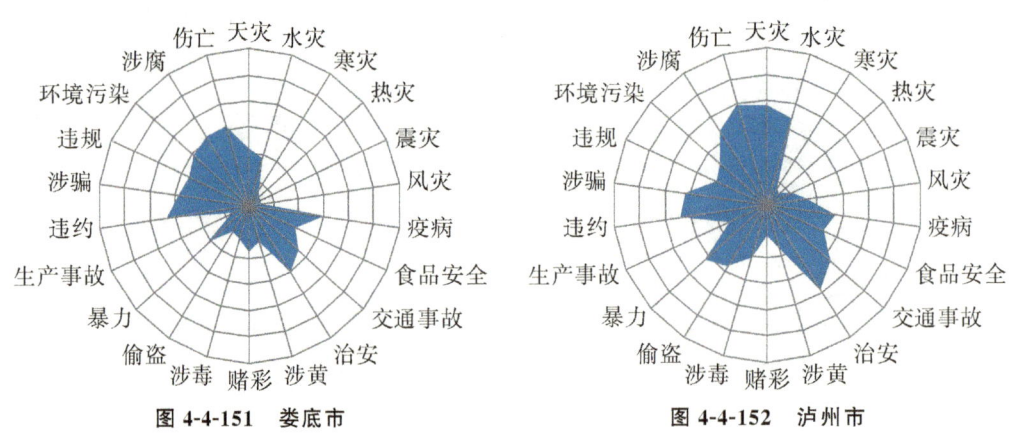

图 4-4-151　娄底市　　　　　　　图 4-4-152　泸州市

【图 4-4-151 解读】娄底在治安、违约、涉腐和伤亡 4 个方面有一定问题，但不严重。

【图 4-4-152 解读】泸州在天灾（含水灾）、交通事故、治安（含暴力）、违约（含涉骗）、涉腐和伤亡 6 个方面 9 个维度成问题，但均未达到严重级别。

四、研究结果——多维镜像

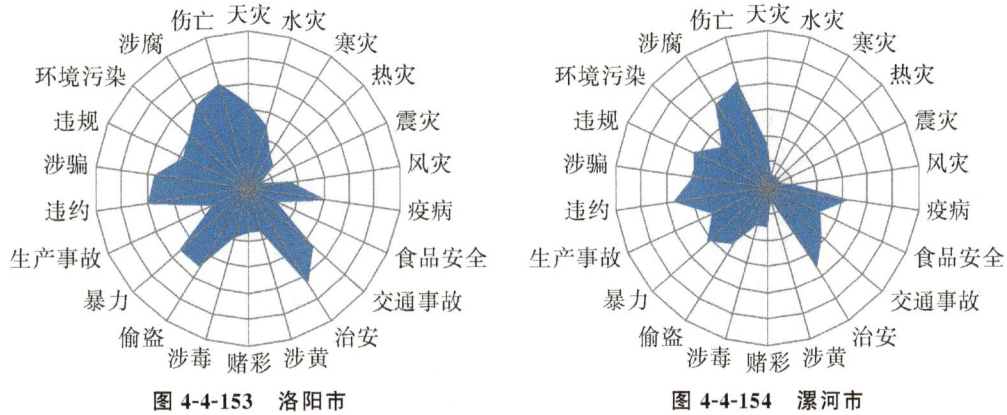

图 4-4-153　洛阳市　　　　　　　图 4-4-154　漯河市

【图 4-4-153 解读】洛阳在食品安全和生产事故之外的 8 个方面 11 个维度（含偷盗、暴力和涉骗）成问题，其中治安和伤亡达到严重级别。

【图 4-4-154 解读】漯河在疫病、治安（含暴力）、违约（含违规）、涉腐和伤亡 5 个方面 7 个维度成问题，其中伤亡达到严重级别。

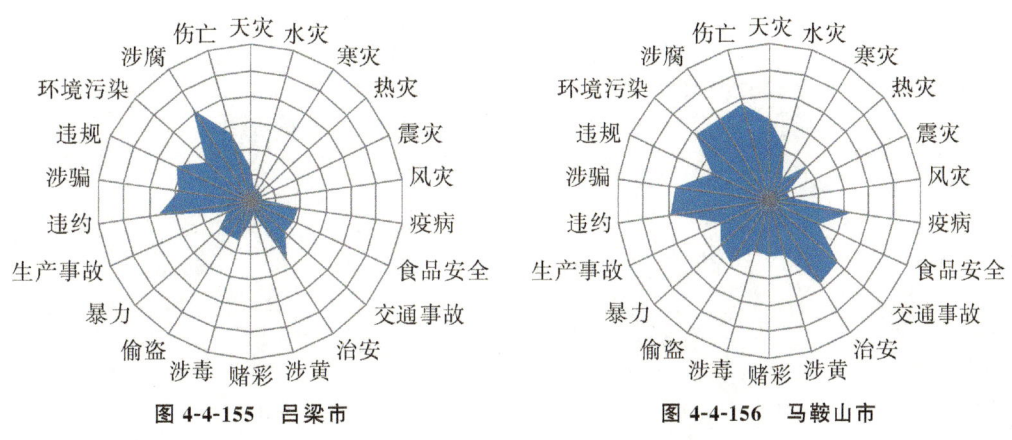

图 4-4-155　吕梁市　　　　　　　图 4-4-156　马鞍山市

【图 4-4-155 解读】吕梁仅在违约（含违规）和涉腐 2 个方面 3 个维度成问题，但涉腐达到严重级别。

【图 4-4-156 解读】马鞍山在食品安全和生产事故之外的 8 个方面 9 个维度（含涉骗）成问题，但都不严重。

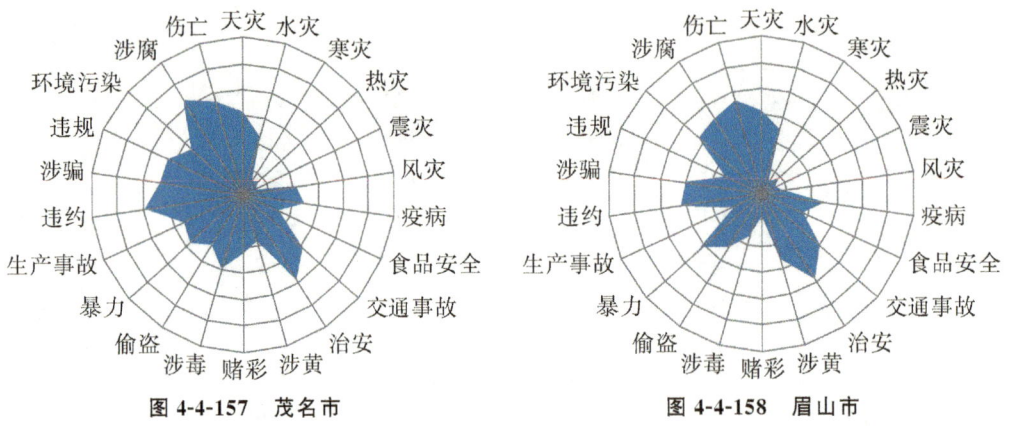

图 4-4-157　茂名市　　　　　　　图 4-4-158　眉山市

【图 4-4-157 解读】茂名在天灾、交通事故、治安、违约(含涉骗和违规)、涉腐和伤亡 6 个方面 8 个维度成问题,其中涉腐达到严重级别。

【图 4-4-158 解读】眉山在天灾、治安(含暴力)、违约(含涉骗)、环境污染、涉腐和伤亡 6 个方面 8 个维度成问题,但均未达到严重级别。

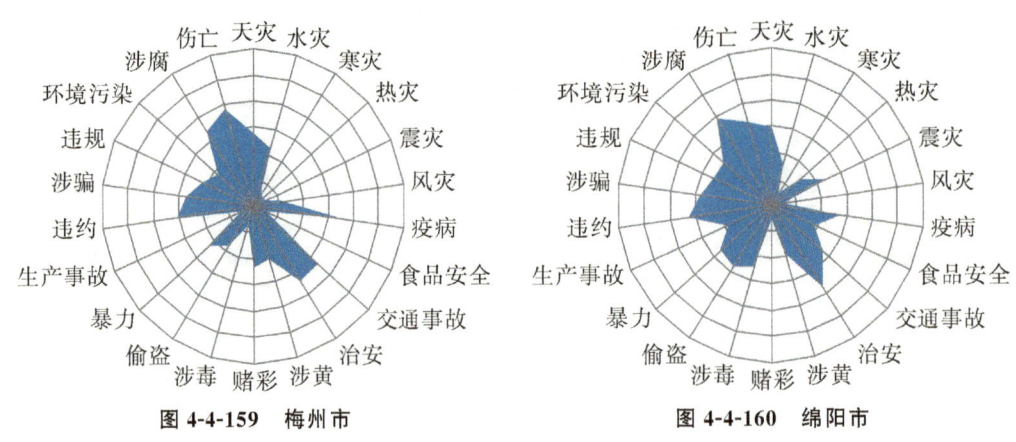

图 4-4-159　梅州市　　　　　　　图 4-4-160　绵阳市

【图 4-4-159 解读】梅州的问题在于疫病、交通事故、治安、违约、涉腐和伤亡 6 个方面,但都不严重。

【图 4-4-160 解读】绵阳在治安、违约、涉腐和伤亡 4 个方面有一定问题,但不严重。

四、研究结果——多维镜像 | 129

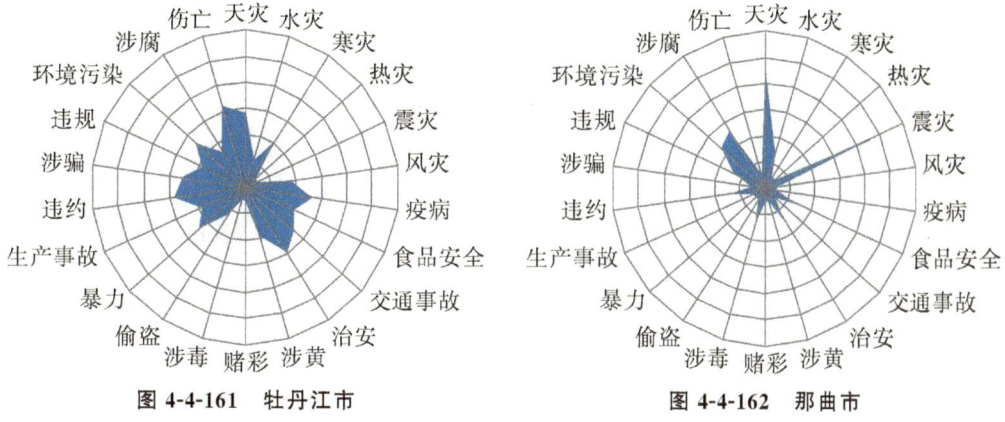

图 4-4-161　牡丹江市　　　　　　　图 4-4-162　那曲市

【图 4-4-161 解读】牡丹江仅存在不严重的伤亡问题。

【图 4-4-162 解读】那曲仅存在震灾为主的天灾问题,但均达到严重级别。

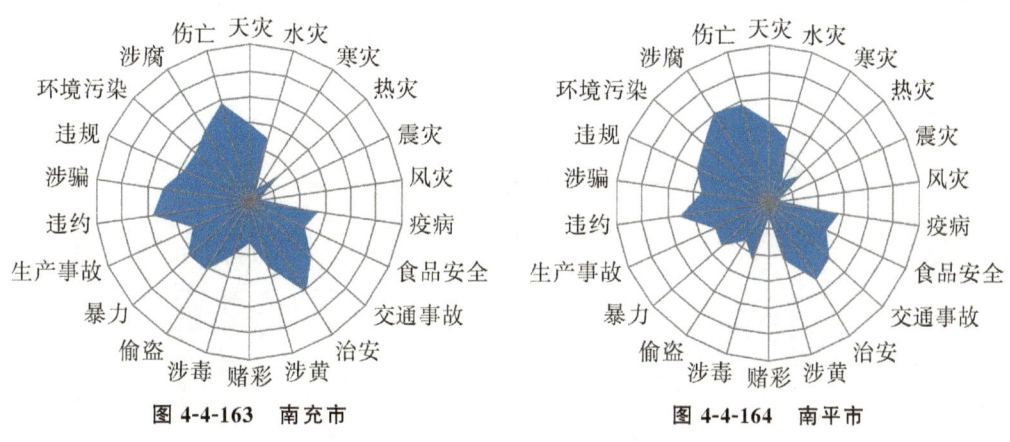

图 4-4-163　南充市　　　　　　　图 4-4-164　南平市

【图 4-4-163 解读】南充在交通事故、治安(含偷盗和暴力)、违约(含涉骗)、涉腐和伤亡 5 个方面 8 个维度成问题,其中治安达到严重级别。

【图 4-4-164 解读】南平在疫病、食品安全和生产事故之外的 7 个方面 8 个维度(含违规)成问题,其中涉腐达到严重级别。

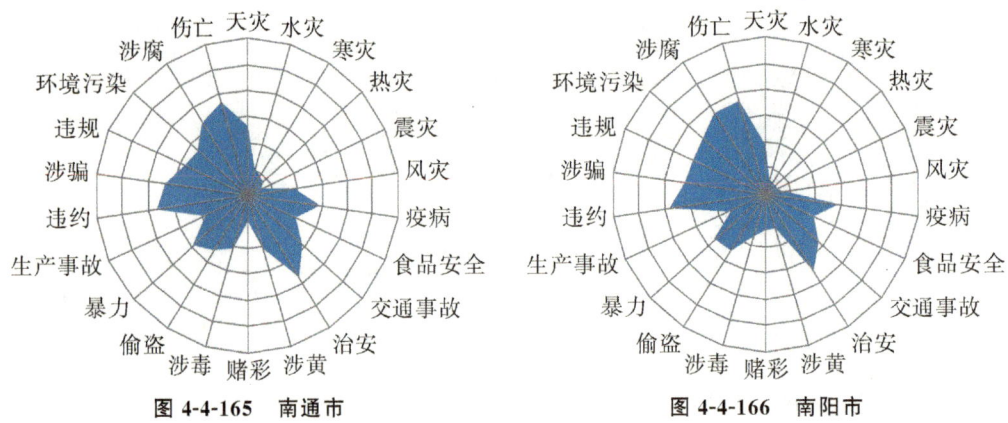

图 4-4-165　南通市　　　　　　　图 4-4-166　南阳市

【图 4-4-165 解读】南通在治安、违约（含涉骗）、涉腐和伤亡 4 个方面 5 个维度成问题，但都不严重。

【图 4-4-166 解读】南阳在治安、违约（含涉骗和违规）、环境污染、涉腐和伤亡 5 个方面 7 个维度成问题，但均未达到严重级别。

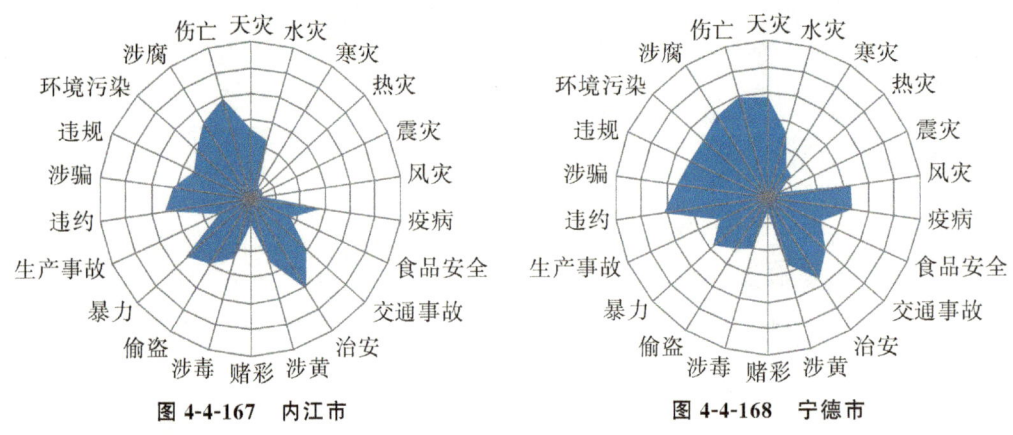

图 4-4-167　内江市　　　　　　　图 4-4-168　宁德市

【图 4-4-167 解读】内江在治安（含暴力）、违约（含涉骗）、涉腐和伤亡 4 个方面 6 个维度成问题，其中治安达到严重级别。

【图 4-4-168 解读】宁德在食品安全和生产事故之外的 8 个方面 11 个维度（含风灾、涉骗和违规）成问题，其中违约达到严重级别。

四、研究结果——多维镜像

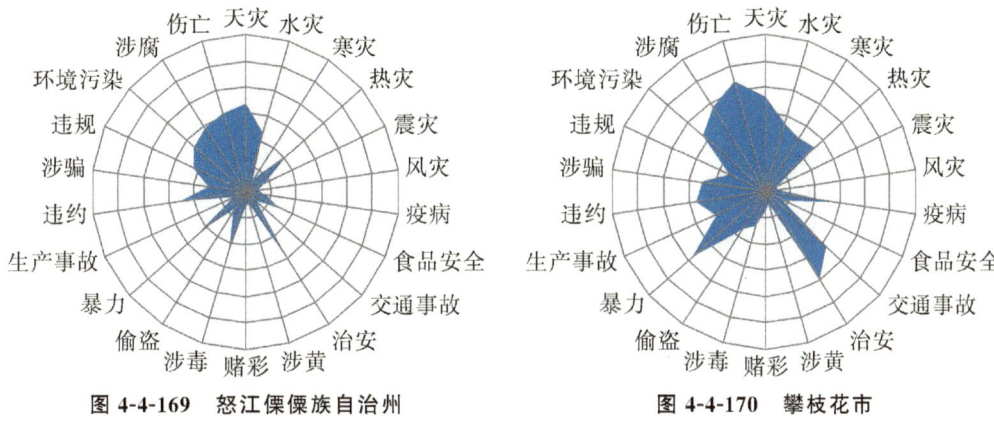

图 4-4-169　怒江傈僳族自治州　　　　　图 4-4-170　攀枝花市

【图 4-4-169 解读】怒江仅在天灾和伤亡 2 个方面有一定问题,且不严重。

【图 4-4-170 解读】攀枝花在天灾、交通事故、治安(含暴力)、环境污染、涉腐和伤亡 6 个方面 7 个维度成问题,其中伤亡达到严重级别。

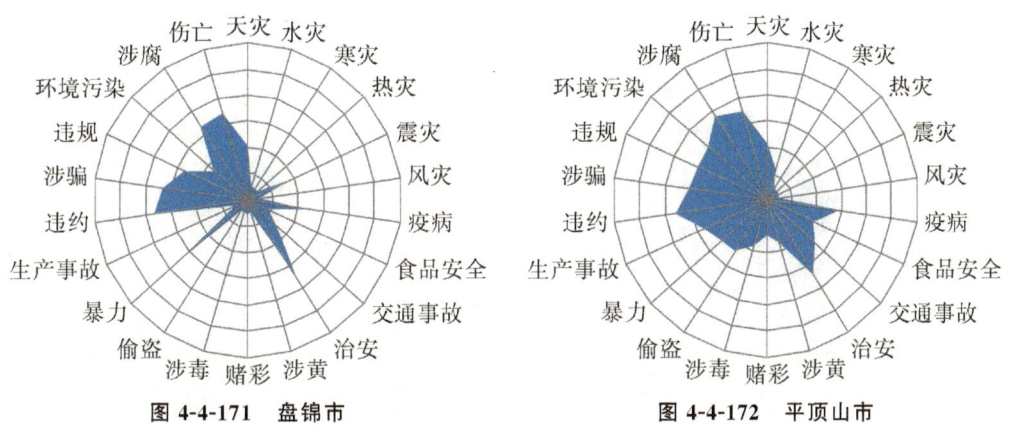

图 4-4-171　盘锦市　　　　　图 4-4-172　平顶山市

【图 4-4-171 解读】盘锦在治安(含暴力)、违约(含涉骗)、涉腐和伤亡 4 个方面 6 个维度成问题,但都不严重。

【图 4-4-172 解读】平顶山在治安、违约(含涉骗)、环境污染、涉腐和伤亡 5 个方面 6 个维度成问题,但均未达到严重级别。

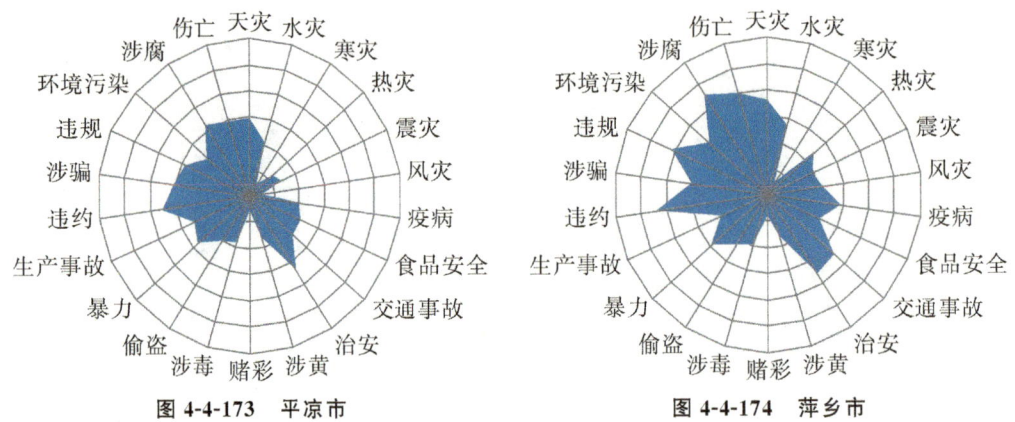

图 4-4-173　平凉市　　　　　　图 4-4-174　萍乡市

【图 4-4-173 解读】平凉在治安、违约(含涉骗)、和涉腐 3 个方面 4 个维度有一定问题,但不严重。

【图 4-4-174 解读】萍乡在疫病、食品安全和生产事故之外的 7 个方面 9 个维度(含涉骗和违规)成问题,且违约(含违规)、涉腐和伤亡 3 个方面 4 个维度达到严重级别。

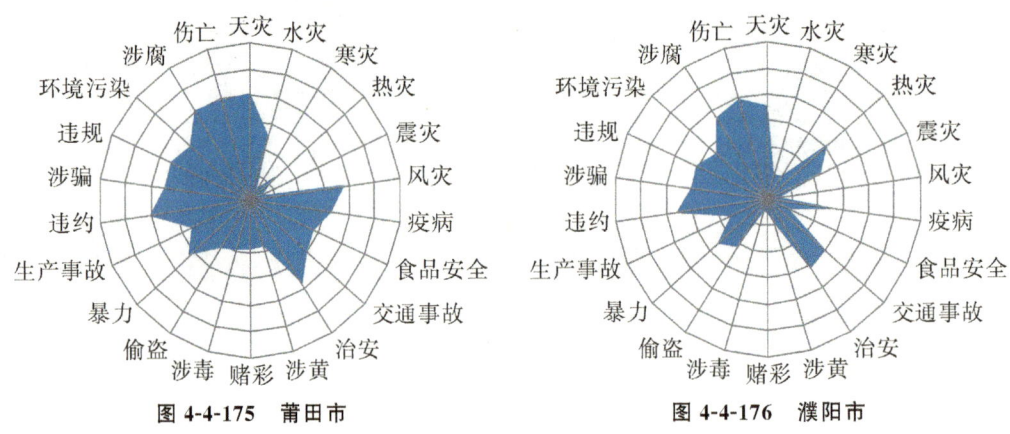

图 4-4-175　莆田市　　　　　　图 4-4-176　濮阳市

【图 4-4-175 解读】莆田在食品安全和生产事故之外的 8 个方面 12 个维度(含风灾、暴力、涉骗和违规)成问题,且天灾、违约和涉腐 3 个方面达到严重级别。

【图 4-4-176 解读】濮阳在天灾(含热灾)、治安、违约(含违规)、涉腐和伤亡 5 个方面 7 个维度成问题,但均未达到严重级别。

四、研究结果——多维镜像 | 133

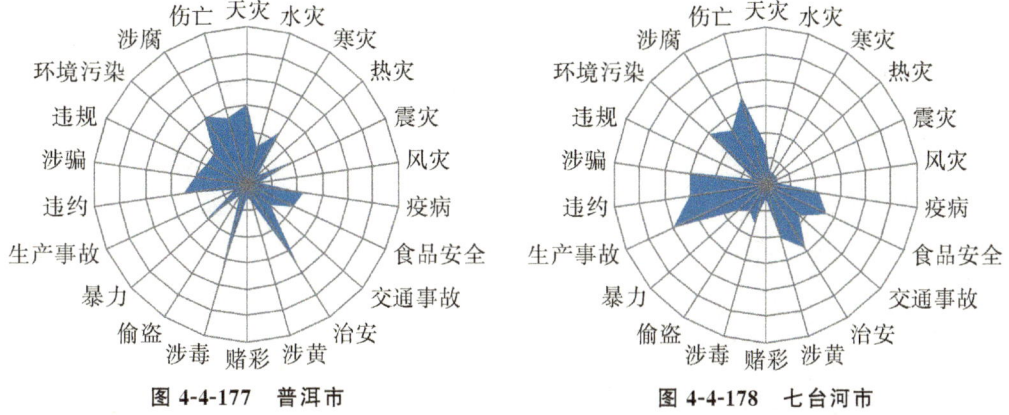

图 4-4-177　普洱市　　　　　　图 4-4-178　七台河市

【图 4-4-177 解读】普洱在天灾、治安(含涉毒)和涉腐 3 个方面 4 个维度有一定问题，但不严重。

【图 4-4-178 解读】七台河在生产事故、违约(含涉骗)和伤亡 3 个方面 4 个维度有一定问题，但不严重。

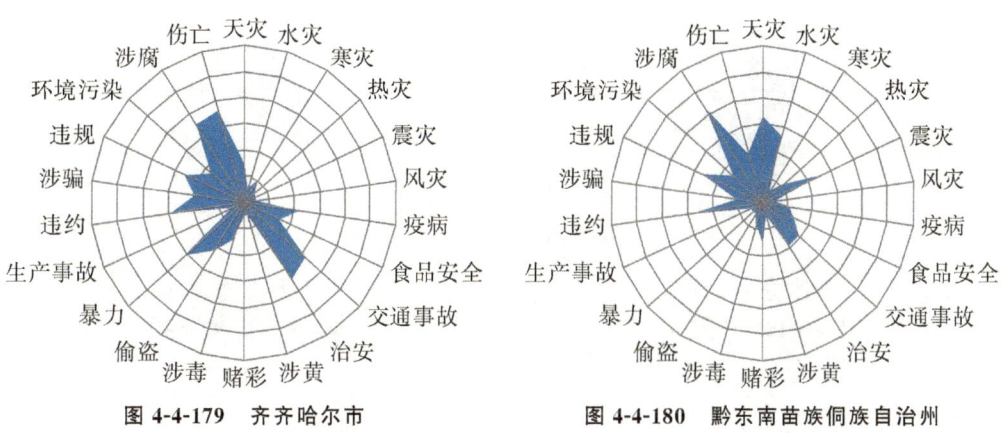

图 4-4-179　齐齐哈尔市　　　　图 4-4-180　黔东南苗族侗族自治州

【图 4-4-179 解读】齐齐哈尔在交通事故、治安(含暴力)、涉腐和伤亡 4 个方面 5 个维度成问题，但均未达到严重级别。

【图 4-4-180 解读】黔东南仅在天灾和涉腐 2 个方面成问题，但涉腐达到严重级别。

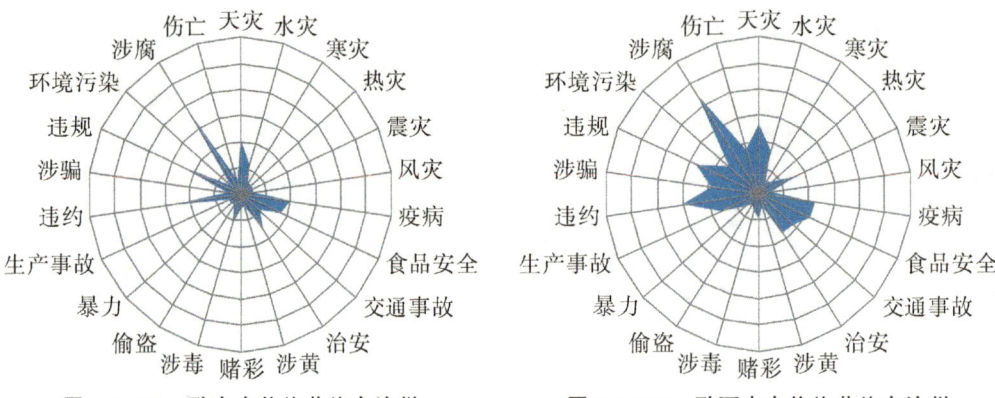

图 4-4-181　黔南布依族苗族自治州　　　图 4-4-182　黔西南布依族苗族自治州

【图 4-4-181 解读】黔南仅存在不严重的涉腐问题。

【图 4-4-182 解读】黔西南仅存在达到严重级别的涉腐问题。

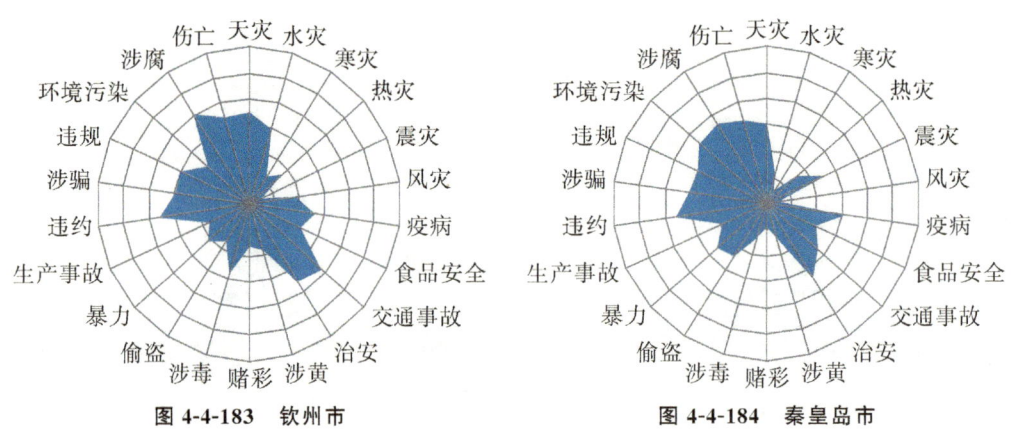

图 4-4-183　钦州市　　　图 4-4-184　秦皇岛市

【图 4-4-183 解读】钦州的问题在于天灾、交通事故、治安、违约、涉腐和伤亡 6 个方面，其中涉腐达到严重级别。

【图 4-4-184 解读】秦皇岛在食品安全、交通事故和生产事故之外的 7 个方面 8 个维度（含涉骗）成问题，但均未达到严重级别。

四、研究结果——多维镜像

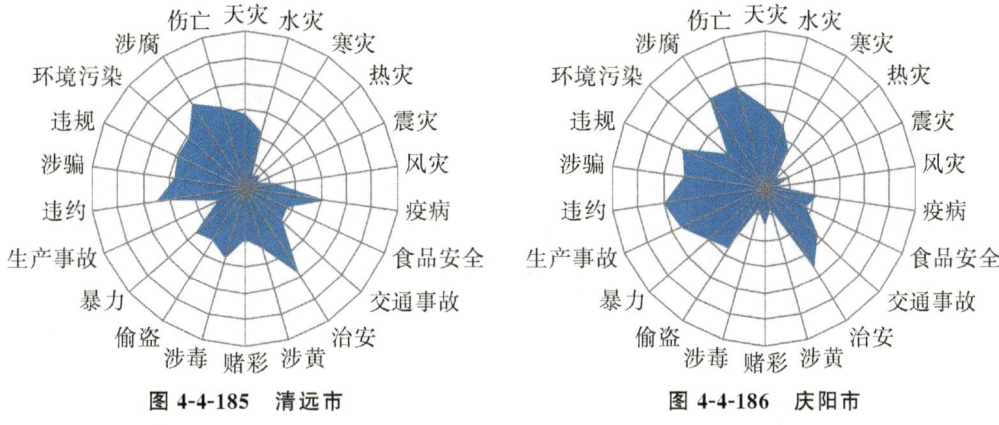

图 4-4-185　清远市　　　　　　　图 4-4-186　庆阳市

【图 4-4-185 解读】清远的问题在于疫病、治安、违约、涉腐和伤亡 5 个方面,但都不严重。

【图 4-4-186 解读】庆阳在天灾、治安、生产事故、违约(含涉骗和违规)、涉腐和伤亡 6 个方面 8 个维度成问题,其中涉腐和伤亡达到严重级别。

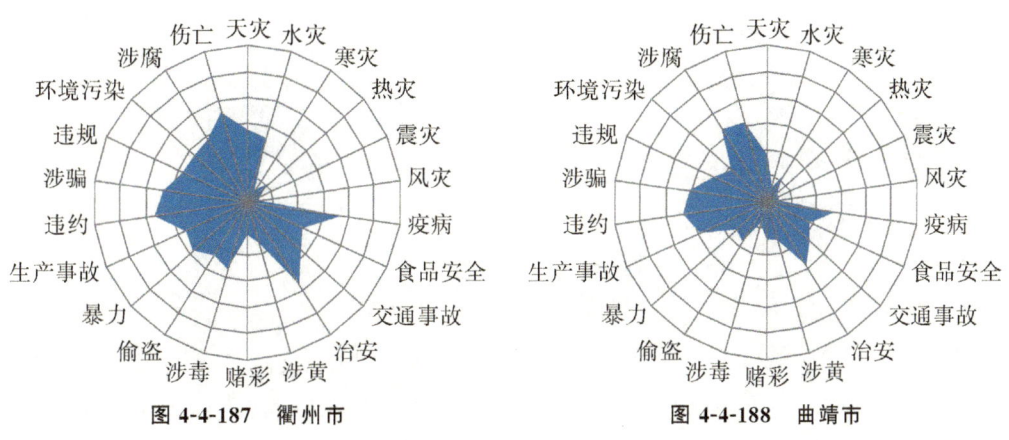

图 4-4-187　衢州市　　　　　　　图 4-4-188　曲靖市

【图 4-4-187 解读】衢州在疫病、治安、违约(含涉骗)和伤亡 4 个方面 5 个维度成问题,但均未达到严重级别。

【图 4-4-188 解读】曲靖在违约(含涉骗)、涉腐和伤亡 3 个方面 4 个维度有一定问题,但不严重。

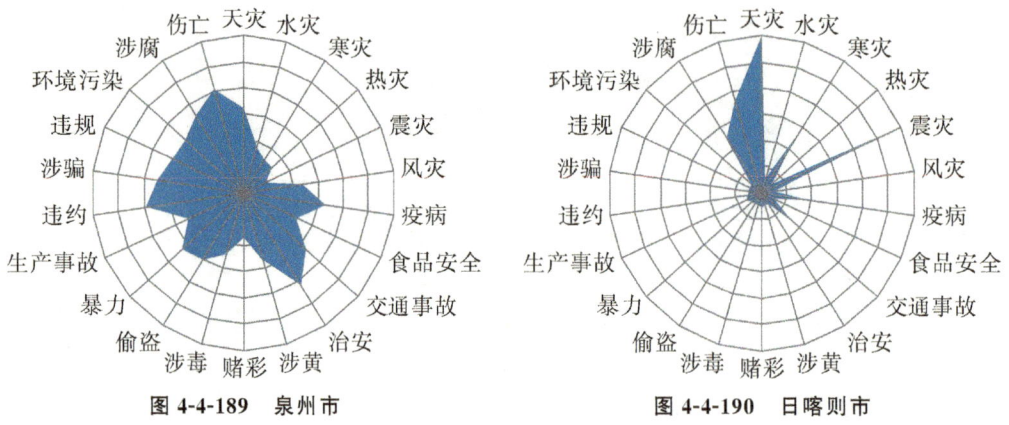

图 4-4-189　泉州市　　　　　　　图 4-4-190　日喀则市

【图 4-4-189 解读】泉州在食品安全和生产事故之外的 8 个方面 12 个维度（含偷盗、暴力、涉骗和违规）成问题，其中治安和伤亡达到严重级别。

【图 4-4-190 解读】日喀则仅在天灾（含震灾）和伤亡 2 个方面 3 个维度成问题，但伤亡达到严重级别，天灾（含震灾）均达到很严重的级别。

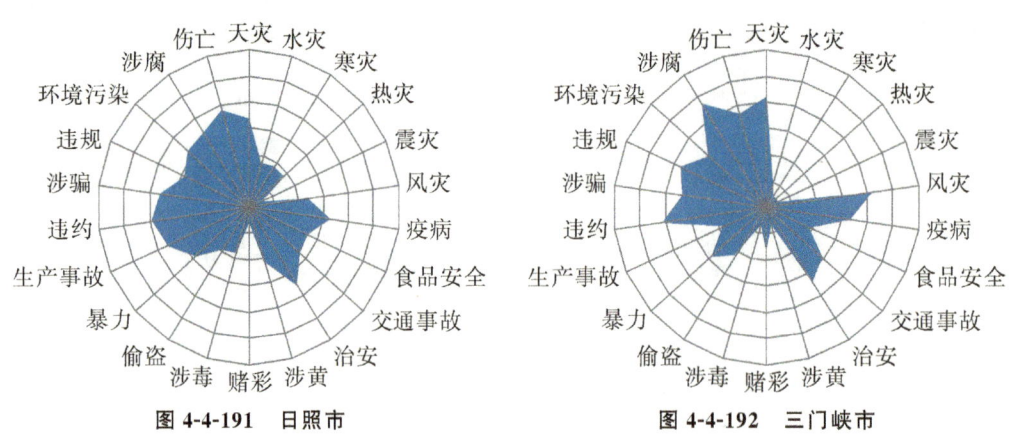

图 4-4-191　日照市　　　　　　　图 4-4-192　三门峡市

【图 4-4-191 解读】日照在食品安全和交通事故之外的 8 个方面 9 个维度（含涉骗）成问题，但都不严重。

【图 4-4-192 解读】三门峡在天灾（含风灾）、疫病、治安、违约（含涉骗和违规）、涉腐和伤亡 6 个方面 9 个维度成问题，且天灾（含风灾）、违约和涉腐 3 个方面 4 个维度达到严重级别。

四、研究结果——多维镜像

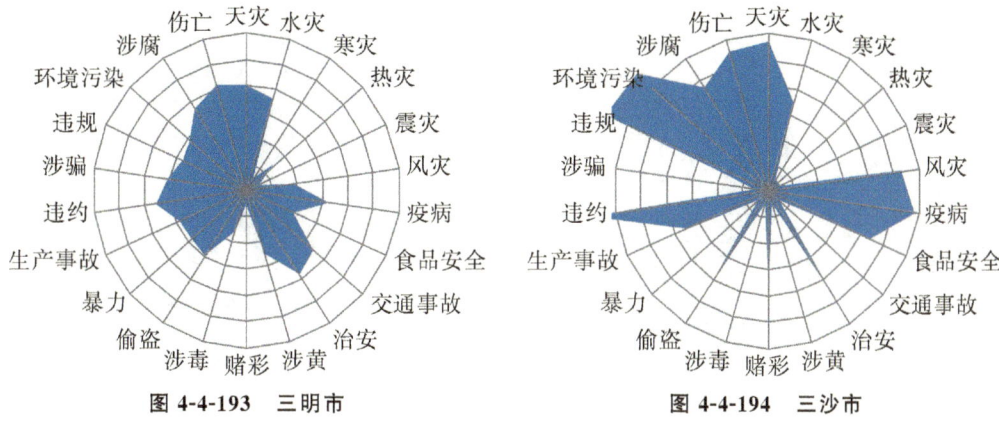

图 4-4-193　三明市　　　　　　　图 4-4-194　三沙市

【图 4-4-193 解读】三明在食品安全、生产事故和环境污染之外的 7 个方面 9 个维度（含水灾和涉骗）成问题，其中伤亡达到严重级别。

【图 4-4-194 解读】三沙在交通事故之外的 9 个方面 14 个维度（含水灾、风灾、赌彩、偷盗和违规）成问题，达到严重级别的有食品安全、治安（含偷盗）、涉腐 3 个方面 4 个维度，且天灾（含风灾）、疫病、违约（含违规）、环境污染、和伤亡 5 个方面 7 个维度达到很严重的级别。

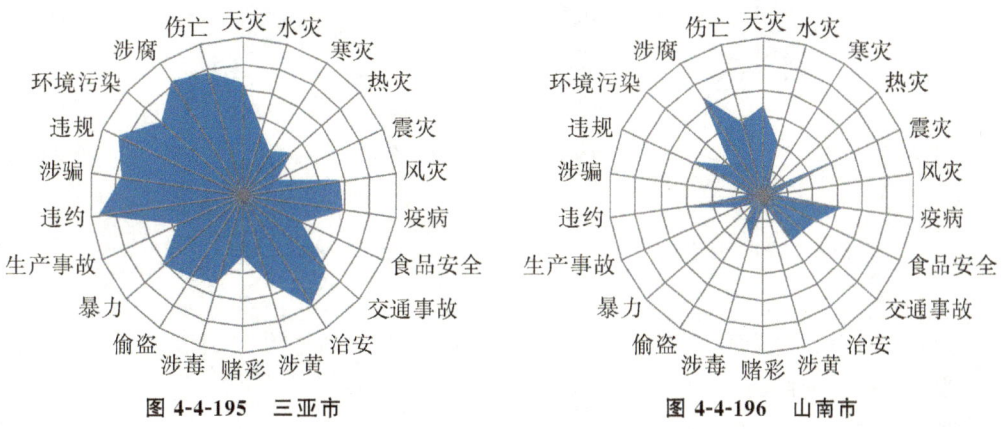

图 4-4-195　三亚市　　　　　　　图 4-4-196　山南市

【图 4-4-195 解读】三亚在食品安全和生产事故之外的 8 个方面 15 个维度（含风灾、涉黄、涉毒、偷盗、暴力、涉骗和违规）成问题，达到严重级别的有天灾、交通事故、治安（含暴力）、环境污染和伤亡 5 个方面 6 个维度以及子维度涉骗，且违约（含违规）和涉腐 2 个方面 3 个维度达到很严重的级别。

【图 4-4-196 解读】山南在天灾（含震灾）、疫病、违约（含违规）和涉腐 4 个方面 6 个维度成问题，其中涉腐达到严重级别。

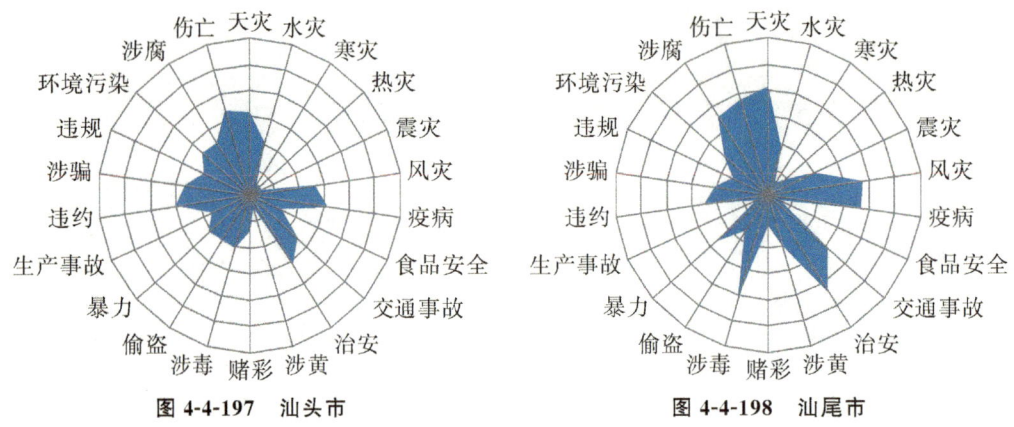

图 4-4-197　汕头市　　　　　　　图 4-4-198　汕尾市

【图 4-4-197 解读】 汕头在天灾、疫病、治安和伤亡 4 个方面有一定问题,但不严重。

【图 4-4-198 解读】 汕尾在天灾(含风灾)、疫病、交通事故、治安(含涉毒)、涉腐和伤亡 6 个方面 8 个维度成问题,且天灾和治安(含涉毒)2 个方面 3 个维度达到严重级别。

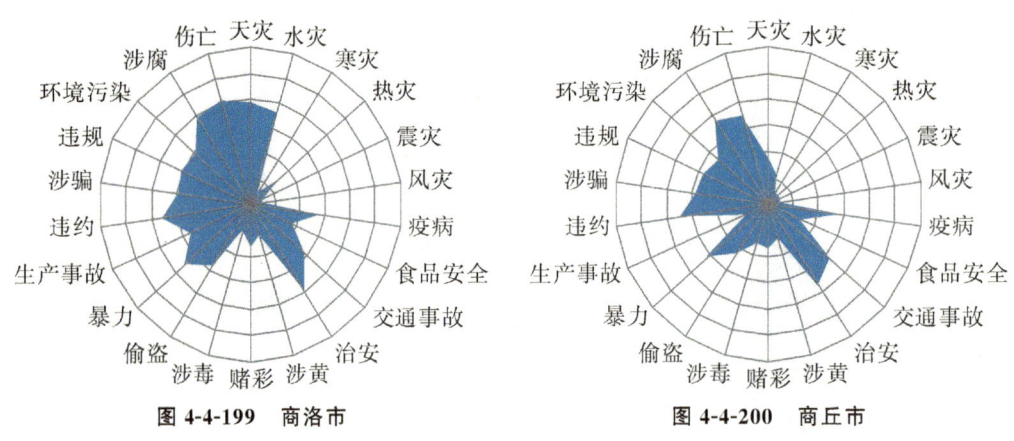

图 4-4-199　商洛市　　　　　　　图 4-4-200　商丘市

【图 4-4-199 解读】 商洛在天灾(含水灾)、治安(含暴力)、违约(含违规)、涉腐和伤亡 5 个方面 8 个维度成问题,其中伤亡达到严重级别。

【图 4-4-200 解读】 商丘在交通事故、治安(含暴力)、违约、涉腐和伤亡 5 个方面 6 个维度成问题,但均未达到严重级别。

四、研究结果——多维镜像

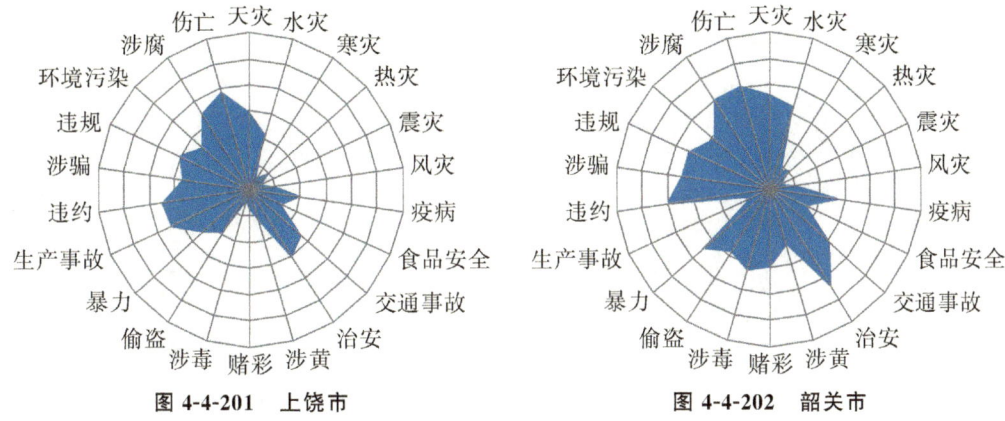

图 4-4-201　上饶市　　　　　　　图 4-4-202　韶关市

【图 4-4-201 解读】上饶在治安、生产事故、违约（含违规）、涉腐和伤亡 5 个方面 6 个维度成问题，但均未达到严重级别。

【图 4-4-202 解读】韶关在天灾（含水灾）、交通事故、治安（含涉毒和暴力）、违约（含涉骗和违规）、涉腐和伤亡 6 个方面 11 个维度成问题，且治安、违约、涉腐和伤亡 4 个方面达到严重级别。

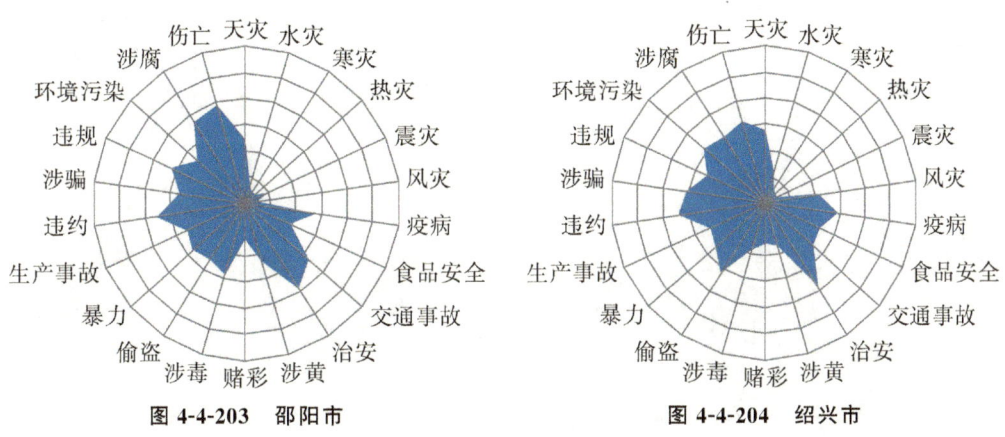

图 4-4-203　邵阳市　　　　　　　图 4-4-204　绍兴市

【图 4-4-203 解读】邵阳在交通事故、治安、违约（含违规）、涉腐和伤亡 5 个方面 6 个维度成问题，但均未达到严重级别。

【图 4-4-204 解读】绍兴在治安（含偷盗）、违约（含涉骗）、环境污染和伤亡 4 个方面 6 个维度成问题，但都不严重。

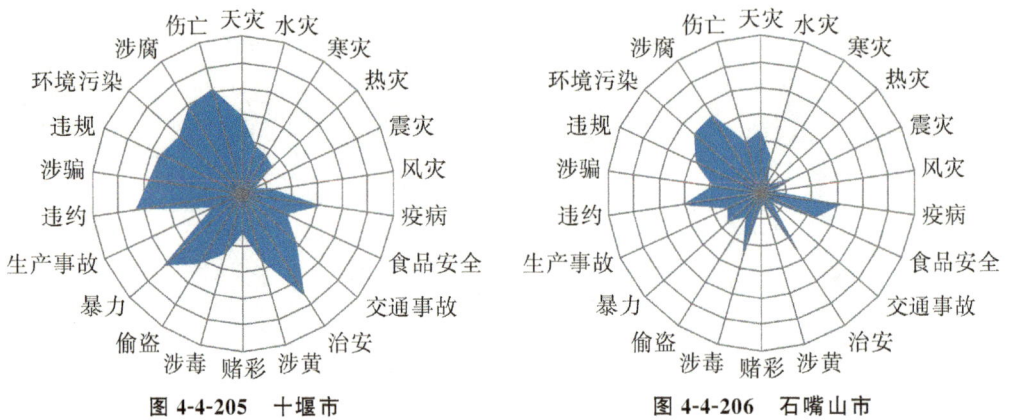

图 4-4-205　十堰市　　　　　　　图 4-4-206　石嘴山市

【图 4-4-205 解读】十堰在疫病、治安(含偷盗和暴力)、违约(含涉骗和违规)、环境污染、涉腐和伤亡 6 个方面 10 个维度成问题,且治安(含暴力)、违约和伤亡 3 个方面 4 个维度达到严重级别。

【图 4-4-206 解读】石嘴山在疫病、违约、环境污染和涉腐 4 个方面有一定问题,但不严重。

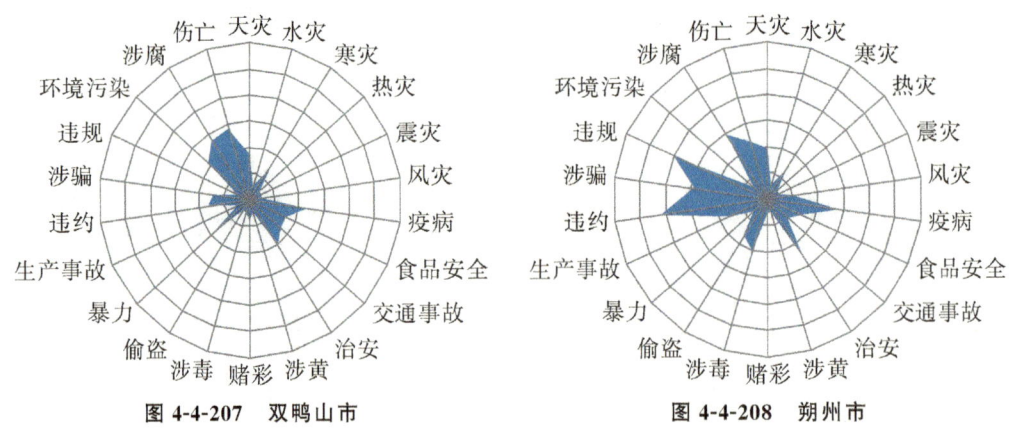

图 4-4-207　双鸭山市　　　　　　图 4-4-208　朔州市

【图 4-4-207 解读】双鸭山风调雨顺、平安祥和,没有什么大问题。

【图 4-4-208 解读】朔州仅存在以违规为主的违约问题,但均达到严重级别。

图 4-4-209　四平市

图 4-4-210　松原市

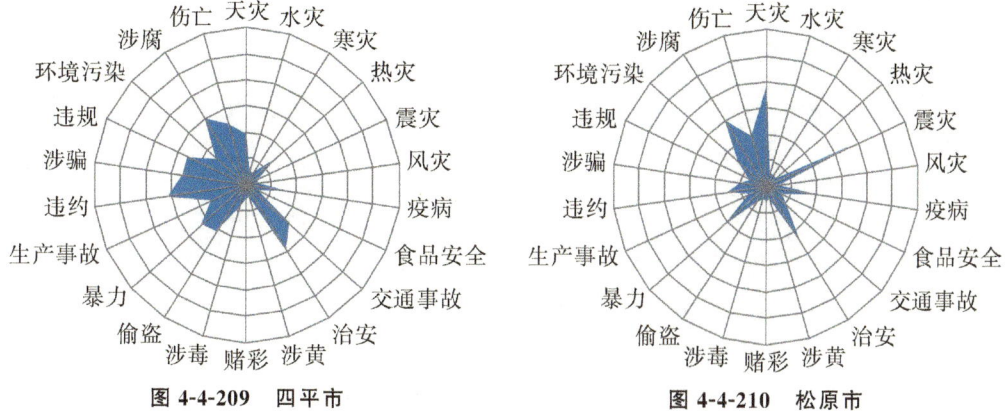

【图 4-4-209 解读】四平仅存在不严重的违约问题。

【图 4-4-210 解读】松原仅在天灾(含震灾)和涉腐 2 个方面 3 个维度有一定问题,且不严重。

图 4-4-211　苏州市

图 4-4-212　绥化市

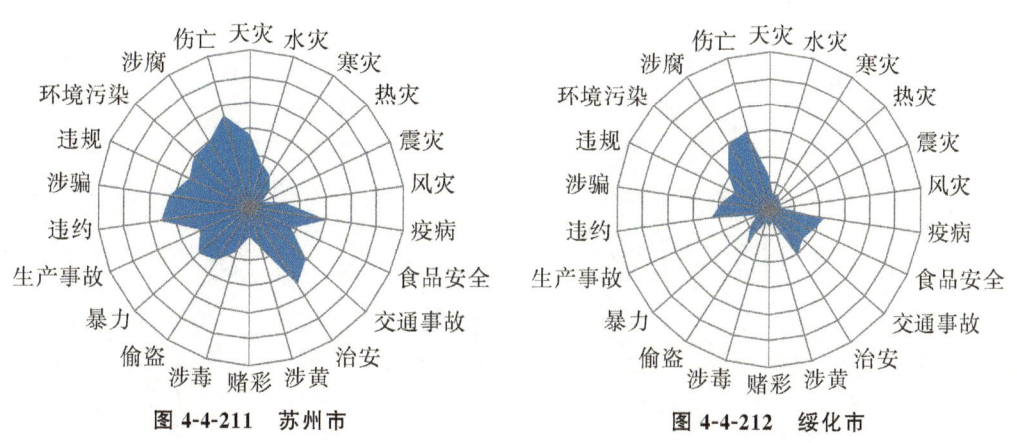

【图 4-4-211 解读】苏州在疫病、治安、违约(含涉骗)和伤亡 4 个方面 5 个维度成问题,但都不严重。

【图 4-4-212 解读】绥化风调雨顺,仅存在不严重的伤亡问题。

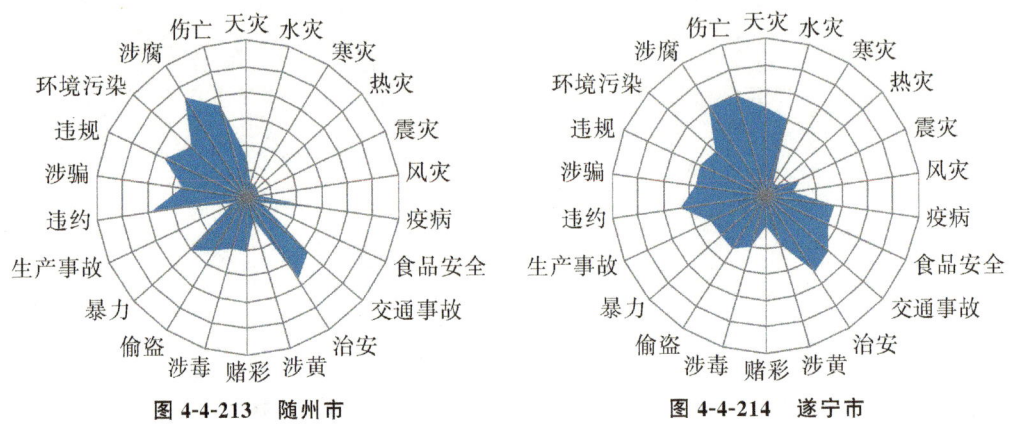

图 4-4-213　随州市　　　　　　图 4-4-214　遂宁市

【图 4-4-213 解读】随州在交通事故、治安(含暴力)、违约(含违规)、涉腐和伤亡 5 个方面 7 个维度成问题,其中涉腐达到严重级别。

【图 4-4-214 解读】遂宁在天灾(含水灾)、交通事故、治安、违约、涉腐和伤亡 6 个方面 7 个维度成问题,其中涉腐达到严重级别。

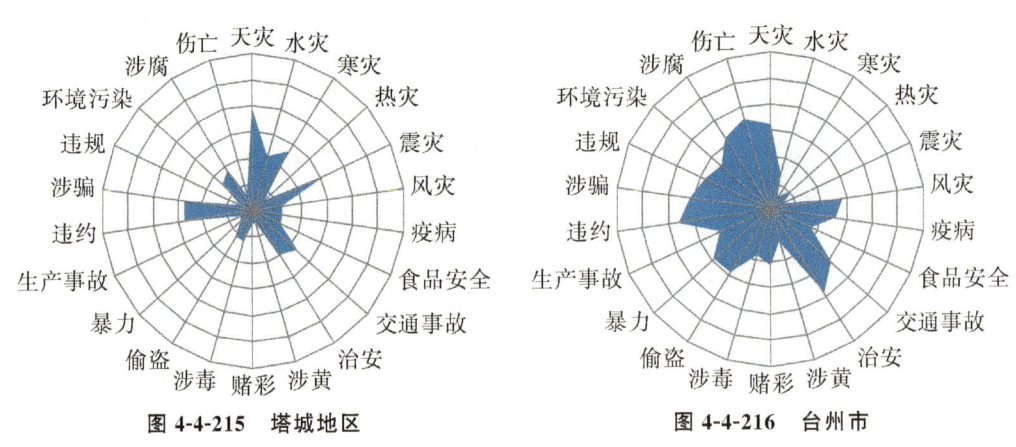

图 4-4-215　塔城地区　　　　　　图 4-4-216　台州市

【图 4-4-215 解读】塔城仅存在以震灾为主的天灾问题,且不严重。

【图 4-4-216 解读】台州在天灾、交通事故、治安、违约(含涉骗)、涉腐和伤亡 6 个方面 7 个维度成问题,但均未达到严重级别。

四、研究结果——多维镜像

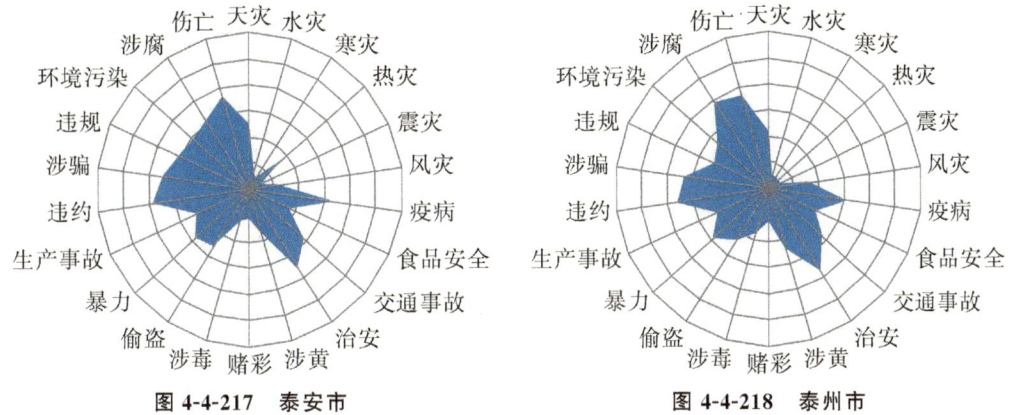

图 4-4-217 泰安市　　　　　　图 4-4-218 泰州市

【图 4-4-217 解读】泰安在疫病、治安、违约（含涉骗和违规）、涉腐和伤亡 5 个方面 7 个维度成问题，但都不严重。

【图 4-4-218 解读】泰州在疫病、治安、违约（含涉骗）、涉腐和伤亡 5 个方面 6 个维度成问题，但均未达到严重级别。

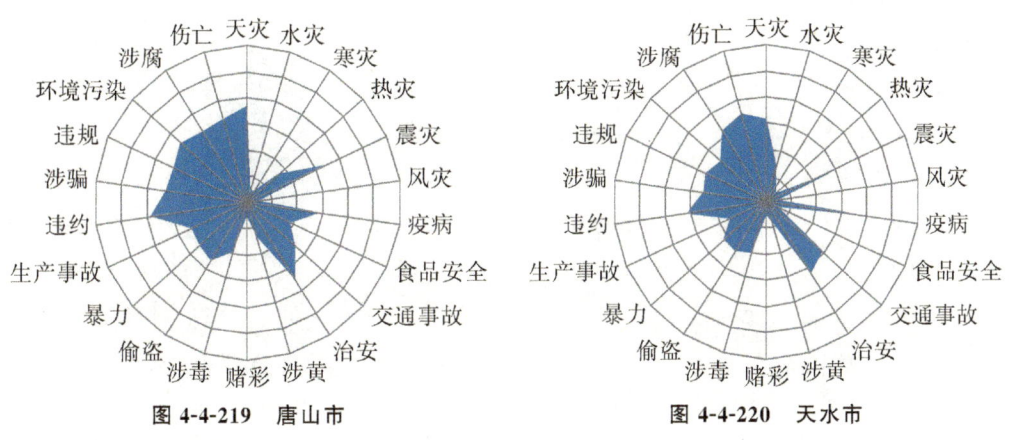

图 4-4-219 唐山市　　　　　　图 4-4-220 天水市

【图 4-4-219 解读】唐山在天灾（含震灾）、治安、违约（含涉骗和违规）、环境污染、涉腐和伤亡 6 个方面 9 个维度成问题，但均未达到严重级别。

【图 4-4-220 解读】天水的问题在于天灾、疫病、治安、违约、涉腐和伤亡 6 个方面，但都不严重。

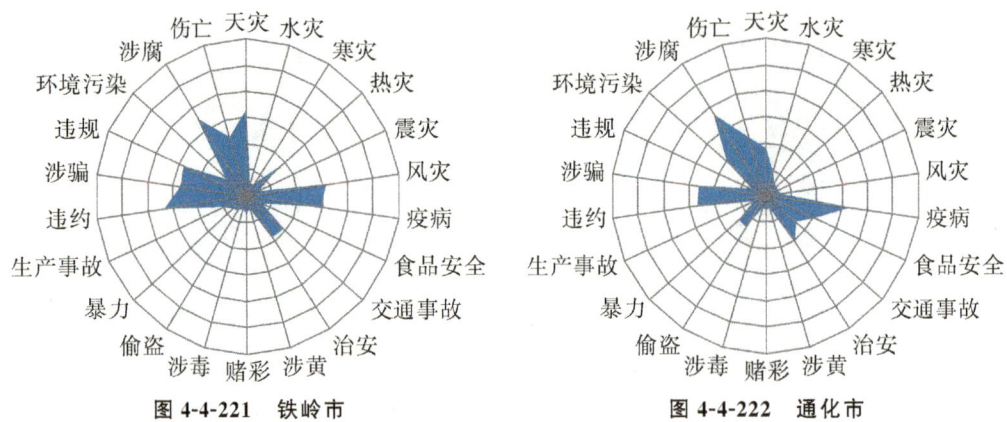

图 4-4-221　铁岭市　　　　　　　图 4-4-222　通化市

【图 4-4-221 解读】铁岭在天灾(含风灾)、违约和涉腐 3 个方面 4 个维度有一定问题，但不严重。

【图 4-4-222 解读】通化仅在疫病和涉腐 2 个方面有一定问题，且不严重。

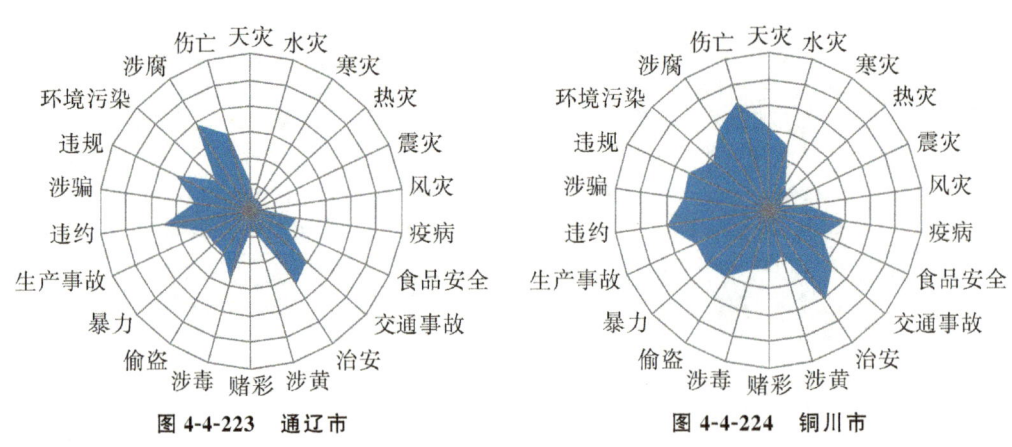

图 4-4-223　通辽市　　　　　　　图 4-4-224　铜川市

【图 4-4-223 解读】通辽在治安、违约(含违规)和涉腐 3 个方面 4 个维度有一定问题，但不严重。

【图 4-4-224 解读】铜川在疫病、食品安全和环境污染之外的 7 个方面 11 个维度(含偷盗、暴力、涉骗和违规)成问题，其中治安和伤亡达到严重级别。

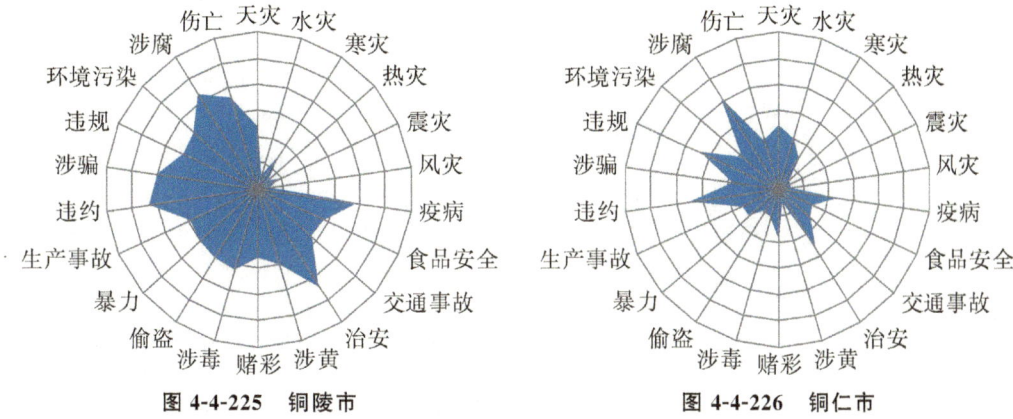

图 4-4-225　铜陵市　　　　　　　图 4-4-226　铜仁市

【图 4-4-225 解读】铜陵在疫病、治安(含涉毒、偷盗和暴力)、违约(含涉骗和违规)、环境污染、涉腐和伤亡 6 个方面 11 个维度成问题,且治安、违约和涉腐 3 个方面达到严重级别。

【图 4-4-226 解读】铜仁仅在违约(含违规)和涉腐 2 个方面 3 个维度成问题,但涉腐达到严重级别。

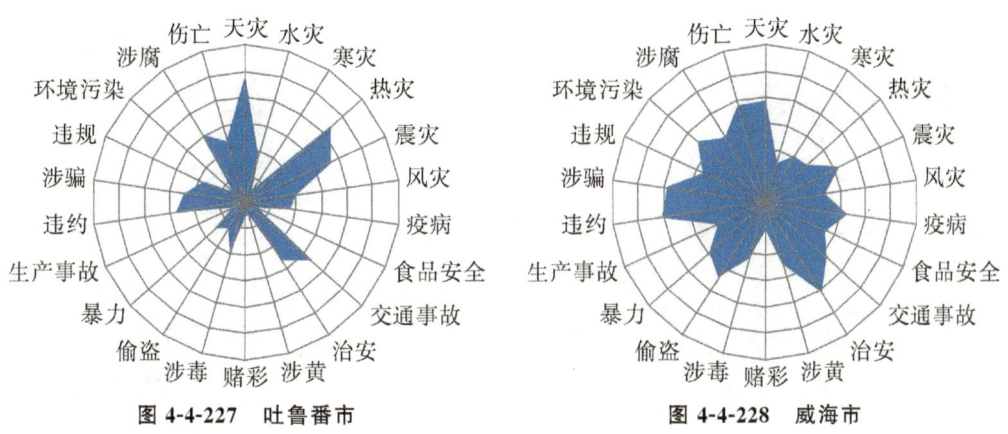

图 4-4-227　吐鲁番市　　　　　　图 4-4-228　威海市

【图 4-4-227 解读】吐鲁番的问题在于天灾(含热灾和震灾)、交通事故和涉腐 3 个方面 5 个维度,其中天灾(含热灾)均达到严重级别。

【图 4-4-228 解读】威海在食品安全、生产事故和涉腐之外的 7 个方面 10 个维度(含震灾、偷盗和涉骗)成问题,其中治安和违约达到严重级别。

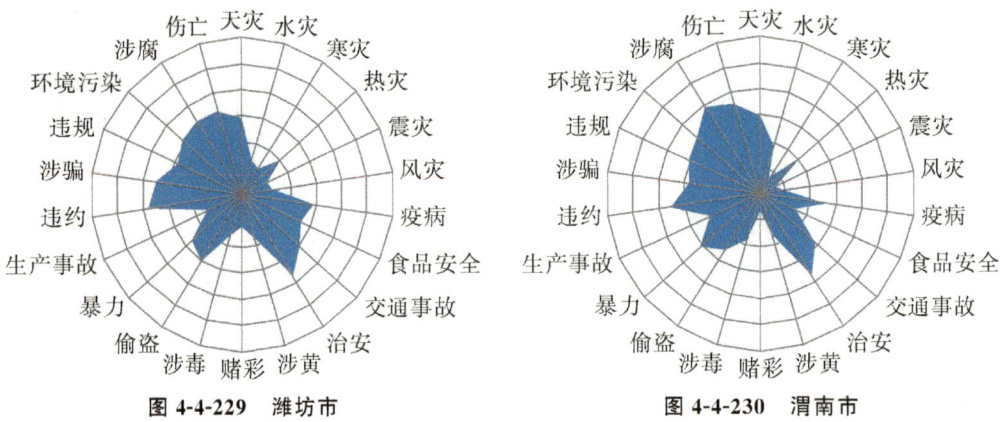

图 4-4-229　潍坊市　　　　　　　图 4-4-230　渭南市

【图 4-4-229 解读】潍坊在交通事故、治安（含偷盗）、违约（含涉骗）、环境污染、涉腐和伤亡 6 个方面 8 个维度成问题，但都不严重。

【图 4-4-230 解读】渭南在治安（含暴力）、违约（含违规）、环境污染、涉腐和伤亡 5 个方面 7 个维度成问题，但均未达到严重级别。

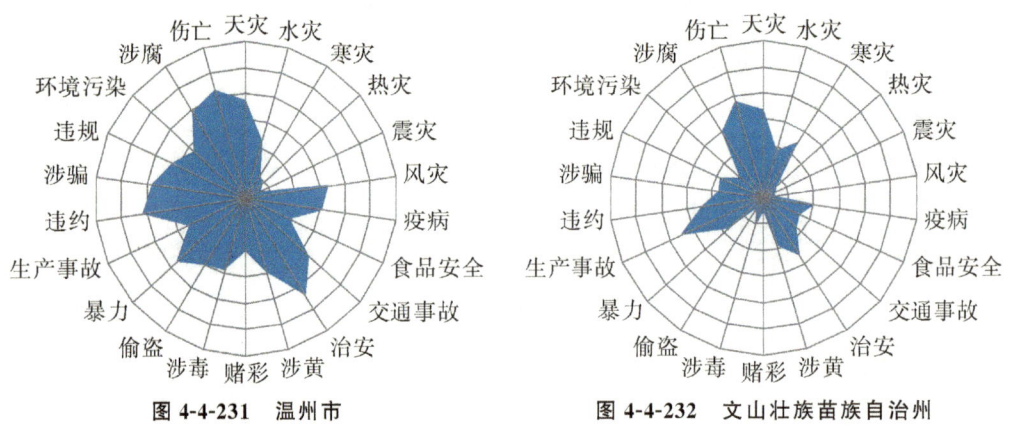

图 4-4-231　温州市　　　　　　　图 4-4-232　文山壮族苗族自治州

【图 4-4-231 解读】温州在食品安全、生产事故和环境污染之外的 7 个方面 11 个维度（含风灾、暴力、涉骗和违规）成问题，且治安、违约和伤亡 3 个方面达到严重级别。

【图 4-4-232 解读】文山仅在天灾、生产事故和伤亡 3 个方面有一定问题，且不严重。

四、研究结果——多维镜像

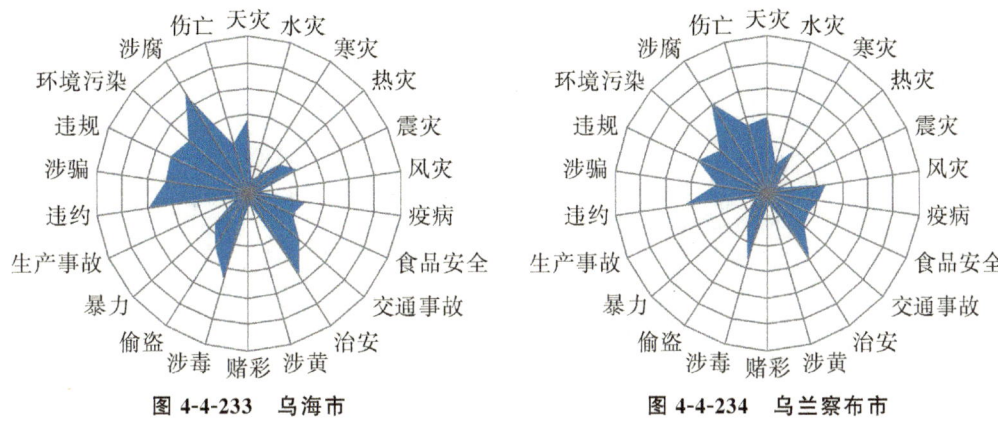

图 4-4-233　乌海市　　　　　　　图 4-4-234　乌兰察布市

【图 4-4-233 解读】乌海在治安（含涉毒）、违约（含涉骗和违规）、环境污染和涉腐 4 个方面 7 个维度成问题，其中涉腐达到严重级别。

【图 4-4-234 解读】乌兰察布仅在违约和涉腐 2 个方面有一定问题，但伤亡达到严重级别。

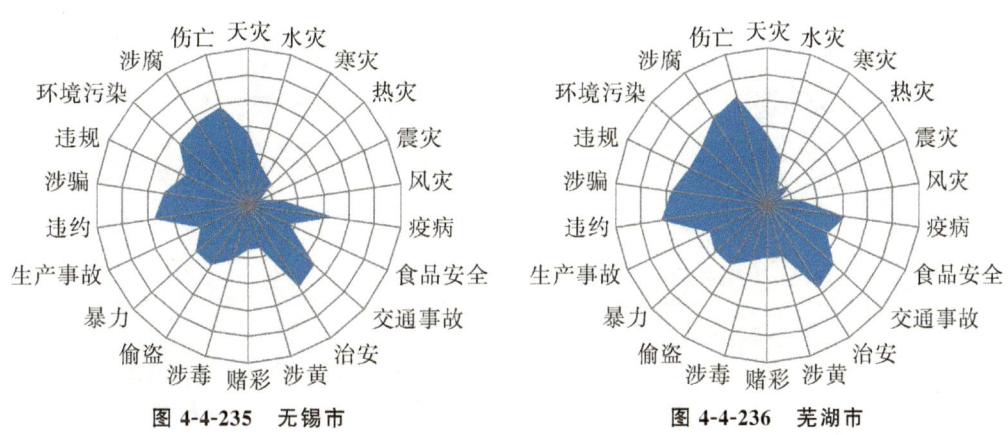

图 4-4-235　无锡市　　　　　　　图 4-4-236　芜湖市

【图 4-4-235 解读】无锡在天灾、食品安全和生产事故之外的 7 个方面 8 个维度（含涉骗）成问题，但都不严重。

【图 4-4-236 解读】芜湖在天灾、食品安全和生产事故之外的 7 个方面 9 个维度（含涉骗和违规）成问题，其中违约和伤亡达到严重级别。

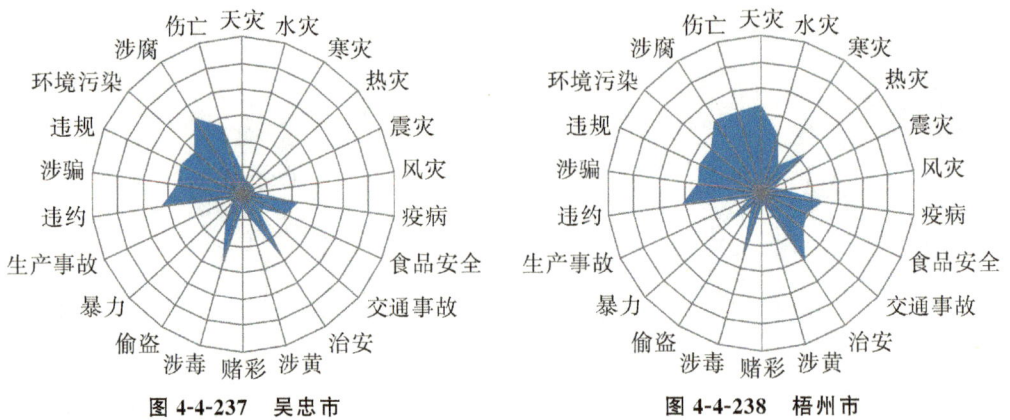

图 4-4-237　吴忠市　　　　　　　图 4-4-238　梧州市

【图 4-4-237 解读】吴忠仅在治安、违约和涉腐 3 个方面有一定问题,且不严重。

【图 4-4-238 解读】梧州的问题在于天灾、治安、违约、涉腐和伤亡 5 个方面,但都不严重。

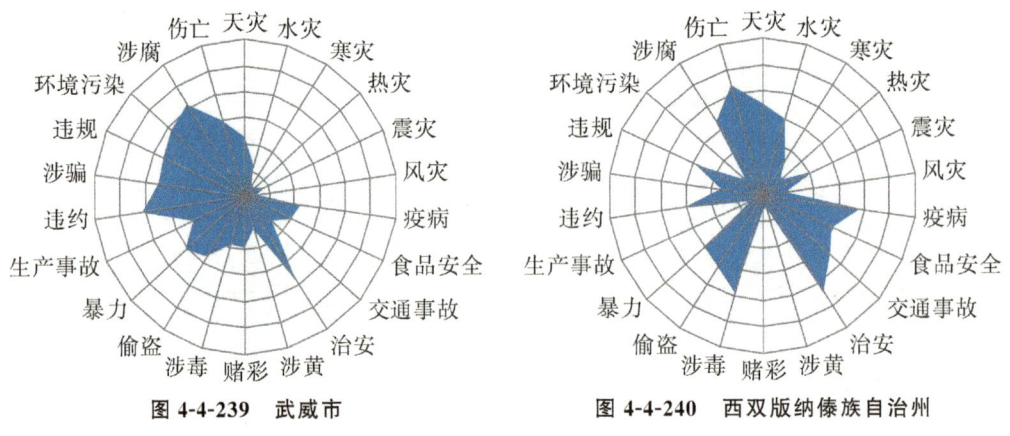

图 4-4-239　武威市　　　　　　　图 4-4-240　西双版纳傣族自治州

【图 4-4-239 解读】武威在治安(含暴力)、违约(含涉骗和违规)、环境污染、涉腐和伤亡 5 个方面 8 个维度成问题,其中,违约和涉腐达到严重级别。

【图 4-4-240 解读】西双版纳在食品安全、生产事故和环境污染之外的 7 个方面 9 个维度(含涉毒和偷盗)成问题,其中治安和伤亡达到严重级别。

四、研究结果——多维镜像

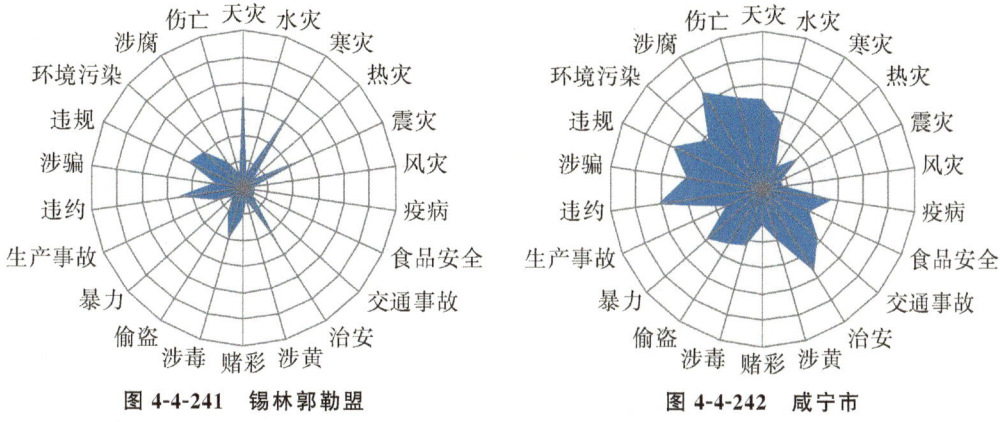

图 4-4-241　锡林郭勒盟　　　　　　图 4-4-242　咸宁市

【图 4-4-241 解读】锡林郭勒仅存在寒灾为主的天灾问题,但天灾达到严重级别。

【图 4-4-242 解读】咸宁在天灾、治安、违约(含涉骗和违规)、涉腐和伤亡 5 个方面 7 个维度成问题,其中违规和涉腐达到严重级别。

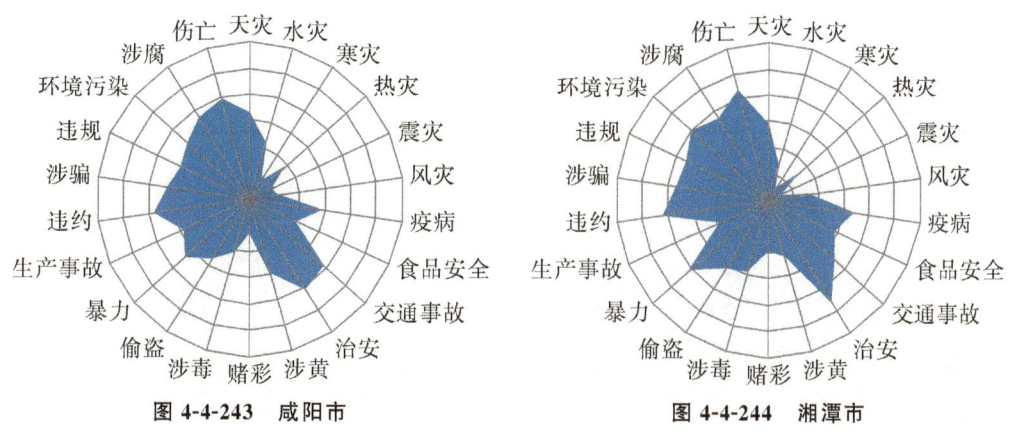

图 4-4-243　咸阳市　　　　　　图 4-4-244　湘潭市

【图 4-4-243 解读】咸阳在疫病、食品安全和生产事故之外的 7 个方面 9 个维度(含暴力和涉骗)成问题,其中治安达到严重级别。

【图 4-4-244 解读】湘潭在天灾、食品安全和生产事故之外的 7 个方面 11 个维度(含偷盗、暴力、涉骗和违规)成问题,且治安(含暴力)、违约、环境污染和伤亡 4 个方面 5 个维度达到严重级别。

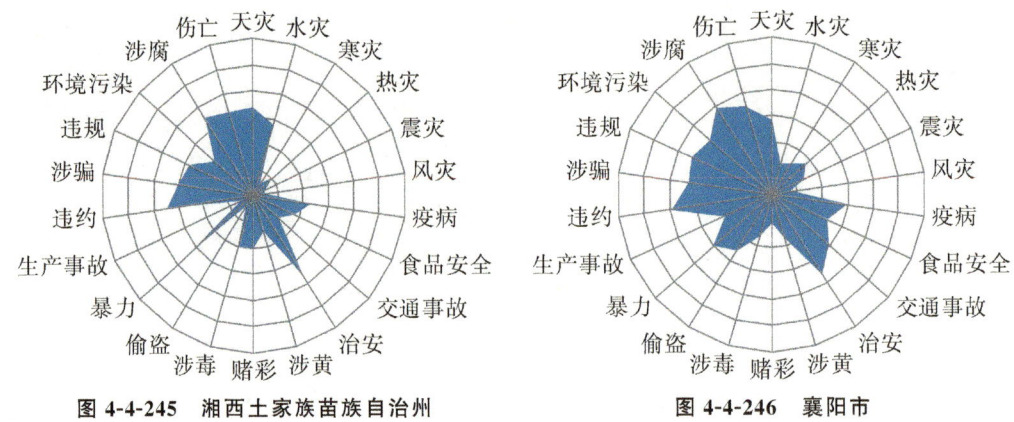

图 4-4-245　湘西土家族苗族自治州　　　　图 4-4-246　襄阳市

【图 4-4-245 解读】湘西在天灾、治安(含暴力)、违约、涉腐和伤亡 5 个方面 6 个维度成问题,但均未达到严重级别。

【图 4-4-246 解读】襄阳在治安、违约(含涉骗和违规)、环境污染、涉腐和伤亡 5 个方面 7 个维度成问题,但都不严重。

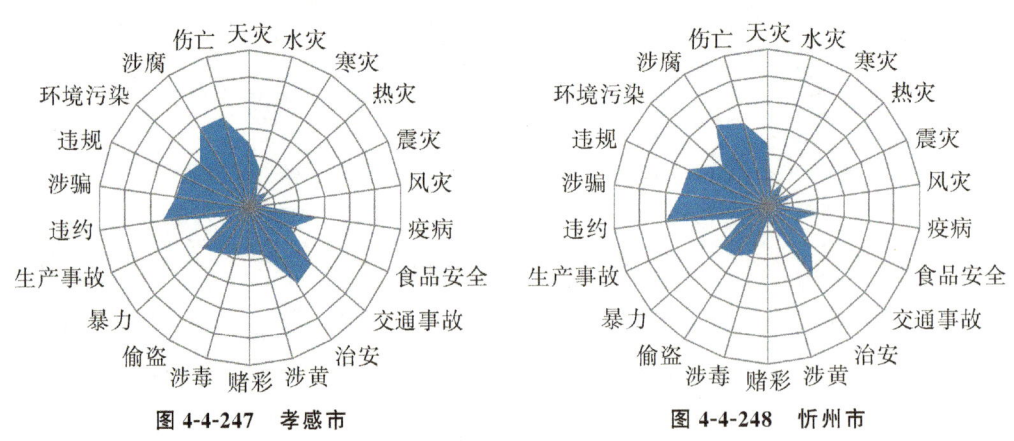

图 4-4-247　孝感市　　　　图 4-4-248　忻州市

【图 4-4-247 解读】孝感的问题在于交通事故、治安、违约、涉腐和伤亡 5 个方面,但均未达到严重级别。

【图 4-4-248 解读】忻州在治安、违约(含涉骗和违规)、涉腐和伤亡 4 个方面 6 个维度成问题,但均未达到严重级别。

四、研究结果——多维镜像

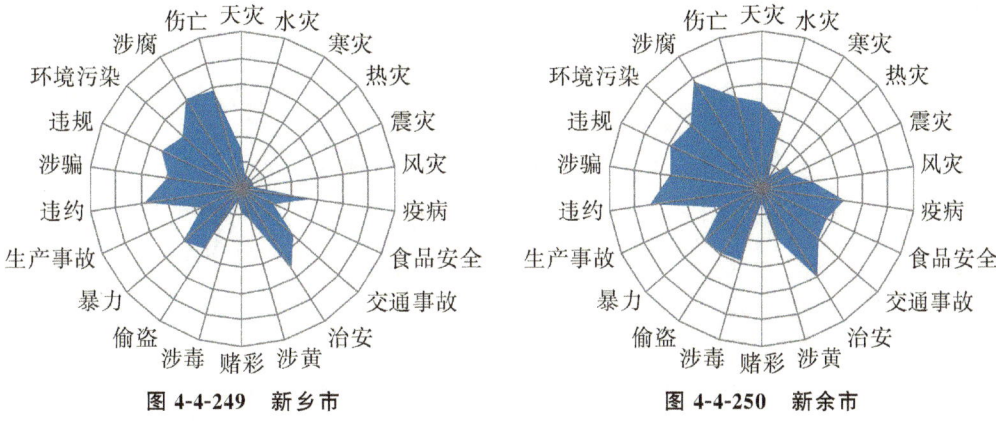

图 4-4-249　新乡市　　　　　　　　图 4-4-250　新余市

【图 4-4-249 解读】新乡在治安(含暴力)、违约(含违规)、环境污染、涉腐和伤亡 5 个方面 7 个维度成问题,其中涉腐达到严重级别。

【图 4-4-250 解读】新余在食品安全、交通事故和生产事故之外的 7 个方面 10 个维度(含暴力、涉骗和违规)成问题,其中违约和涉腐达到严重级别。

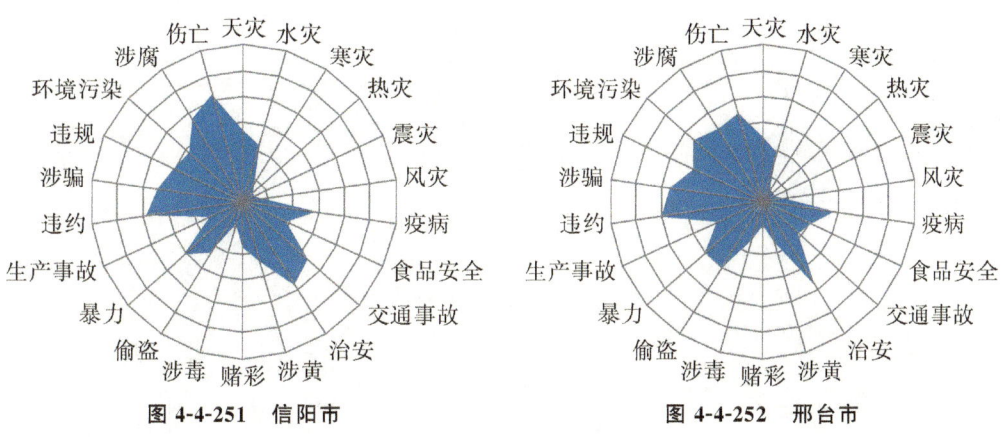

图 4-4-251　信阳市　　　　　　　　图 4-4-252　邢台市

【图 4-4-251 解读】信阳在交通事故、治安(含暴力)、违约(含涉骗和违规)、涉腐和伤亡 5 个方面 8 个维度成问题,其中伤亡达到严重级别。

【图 4-4-252 解读】邢台在治安(含偷盗)、违约(含涉骗)、环境污染、涉腐和伤亡 5 个方面 7 个维度成问题,但都不严重。

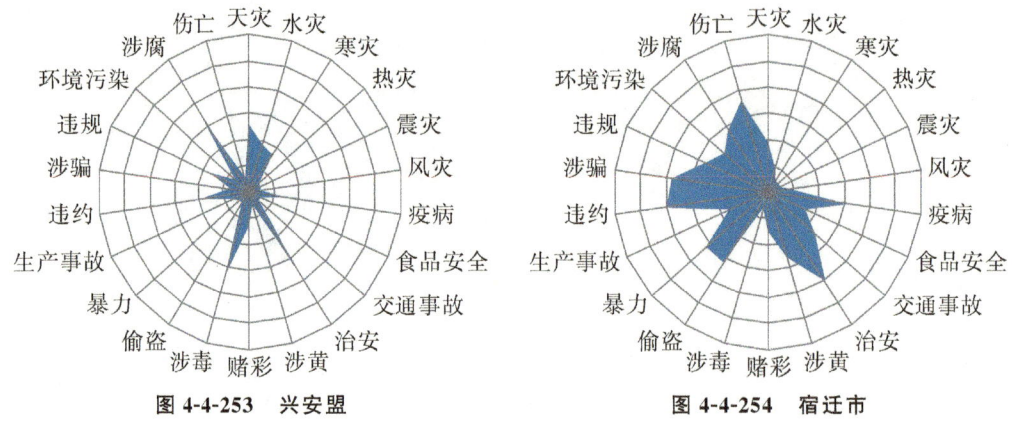

图 4-4-253　兴安盟　　　　　　　图 4-4-254　宿迁市

【图 4-4-253 解读】兴安盟仅在治安(含涉毒)和涉腐 2 个方面 3 个维度有一定问题,且不严重。

【图 4-4-254 解读】宿迁在疫病、治安(含偷盗和暴力)、违约(含涉骗)和伤亡 4 个方面 7 个维度成问题,其中治安和违约达到严重级别。

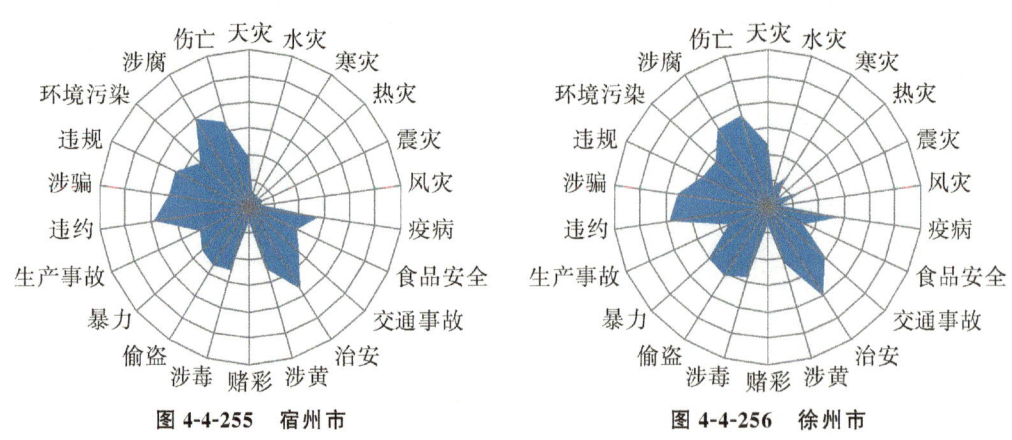

图 4-4-255　宿州市　　　　　　　图 4-4-256　徐州市

【图 4-4-255 解读】宿州在治安、违约(含涉骗和违规)、涉腐和伤亡 4 个方面 6 个维度成问题,但均未达到严重级别。

【图 4-4-256 解读】徐州在治安(含偷盗)、违约(含涉骗)、涉腐和伤亡 4 个方面 6 个维度成问题,其中治安达到严重级别。

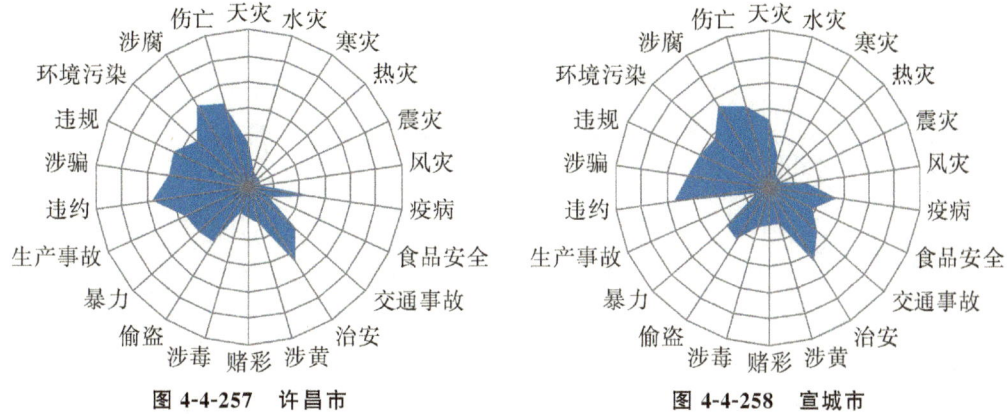

图 4-4-257　许昌市　　　　　　　图 4-4-258　宣城市

【图 4-4-257 解读】许昌在治安、违约(含涉骗和违规)、涉腐和伤亡 4 个方面 6 个维度成问题,但均未达到严重级别。

【图 4-4-258 解读】宣城在治安、违约(含涉骗)、涉腐和伤亡 4 个方面 5 个维度成问题,但都不严重。

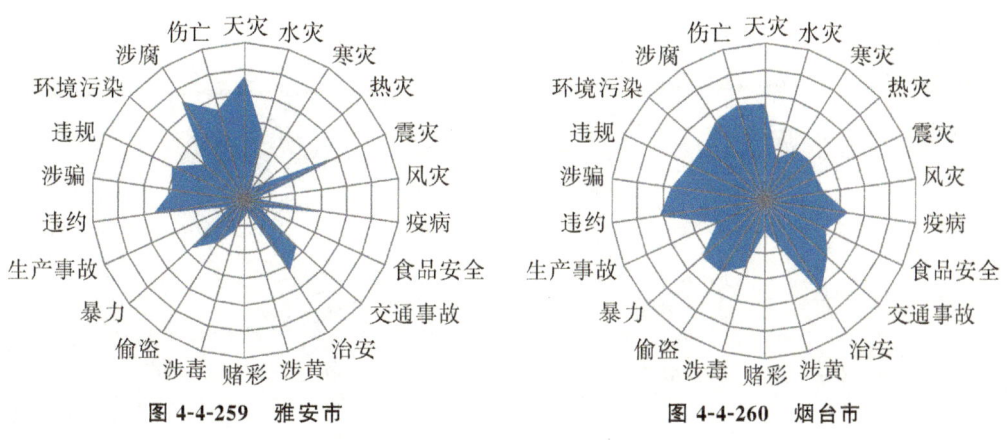

图 4-4-259　雅安市　　　　　　　图 4-4-260　烟台市

【图 4-4-259 解读】雅安在天灾(含震灾)、疫病、治安、违约(含违规)、涉腐和伤亡 6 个方面 8 个维度成问题,且天灾(含震灾)和涉腐 2 个方面 3 个维度达到严重级别。

【图 4-4-260 解读】烟台在食品安全和生产事故之外的 8 个方面 12 个维度(含偷盗、暴力、涉骗和违规)成问题,其中治安和违约达到严重级别。

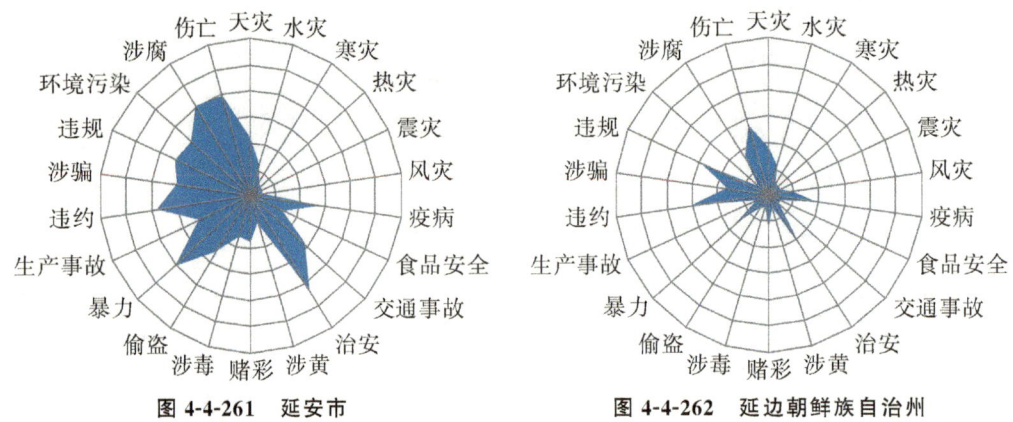

图 4-4-261　延安市　　　　　　图 4-4-262　延边朝鲜族自治州

【图 4-4-261 解读】延安在治安（含暴力）、违约（含涉骗和违规）、环境污染、涉腐和伤亡 5 个方面 8 个维度成问题，且治安（含暴力）和涉腐 2 个方面 3 个维度达到严重级别。

【图 4-4-262 解读】延边风调雨顺，仅存在不严重的违约问题。

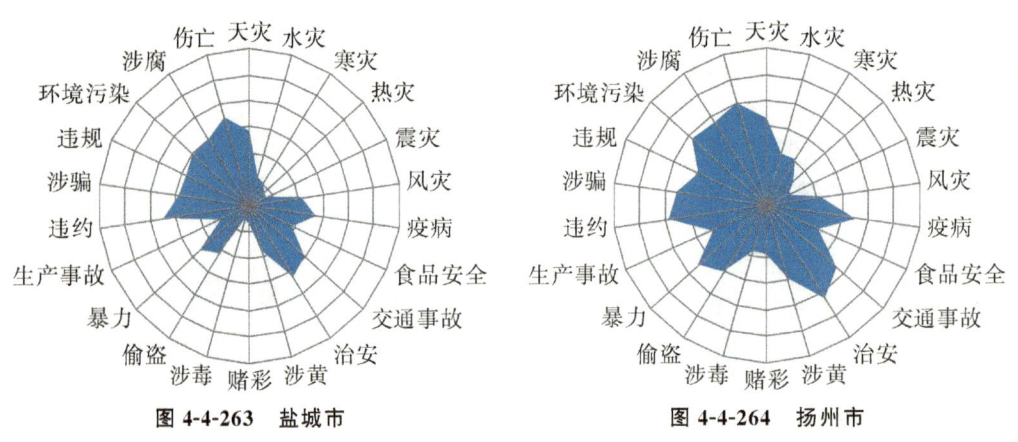

图 4-4-263　盐城市　　　　　　图 4-4-264　扬州市

【图 4-4-263 解读】盐城在治安、违约、涉腐和伤亡 4 个方面有一定问题，但不严重。

【图 4-4-264 解读】扬州在食品安全和生产事故之外的 8 个方面 11 个维度（含偷盗、暴力和涉骗）成问题，其中治安和伤亡达到严重级别。

四、研究结果——多维镜像 155

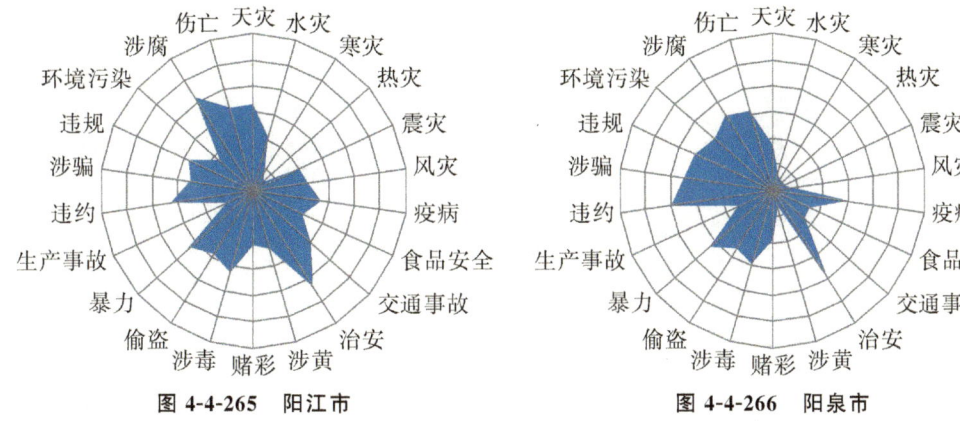

图 4-4-265 阳江市　　　　　图 4-4-266 阳泉市

【图 4-4-265 解读】阳江在天灾、交通事故、治安（含涉毒和暴力）、违约、涉腐和伤亡 6 个方面 8 个维度成问题，其中治安和涉腐达到严重级别。

【图 4-4-266 解读】阳泉在治安（含暴力）、违约（含涉骗和违规）、环境污染、涉腐和伤亡 5 个方面 8 个维度成问题，其中治安达到严重级别。

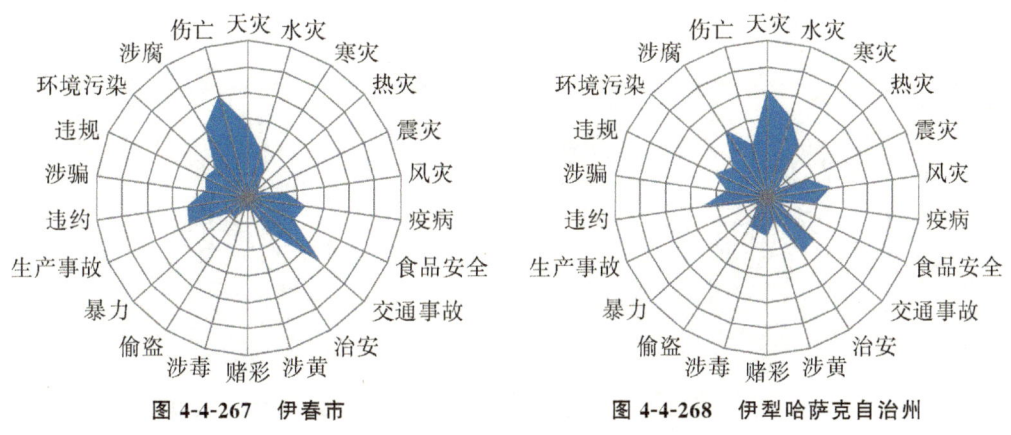

图 4-4-267 伊春市　　　　　图 4-4-268 伊犁哈萨克自治州

【图 4-4-267 解读】伊春仅在交通事故、涉腐和伤亡 3 个方面成问题，但伤亡达到严重级别。

【图 4-4-268 解读】伊犁仅在天灾（含水灾）和涉腐 2 个方面 3 个维度成问题，但天灾达到严重级别。

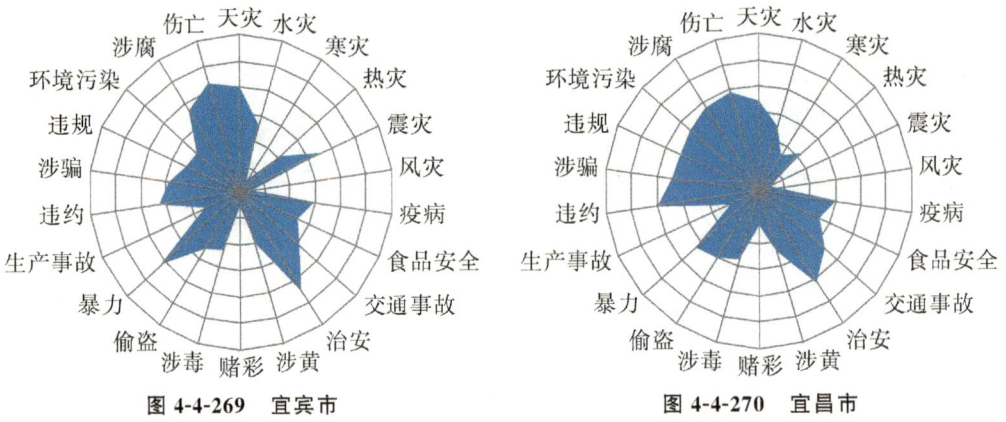

图 4-4-269　宜宾市　　　　　　　　图 4-4-270　宜昌市

【图 4-4-269 解读】宜宾在天灾(含震灾)、交通事故、治安(含暴力)、违约、涉腐和伤亡 6 个方面 8 个维度成问题,且治安(含暴力)和伤亡 2 个方面 3 个维度达到严重级别。

【图 4-4-270 解读】宜昌在食品安全和生产事故之外的 8 个方面 12 个维度(含偷盗、暴力、涉骗和违规)成问题,其中治安达到严重级别。

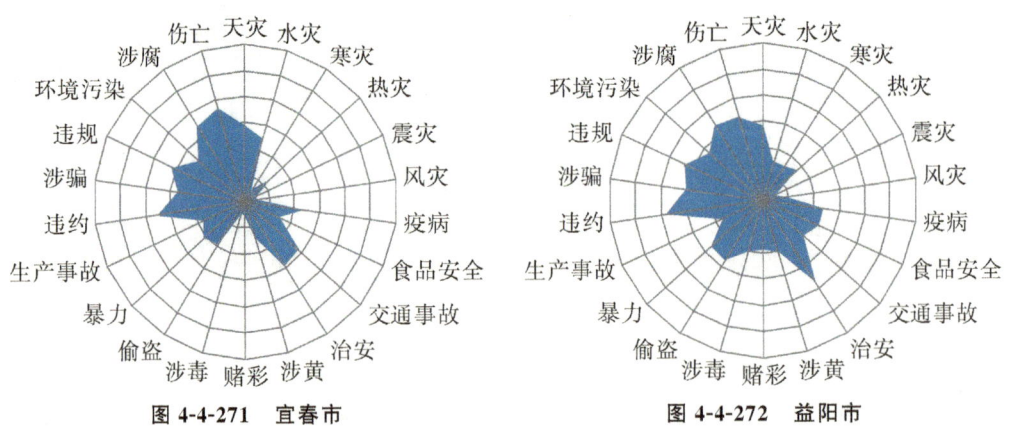

图 4-4-271　宜春市　　　　　　　　图 4-4-272　益阳市

【图 4-4-271 解读】宜春在违约(含违规)、涉腐和伤亡 3 个方面 4 个维度有一定问题,但不严重。

【图 4-4-272 解读】益阳在治安、违约(含涉骗和违规)、涉腐和伤亡 4 个方面 6 个维度成问题,但均未达到严重级别。

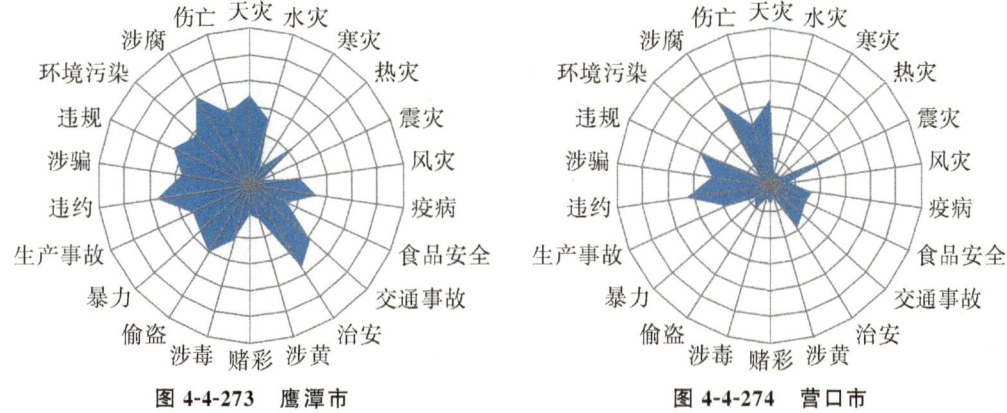

图 4-4-273　鹰潭市　　　　　　　　图 4-4-274　营口市

【图 4-4-273 解读】鹰潭在天灾、交通事故、治安、违约（含违规）和涉腐 5 个方面 6 个维度成问题，但均未达到严重级别。

【图 4-4-274 解读】营口在天灾（含震灾）、违约和涉腐 3 个方面 4 个维度有一定问题，但不严重。

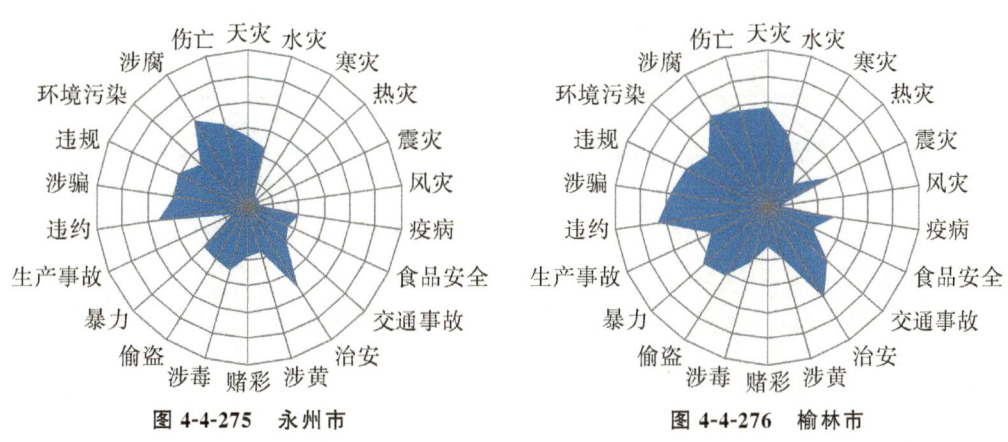

图 4-4-275　永州市　　　　　　　　图 4-4-276　榆林市

【图 4-4-275 解读】永州在治安、违约（含违规）、涉腐和伤亡 4 个方面 5 个维度成问题，但都不严重。

【图 4-4-276 解读】榆林在疫病、食品安全和生产事故之外的 7 个方面 11 个维度（含偷盗、暴力、涉骗和违规）成问题，且治安、违约和涉腐 3 个方面达到严重级别。

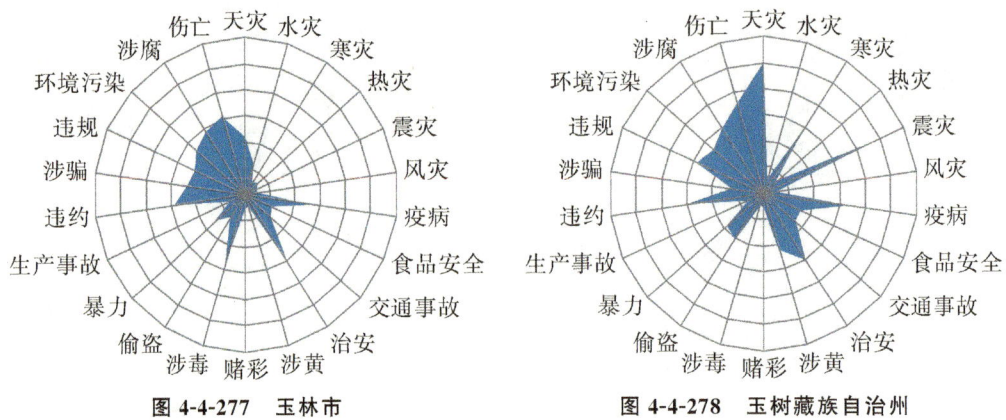

图 4-4-277　玉林市　　　　　　　　图 4-4-278　玉树藏族自治州

【图 4-4-277 解读】玉林仅在治安和伤亡 2 个方面有一定问题,且不严重。

【图 4-4-278 解读】玉树在天灾(含震灾)、疫病、治安和伤亡 4 个方面 5 个维度成问题,其中天灾(含震灾)均达到严重级别。

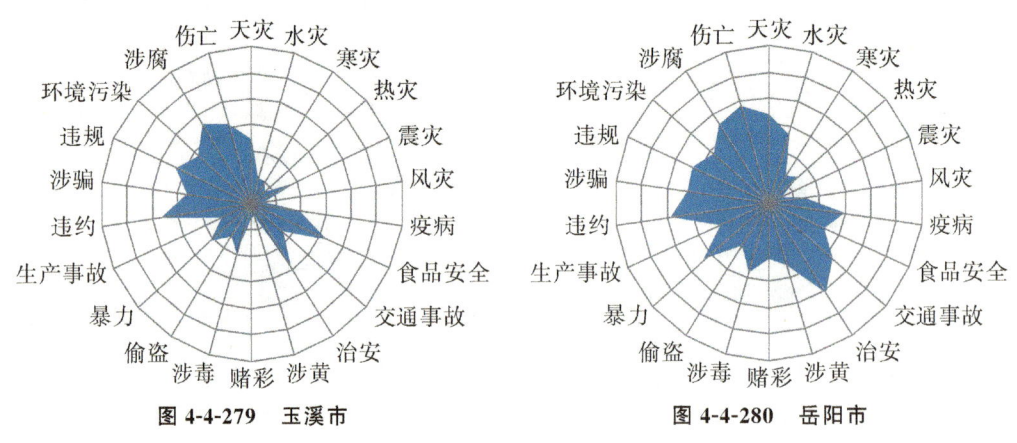

图 4-4-279　玉溪市　　　　　　　　图 4-4-280　岳阳市

【图 4-4-279 解读】玉溪在食品安全、违约(含违规)、涉腐和伤亡 4 个方面 5 个维度成问题,但都不严重。

【图 4-4-280 解读】岳阳在天灾、交通事故、治安(含暴力)、违约(含涉骗和违规)、涉腐和伤亡 6 个方面 9 个维度成问题,其中治安达到严重级别。

四、研究结果——多维镜像

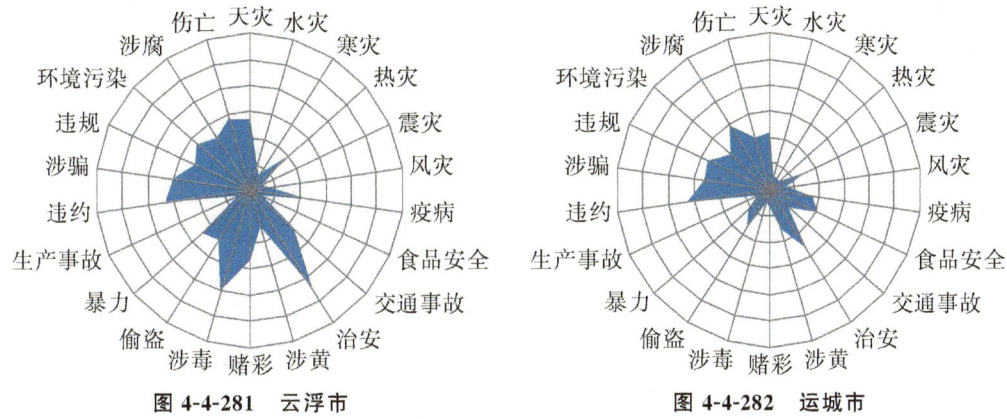

图 4-4-281　云浮市　　　　　　图 4-4-282　运城市

【图 4-4-281 解读】云浮仅在治安(含涉毒)和违约 2 个方面 3 个维度成问题,但治安(含涉毒)均达到严重级别。

【图 4-4-282 解读】运城仅存在不严重的违约问题。

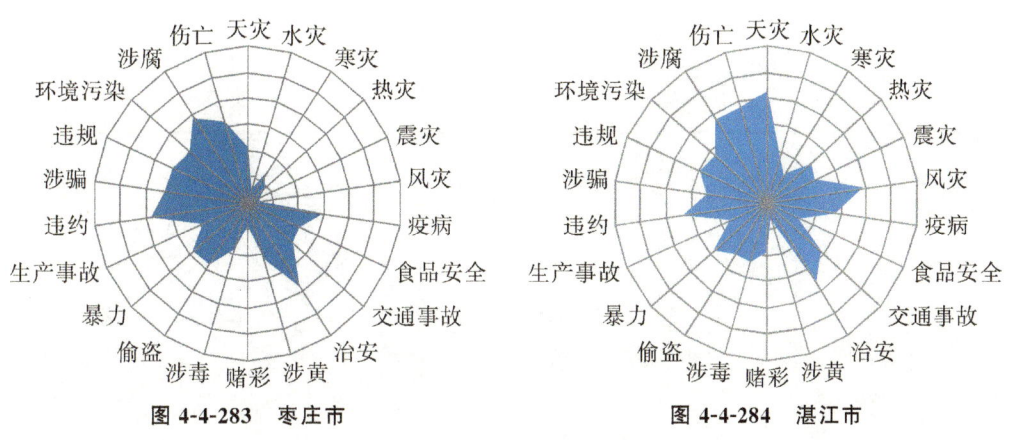

图 4-4-283　枣庄市　　　　　　图 4-4-284　湛江市

【图 4-4-283 解读】枣庄在治安、违约(含涉骗和违规)、涉腐和伤亡 4 个方面 6 个维度成问题,但均未达到严重级别。

【图 4-4-284 解读】湛江在天灾(含风灾)、治安、违约、涉腐和伤亡 5 个方面 6 个维度成问题,其中天灾达到严重级别。

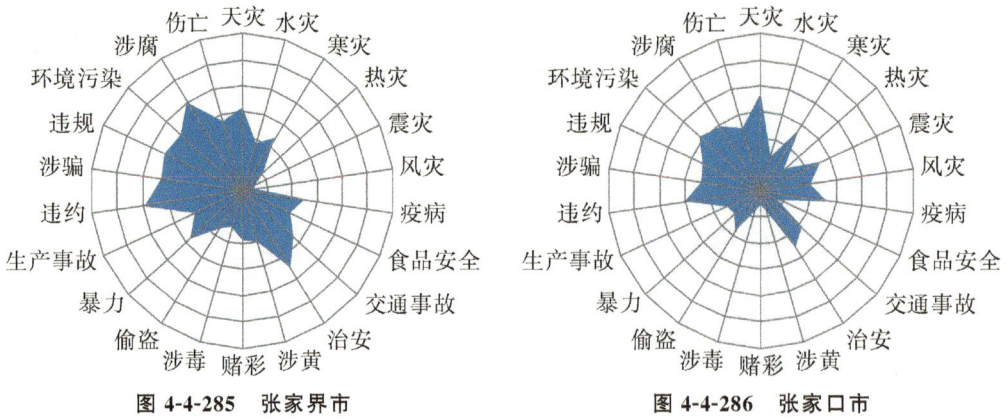

图 4-4-285　张家界市　　　　　　图 4-4-286　张家口市

【图 4-4-285 解读】张家界在天灾、治安、违约（含涉骗和违规）、环境污染和涉腐 5 个方面 7 个维度成问题，但都不严重。

【图 4-4-286 解读】张家口仅在天灾、违约和环境污染 3 个方面有一定问题，且不严重。

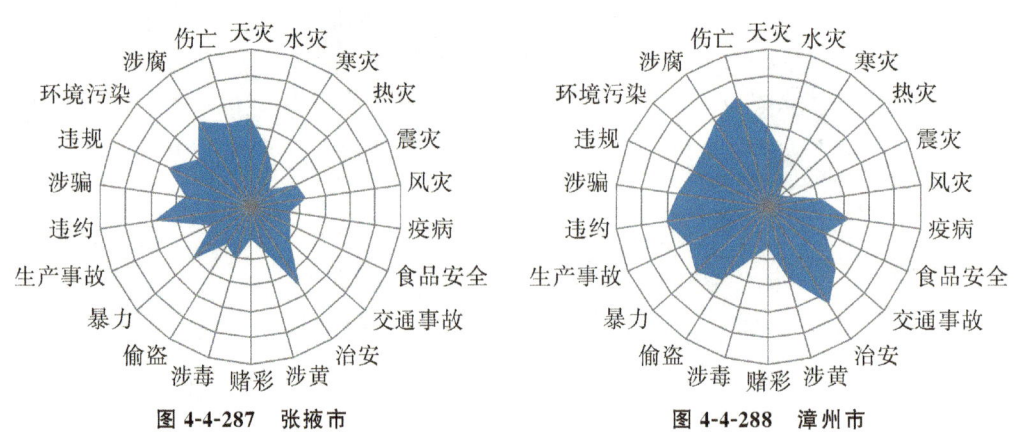

图 4-4-287　张掖市　　　　　　图 4-4-288　漳州市

【图 4-4-287 解读】张掖在天灾、治安（含暴力）、违约（含违规）、涉腐和伤亡 5 个方面 7 个维度成问题，但均未达到严重级别。

【图 4-4-288 解读】漳州在食品安全之外的 9 个方面 13 个维度（含偷盗、暴力、涉骗和违规）成问题，且治安、违约和伤亡 3 个方面达到严重级别。

四、研究结果——多维镜像 161

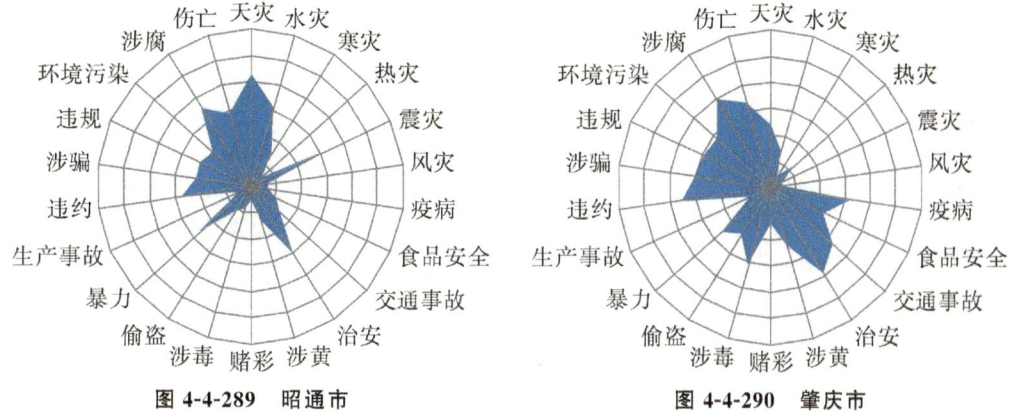

图 4-4-289　昭通市　　　　　　　　图 4-4-290　肇庆市

【图 4-4-289 解读】昭通的问题在于天灾(含水灾和震灾)、治安和涉腐 3 个方面 5 个维度,其中天灾达到严重级别。

【图 4-4-290 解读】肇庆在疫病、交通事故、治安(含涉毒)、违约、涉腐和伤亡 6 个方面 7 个维度成问题,但均未达到严重级别。

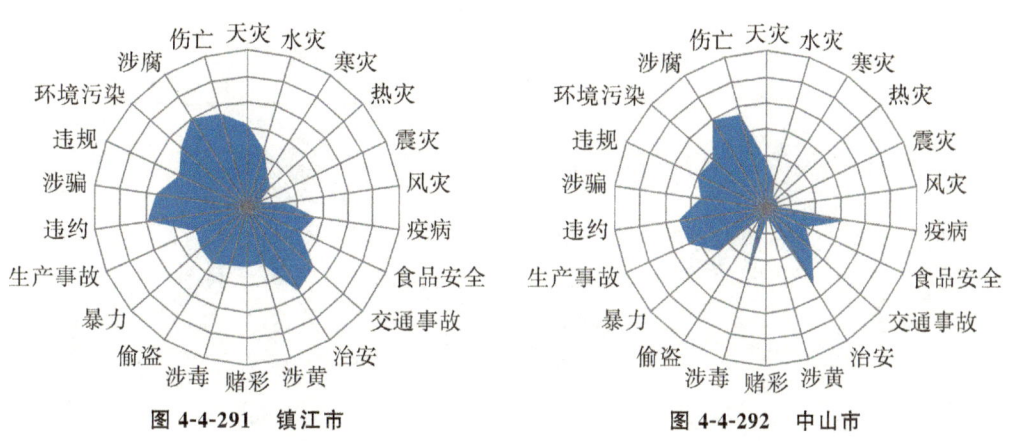

图 4-4-291　镇江市　　　　　　　　图 4-4-292　中山市

【图 4-4-291 解读】镇江在疫病、食品安全和生产事故之外的 7 个方面 8 个维度(含涉骗)成问题,其中涉腐达到严重级别。

【图 4-4-292 解读】中山市在疫病、治安(含涉毒)、生产事故、违约、涉腐和伤亡 6 个方面 7 个维度成问题,但都不严重。

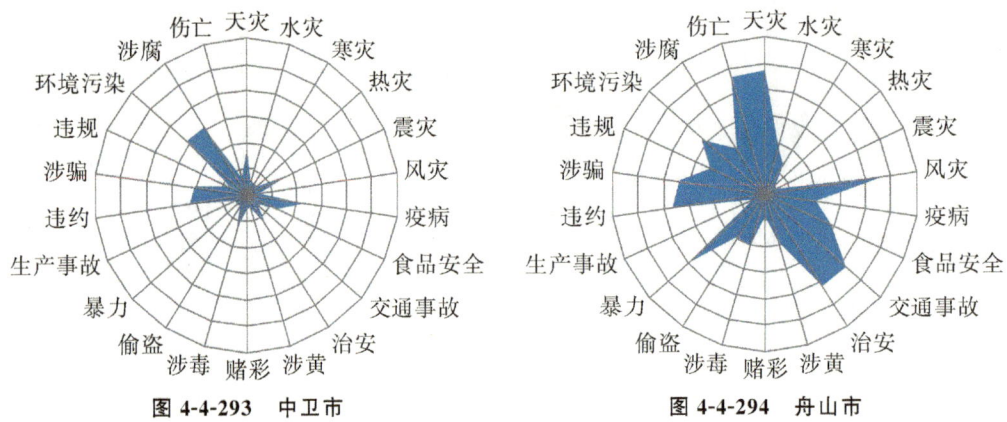

图 4-4-293　中卫市　　　　　　　图 4-4-294　舟山市

【图 4-4-293 解读】中卫市仅在环境污染和涉腐 2 个方面有一定问题,且不严重。

【图 4-4-294 解读】舟山在天灾(含风灾)、交通事故、治安(含暴力)、违约(含涉骗)、环境污染和伤亡 6 个方面 9 个维度成问题,且天灾(含风灾)、交通事故、治安和伤亡 4 个方面 5 个维度达到严重级别。

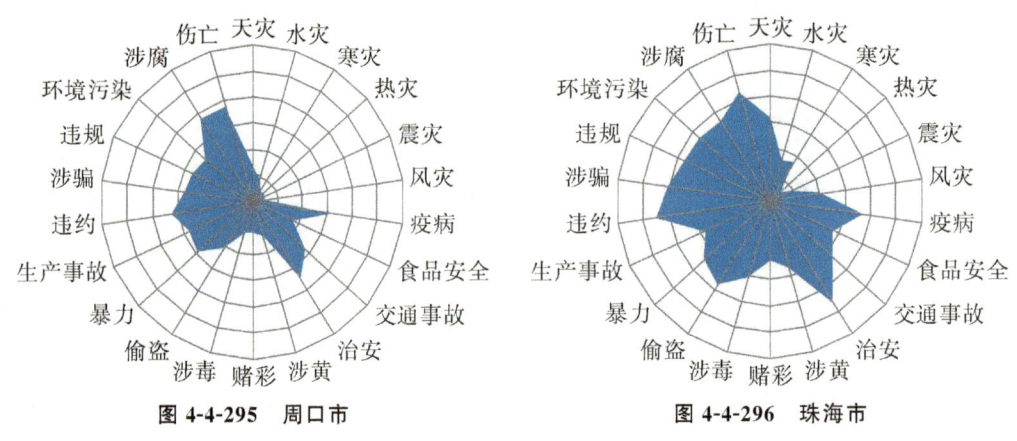

图 4-4-295　周口市　　　　　　　图 4-4-296　珠海市

【图 4-4-295 解读】周口的问题在于疫病、治安、违约、涉腐和伤亡 5 个方面,但均未达到严重级别。

【图 4-4-296 解读】珠海在食品安全和生产事故之外的 8 个方面 13 个维度(含涉毒、偷盗、暴力、涉骗和违规)成问题,且治安、违约(含涉骗)和伤亡 3 个方面 4 个维度达到严重级别。

四、研究结果——多维镜像 | 163

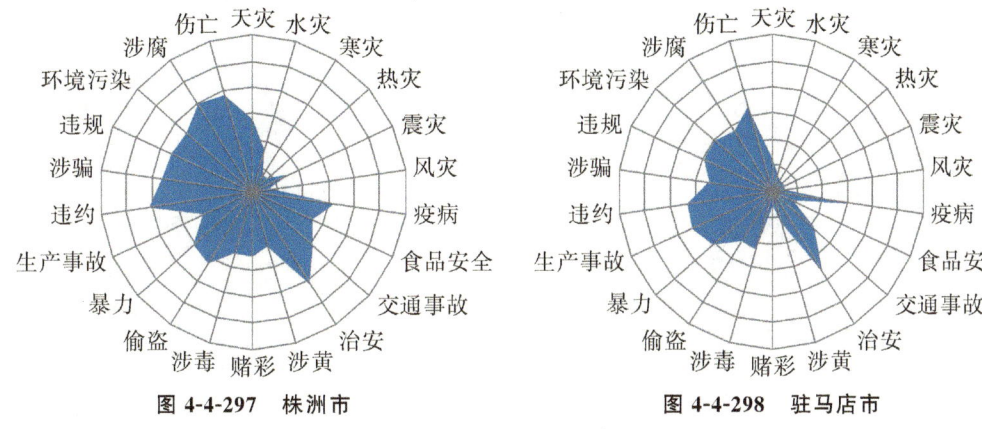

图 4-4-297　株洲市　　　　　　　　图 4-4-298　驻马店市

【图 4-4-297 解读】株洲在天灾、食品安全和生产事故之外的 7 个方面 11 个维度（含偷盗、暴力、涉骗和违规）成问题,其中治安和违约达到严重级别。

【图 4-4-298 解读】驻马店在疫病、治安（含暴力）、生产事故、违约和伤亡 5 个方面 6 个维度成问题,但均未达到严重级别。

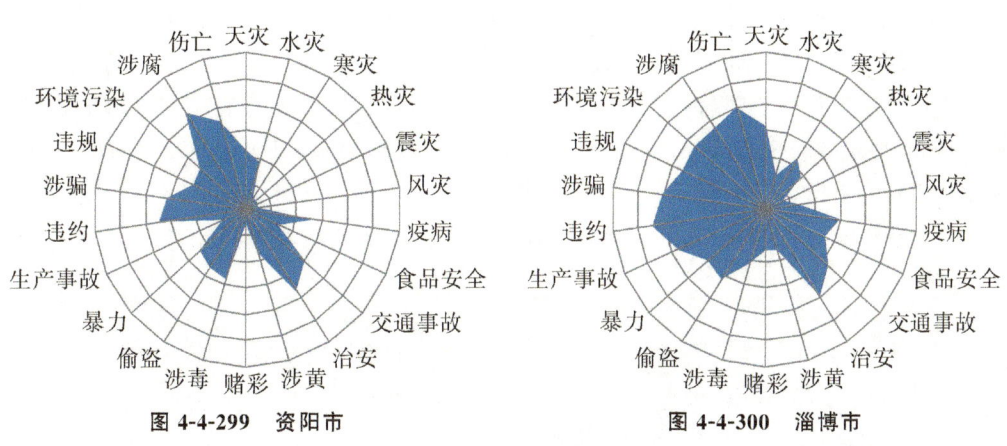

图 4-4-299　资阳市　　　　　　　　图 4-4-300　淄博市

【图 4-4-299 解读】资阳在治安、违约（含涉骗）、涉腐和伤亡 4 个方面 5 个维度成问题,其中涉腐达到严重级别。

【图 4-4-300 解读】淄博在疫病和食品安全之外的 8 个方面 12 个维度（含偷盗、暴力、涉骗和违规）成问题,且违约（含涉骗）和伤亡 2 个方面 3 个维度达到严重级别。

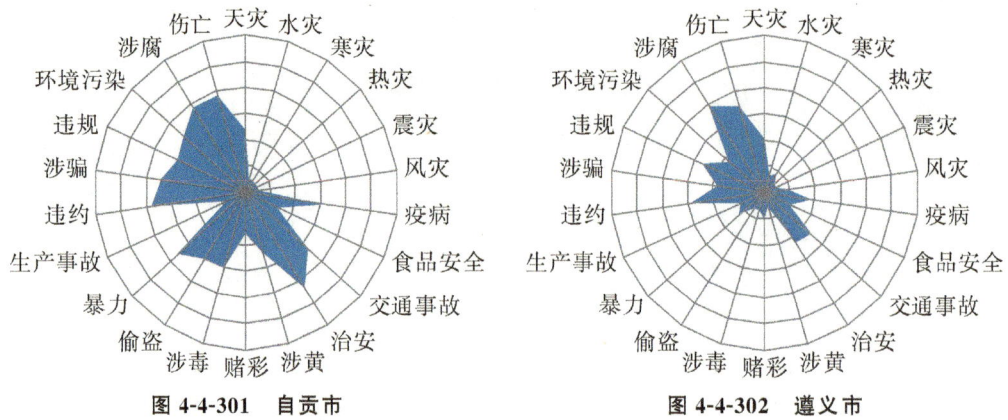

图 4-4-301　自贡市　　　　　　　图 4-4-302　遵义市

【图 4-4-301 解读】自贡在天灾、食品安全和生产事故之外的 7 个方面 9 个维度(含暴力和涉骗)成问题,其中治安达到严重级别。

【图 4-4-302 解读】遵义仅在涉腐和伤亡 2 个方面有一定问题,且不严重。

以 10 个方面的总特征级别作为总体比较的综合指标,我们得出综合指标值最大的前十位和后十位行政区,详细结果见图 4-4-303。需要说明的是,三沙市因为人口基数小而导致结果数据过大,已作为极端样本被剔除,没有加入比较。图中数据显示,各方面问题综合起来最严重的十个城市是:海南省的三亚市,浙江省的丽水市和舟山市,西藏自治区的阿里地区和日喀则市,海南省的儋州市,湖北省的鄂州市,福建省的龙岩市,广东省的珠海市,湖南省的湘潭市;问题最轻微的十个城市是:辽宁省的朝阳市,新疆维吾尔自治区的克孜勒苏柯尔克孜自治州、博尔塔拉蒙古自治州和巴音郭楞蒙古自治州,青海省的海南藏族自治州,西藏自治区的昌都市,吉林省的延边朝鲜族自治州,黑龙江的双鸭山市,宁夏回族自治区的中卫市,云南的红河哈尼族彝族自治州。从这一结果中可以看出,问题较为严重的多数是沿海省份的城市,而问题较轻的主要是边疆省份的城市。

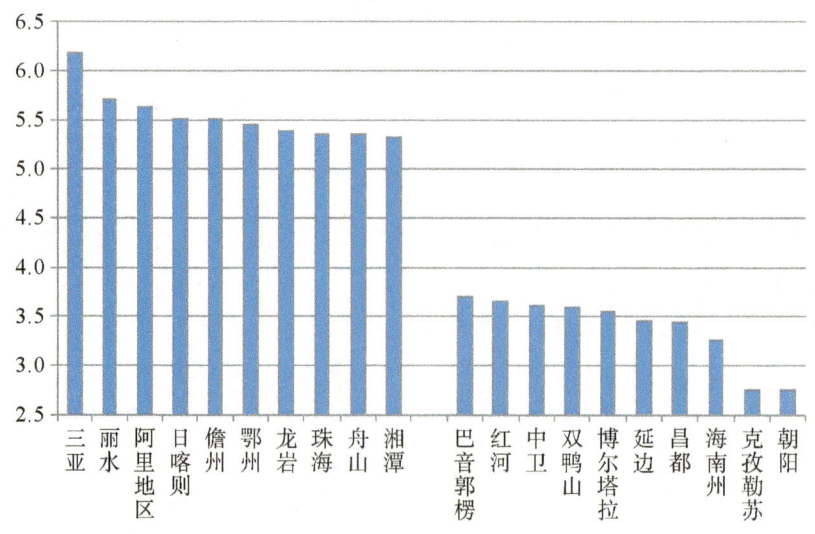

图 4-4-303　其他地级行政区镜像综合排名前、后十位

五、研究总结

将以上研究结果加以归纳总结,我们得出如下结论:

第一,本研究所监测的 10 个方面中,问题相对突出的是以暴力和偷盗为主的治安、涉骗和违规构成的违约、涉腐和伤亡 4 个方面。涉腐问题经过前几年反腐,未来应该会迅速得到遏制,但其他 3 个方面的问题,解决起来尚有难度,还需时间。

第二,总体上看,边缘地方的问题较少、较轻。这可能跟这些地区地广人稀、人员来往少有关。

第三,自然灾害更多发生在西部边疆地区和东南沿海城市。前者以地震灾害为主,后者以风灾为主。这些自然灾害乃地理位置使然,可以加强预防,但难以避免。

第四,有些媒体镜像跟常识一致。例如监测结果显示:水灾发生在 5—8 月,寒灾发生在 11 月,热灾、风灾发生在 7 月,环境污染 12 月最严重等。这些结果并不出人意料,也就是说,媒体镜像与常识相吻合。